Cláudio Vicentino

Bacharel e licenciado em Ciências Sociais pela Universidade de São Paulo (USP)
Professor de História do Ensino Médio e de cursos pré-vestibulares
Autor de obras didáticas e paradidáticas para Ensino Fundamental e Médio

José Bruno Vicentino

Bacharel e licenciado em História pela Pontifícia Universidade Católica (PUC-SP)
Professor de História do Ensino Fundamental, Médio e de cursos pré-vestibulares
Autor de obras didáticas para Ensino Fundamental e Médio

O nome *Teláris* se inspira na forma latina *telarium*, que significa "tecelão", para evocar o entrelaçamento dos saberes na construção do conhecimento.

TELÁRIS
HISTÓRIA

8

editora ática

editora ática

Direção Presidência: Mario Ghio Júnior
Direção de Conteúdo e Operações: Wilson Troque
Direção editorial: Luiz Tonolli e Lidiane Vivaldini Olo
Gestão de projeto editorial: Mirian Senra
Gestão de área: Wagner Nicaretta
Coordenação: Eduardo Guimarães
Edição: Solange Mingorance, Flávia Merighi Valenciano, Carolina Ocampos Alves e Wellington Santos (editores); Ligia Torres Figueiredo (edit. assist.)
Planejamento e controle de produção: Patrícia Eiras e Adjane Queiroz
Revisão: Hélia de Jesus Gonsaga (ger.), Kátia Scaff Marques (coord.), Rosângela Muricy (coord.), Ana Curci, Ana Paula C. Malfa, Brenda T. M. Morais, Carlos Eduardo Sigrist, Célia Carvalho, Claudia Virgilio, Daniela Lima, Flavia S. Vênezio, Gabriela M. Andrade, Luís M. Boa Nova, Luiz Gustavo Bazana, Maura Loria, Raquel A. Taveira, Sandra Fernandez, Vanessa P. Santos; Amanda T. Silva e Bárbara de M. Genereze (estagiárias)
Arte: Daniela Amaral (ger.), Claudio Faustino e Erika Tiemi Yamauchi (coord.); Katia Kimie Kunimura, Yong Lee Kim, Jacqueline Ortolan e Lívia Vitta Ribeiro (edição de arte)
Diagramação: Fernando Afonso do Carmo, Renato Akira dos Santos e Arte Ação
Iconografia e tratamento de imagem: Sílvio Kligin (ger.), Denise Durand Kremer (coord.), Iron Mantovanello Oliveira e Thaisi Lima (pesquisa iconográfica); Cesar Wolf e Fernanda Crevin (tratamento)
Licenciamento de conteúdos de terceiros: Thiago Fontana (coord.), Luciana Sposito (licenciamento de textos), Erika Ramires, Luciana Pedrosa Bierbauer, Luciana Cardoso Sousa e Claudia Rodrigues (analistas adm.)
Ilustrações: Carlos Bourdiel e Rodval Matias
Cartografia: Eric Fuzii (coord.), Robson Rosendo da Rocha (edit. arte) e Portal de Mapas
Design: Gláucia Correa Koller (ger.), Adilson Casarotti (proj. gráfico e capa), Erik Taketa (pós-produção), Gustavo Vanini e Tatiane Porusselli (assist. arte)
Foto de capa: Getty Images/National Geographic

Todos os direitos reservados por Editora Ática S.A.
Avenida das Nações Unidas, 7221, 3º andar, Setor A
Pinheiros – São Paulo – SP – CEP 05425-902
Tel.: 4003-3061
www.atica.com.br / editora@atica.com.br

Dados Internacionais de Catalogação na Publicação (CIP)

```
Vicentino, Cláudio
    Teláris história 8º ano / Cláudio Vicentino, José Bruno
Vicentino. - 1. ed. - São Paulo : Ática, 2019.

    Suplementado pelo manual do professor.
    Bibliografia.
    ISBN: 978-85-08-19350-9 (aluno)
    ISBN: 978-85-08-19351-6 (professor)


    1.   História (Ensino fundamental). I. Vicentino, José
Bruno. II. Título.

2019-0177                                         CDD: 372.89
```

Julia do Nascimento – Bibliotecária – CRB-8/010142

2023
Código da obra CL 742191
CAE 654381 (AL) / 654382 (PR)
1ª edição
5ª impressão

De acordo com a BNCC.

Impressão e acabamento: Bercrom Gráfica e Editora

Os cinco domínios estão alinhados com as competências gerais da BNCC[3], das quais as três últimas (8, 9 e 10) são as que mais explicitamente procuram promover o desenvolvimento socioemocional. O quadro abaixo explicita essa relação:

COMPETÊNCIA SOCIOEMOCIONAL	COMPETÊNCIA GERAL DA BNCC
AUTOCONHECIMENTO AUTORREGULAÇÃO	8. Conhecer-se, apreciar-se e cuidar de sua saúde física e emocional, compreendendo-se na diversidade humana e reconhecendo suas emoções e as dos outros, com autocrítica e capacidade para lidar com elas.
PERCEPÇÃO SOCIAL COMPETÊNCIA DE RELACIONAMENTO	9. Exercitar a empatia, o diálogo, a resolução de conflitos e a cooperação, fazendo-se respeitar e promovendo o respeito ao outro e aos direitos humanos, com acolhimento e valorização da diversidade de indivíduos e de grupos sociais, seus saberes, identidades, culturas e potencialidades, sem preconceitos de qualquer natureza.
TOMADA DE DECISÃO RESPONSÁVEL	10. Agir pessoal e coletivamente com autonomia, responsabilidade, flexibilidade, resiliência e determinação, tomando decisões com base em princípios éticos, democráticos, inclusivos, sustentáveis e solidários.

NA PRÁTICA

Escola e família devem ser parceiras na promoção do desenvolvimento socioemocional das crianças, adolescentes e jovens. Para isso, é importante que existam políticas públicas e práticas que levem em consideração o desenvolvimento integral dos estudantes em todos os espaços e tempos escolares, apoiadas e intensificadas por outros espaços de convivência.

Professoras e professores já incorporam em suas práticas pedagógicas aspectos que promovem competências socioemocionais, ou de forma intuitiva ou intencional. Ao trazermos luz para o tema nesta coleção, buscamos garantir espaço nos processos de ensino e de aprendizagem para que esse desenvolvimento aconteça de modo proposital, por meio de interações planejadas, e de forma integrada ao currículo, tornando-se ainda mais significativo para os estudantes.

Ao longo do material, professoras e professores dos diferentes componentes curriculares poderão promover experiências de desenvolvimento socioemocional em sala de aula com base em uma mediação que:

- instigue o estudante a aprender e pensar criticamente, por intermédio de problematizações;
- valorize a participação dos estudantes, seus conhecimentos prévios e suas potencialidades;
- esteja atenta às diferenças e ao novo;
- demonstre confiança e compromisso com a aprendizagem dos estudantes;
- incentive a convivência, o trabalho colaborativo e a aprendizagem entre pares.

Nossa proposta é trabalhar pelo desenvolvimento integral das crianças, adolescentes e jovens, desenvolvendo-os em sua totalidade, nas dimensões cognitiva, sensório-motora e socioemocional de forma estruturada e reflexiva!

---

[3] Para ler na íntegra as competências gerais da Educação Básica, consulte o documento nas páginas 9 e 10.

Apresentação

Muita gente questiona: por que estudar História? Por que precisamos saber o que aconteceu no passado?

Essas perguntas, feitas frequentemente por alguns alunos, nos motivaram a escrever uma coleção que pretende despertar seu interesse pelo estudo dessa disciplina.

Não se trata de decorar datas ou de falar sobre assuntos que parecem distantes da sua realidade. Neste estudo da História, você encontrará inúmeras oportunidades de relacionar o passado com o presente e compreender diferentes formas de pensar e agir do ser humano. Por que isso importa? Porque vai ajudar você a compreender melhor o mundo em que vivemos, a identificar a necessidade de mudanças e defender a permanência das conquistas sociais, políticas, econômicas e culturais.

Você faz parte da História, você faz História – e como cidadão precisa construir conhecimento sobre os mais variados assuntos de maneira crítica e participativa. Aprender História é um rico caminho para desenvolver o senso crítico, a capacidade de análise e entendimento, a valorização dos legados culturais e a percepção das permanências e mudanças presentes nas diferentes sociedades ao longo do tempo.

Nesta coleção você vai conhecer sujeitos, lugares, períodos, investigações, processos e eventos históricos do Brasil e das diversas regiões do mundo, desde os primórdios da humanidade até os dias atuais. Vai compreender diferentes conceitos e concepções científicas; interpretar documentos escritos e imagéticos; perceber como a História dialoga com as outras disciplinas. Vai descobrir que estudar História pode fazer diferença na sua formação.

Bom ano de estudo!

Os autores

CONHEÇA SEU LIVRO

Este livro é dividido em **quatro unidades**, subdivididas em **capítulos**.

Abertura de unidade

As aberturas de unidade trabalham a leitura de imagem e apresentam um breve texto de introdução aos principais temas que serão tratados.

Abertura de capítulo

As aberturas de capítulo apresentam um texto introdutório e uma imagem cujo propósito é estimulá-lo a refletir sobre o tema tratado e a relacionar passado e presente.

Trabalhando com documentos

Presente em todos os capítulos, esta seção permitirá a você conhecer e analisar os mais diferentes tipos de documentos históricos.

Glossário

As palavras e as expressões destacadas no texto com **grifo verde** remetem ao glossário na lateral da página, que apresenta a definição desses termos.

Vivendo no tempo

O objetivo desta seção é demonstrar aspectos da vida em um determinado tempo ou contexto histórico.

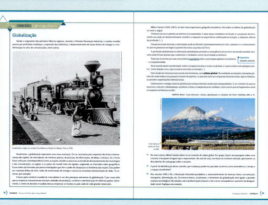

Conexões

Seção que valoriza a interdisciplinaridade, relacionando a História com outros saberes, disciplinas e áreas do conhecimento. Ela aparece em momentos diferentes em cada volume.

Infográfico

Seção especial que trata os conteúdos mais complexos de forma gráfico-visual, auxiliando na compreensão de determinados temas.

Mapeando saberes

Ao final de cada capítulo, você encontrará uma síntese dos principais tópicos estudados. Esta seção está dividida em **Atenção a estes itens** e **Por quê?**.

Atividades

No final dos capítulos, você vai encontrar exercícios de retomada do conteúdo estudado, de análise de documentos e propostas de atividades práticas.

Autoavaliação

Seção voltada à autoanálise do aprendizado. Traz questões cognitivas e atitudinais e propõe uma reflexão sobre suas facilidades e dificuldades no estudo do capítulo.

Lendo imagem

Seção que encerra cada unidade. Primeiro, apresenta a análise de uma imagem e, depois, propõe outra imagem para você ler, seguindo etapas que vão ajudá-lo a desenvolver essa competência.

Projeto do semestre

Promove a cidadania por meio da reflexão e do debate de temas da atualidade. A seção aparece duas vezes no livro e traz oportunidades de trabalhos práticos envolvendo a escola onde você estuda e a comunidade onde vive.

Como fazer

Aparece no final do livro e vai orientá-lo a desenvolver procedimentos úteis em seus estudos escolares, como fichamentos, trabalhos em equipe, leitura de mapas históricos, entre outros.

Saiba mais

Este boxe traz comentários sobre dúvidas ou polêmicas envolvendo interpretações ou concepções históricas e o aprofundamento de um dos assuntos tratados no capítulo.

Construindo conceitos

Boxe que explica conceitos importantes da História.

Distribuídos ao longo dos capítulos, estes boxes trazem dicas de filmes, livros, músicas e *sites* relacionados aos temas estudados para você explorar e aprofundar seus estudos.

 De olho na tela

 Minha biblioteca

 Mundo virtual

 Minha *playlist*

5

SUMÁRIO

Introdução 10

Unidade 1

Mundo contemporâneo: a era das revoluções 14

CAPÍTULO 1: O Iluminismo e a independência das 13 colônias da América do Norte 16

1▸ Iluminismo: nova corrente de pensamento 17
   A ciência e a fé 18
   Das ideias à ação 18
   Política e economia para os iluministas 19
   O despotismo esclarecido 21
2▸ Influências do Iluminismo na América 22
   O domínio inglês sobre as 13 colônias 22
   Os primeiros conflitos 23
   As guerras de independência 24
   A organização da República estadunidense ... 26
Trabalhando com documentos 27
Mapeando saberes 28
Atividades 29
Autoavaliação 29
Projeto 1º semestre (Abertura) 30

CAPÍTULO 2: A Revolução Francesa 32

1▸ Os antecedentes da Revolução 33
   Situação da França no final do século XVIII 35
2▸ Assembleia Nacional Constituinte (1789-1792) 37
Trabalhando com documentos 39
Vivendo no tempo 40
   A monarquia constitucional 42
3▸ A Convenção Nacional – República (1792-1795) 43
4▸ O Diretório (1795-1799) 45
Infográfico: Reflexos da Revolução no Haiti 46
Mapeando saberes 48
Atividades 49
Autoavaliação 49

CAPÍTULO 3: As rebeliões na América ibérica 50

1▸ Resistência e revoltas nas colônias 51
   Rebeliões na América portuguesa 52
Trabalhando com documentos 57
   Revoltas na América espanhola 58
Mapeando saberes 62
Atividades 63
Autoavaliação 63
Lendo imagem 64

Unidade 2

Europa e América após o Antigo Regime 66

CAPÍTULO 4: Napoleão e o Congresso de Viena 68

1▸ A construção do Império Napoleônico 69
   A consolidação dos valores liberais 70
   A política militar 70
2▸ O fim do Império Napoleônico 72
Trabalhando com documentos 73
Conexões 74
   Os Cem Dias e o exílio definitivo de Napoleão 76
3▸ O Congresso de Viena 76
Mapeando saberes 78
Atividades 79
Autoavaliação 79

CAPÍTULO 5: A Revolução Industrial 80

1▸ Do artesanato à indústria moderna 81
2▸ A monarquia parlamentar inglesa 82
3▸ O contexto da Revolução Industrial 83
   Revolução para quem? 84
   A luta dos trabalhadores 86
4▸ Ideias contrárias ao capitalismo 88
   O socialismo utópico 88
   O socialismo marxista 89
   O anarquismo 89
Trabalhando com documentos 90
5▸ Os defensores da nova ordem 91
Conexões 92
Mapeando saberes 94
Atividades 95
Autoavaliação 95

CAPÍTULO 6: As independências na América espanhola 96

1▸ Contexto da sociedade hispano-americana 97
   Guerra civil e rompimento com a Espanha 98
2▸ A independência do México e da América Central 99
   Governos centro-americanos 100
3▸ As independências na América do Sul 101
4▸ A América fragmentada 103
Infográfico: História e literatura nas independências hispano-americanas 104
Trabalhando com documentos 106
Mapeando saberes 107
Atividades 108
Autoavaliação 109

CAPÍTULO 7: A independência da América portuguesa 110

1▸ A família real na América portuguesa 111
   Uma nova sede para a monarquia portuguesa 112
   Rio de Janeiro, capital do Império 112
Vivendo no tempo 114
   As guerras de dom João 115
Trabalhando com documentos 116
2▸ A volta de dom João VI a Portugal 117
3▸ A regência de dom Pedro (1821-1822) 118
   A proclamação da independência 119
Mapeando saberes 120
Atividades 121
Autoavaliação 121
Lendo imagem 122
Projeto 1º semestre (Conclusão) 124

Unidade 3

Centros de poder e dominação colonial da África e da Ásia 126

CAPÍTULO 8: Os Estados Unidos no século XIX 128
1. A expansão e o Destino Manifesto 129
Infográfico: A conquista do Oeste vista pelos indígenas 130
Trabalhando com documentos 132
2. A Guerra Civil (1861-1865) 133
3. Reconstrução radical (1865-1877) 134
   Desenvolvimento e prosperidade 135
Conexões 136
4. O imperialismo estadunidense na América Latina 138
Mapeando saberes 139
Atividades 140
Autoavaliação 141
Projeto 2º semestre (Abertura) 142

CAPÍTULO 9: A Europa no século XIX 144
1. A emergência dos Estados nacionais 145
   Crescimento urbano e construção de identidades 145
   França: reação e revolução 147
Trabalhando com documentos 149
   Outras revoluções 150
   A unificação italiana 151
   A unificação alemã 153
2. A Inglaterra vitoriana 155
   O capitalismo monopolista 156
Mapeando saberes 157
Atividades 158
Autoavaliação 159

CAPÍTULO 10: O imperialismo na África e na Ásia 160
1. A legitimação das práticas imperialistas 161
   Primeiras reações ao imperialismo 163
2. A partilha da África 164
   Consequências do colonialismo africano 166
3. O imperialismo na Ásia 166
   Índia: dominação e resistência 167
Trabalhando com documentos 168
   China: controle estrangeiro e a Guerra do Ópio 169
   Japão: modernização e expansionismo 171
Mapeando saberes 172
Atividades 173
Autoavaliação 173
Lendo imagem 174

Unidade 4

O Brasil monárquico: Primeiro e Segundo Reinado 176

CAPÍTULO 11: O Primeiro Reinado 178
1. A construção do Estado nacional brasileiro 179
   A expulsão das tropas portuguesas 179
   O reconhecimento da independência 181
   A organização política do novo Estado 182
   A Constituição Imperial 183
Trabalhando com documentos 185
   A Confederação do Equador 186
2. O declínio do Primeiro Reinado 187
   A Guerra da Cisplatina 187
   A crise sucessória portuguesa 188
   A abdicação de dom Pedro I 188
Mapeando saberes 190
Atividades 191
Autoavaliação 191

CAPÍTULO 12: O período regencial 192
- 1. **A Regência Trina Permanente** 193
  - Autonomia ou centralização? 193
  - O Ato Adicional de 1834 194
- 2. **A Regência Una** 194
  - O Golpe da Maioridade 195
- 3. **As rebeliões regenciais** 195
  - A Revolta Rural dos Papa-méis 196
  - A Insurreição Malê 196
  - A Sabinada 197
  - A Balaiada 197
  - A Cabanagem 198
  - A Revolução Farroupilha 198
- **Trabalhando com documentos** 200
- 4. **As políticas indigenistas do fim do período colonial à regência** 201
- **Mapeando saberes** 202
- **Atividades** 203
- **Autoavaliação** 203

CAPÍTULO 13: Segundo Reinado: economia e sociedade 204
- 1. **O império do café** 205
- **Infográfico: A cidade e os cafeicultores** 207
- 2. **A Era Mauá: um surto industrial** 208
- 3. **O fim do tráfico negreiro** 209
- **Trabalhando com documentos** 210
  - As novas formas de trabalho 211
  - A Lei de Terras de 1850 212
- 4. **As mulheres no período imperial** 213
- **Conexões** 214
- **Mapeando saberes** 216
- **Atividades** 217
- **Autoavaliação** 217

CAPÍTULO 14: A política no Segundo Reinado 218
- 1. **Disputa entre liberais e conservadores** ... 219
- 2. **A Revolução Praieira** 220
- **Trabalhando com documentos** 222

- 3. **As guerras na bacia do Prata** 223
  - Brasil contra Oribe e Rosas 224
  - Brasil contra Aguirre 225
- 4. **A Guerra do Paraguai** 225
  - Diferentes visões 225
  - O início do conflito 226
  - A última fase da guerra 228
- **Mapeando saberes** 229
- **Atividades** 230
- **Autoavaliação** 231
- **Projeto 2º semestre (Conclusão)** 232

CAPÍTULO 15: O fim da monarquia no Brasil 234
- 1. **O fim da escravidão** 235
- **Vivendo no tempo** 236
  - As leis de alforria 238
  - O destino dos libertos 239
- **Trabalhando com documentos** 241
- 2. **O avanço do republicanismo** 242
  - A Questão Religiosa 243
  - A Questão Militar 243
  - O dia 15 de novembro de 1889 244
- **Mapeando saberes** 245
- **Atividades** 246
- **Autoavaliação** 247
- **Lendo imagem** 248
- **Como fazer** 250
- **Bibliografia** 256

INTRODUÇÃO

Na retomada dos estudos históricos deste ano vamos compreender o processo de formação do período contemporâneo. Começaremos destacando tópicos importantes na passagem do século XVIII para o século XIX, avançando até o final dos anos 1800. Estudaremos um passado que deixou inúmeras continuidades, mas que também rompeu com diversos valores para chegarmos à constituição do mundo atual.

A passagem para a Idade Contemporânea foi marcada por diversas revoluções que alteraram profundamente o modo de viver e pensar do mundo ocidental, levando a transformações das práticas econômicas, políticas e culturais em muitos lugares.

Você sabe o que significa "contemporâneo"? Essa palavra se refere a coisas ou pessoas que pertencem (ou pertenceram) a uma mesma época, ou um mesmo período. Por exemplo: Pedro Álvares Cabral e Cristóvão Colombo foram navegadores contemporâneos. A era da internet é contemporânea à do telefone celular.

Nós somos contemporâneos à época em que vivemos, seus acontecimentos e fatos. A expressão "Idade Contemporânea" diz respeito ao **período histórico** que presenciamos hoje. Mas quando ele teve início?

Alguns historiadores franceses escolheram a **Revolução Francesa**, que aconteceu entre 1789 e 1799, como o limite que separa a Idade Moderna da Idade Contemporânea. Por outro lado, parte dos historiadores ingleses adotou a origem do

---

Escrita
± 4000 a.C.

Queda de Roma
476

Até ± 4000 a.C.
História mais remota ("Pré-História")

Paleolítico
Nomadismo

Neolítico
Domesticação de animais
Agricultura

4000 a.C. a 476 d.C.
Idade Antiga

Reinos e impérios
Egípcios
Mesopotâmicos
Hebreus
Fenícios
Gregos
Romanos

476 a 1453
Idade Média europeia

Europa
Feudalismo, Sociedade estamental, Predomínio da Igreja cristã, Cruzadas e Renascimento Comercial

Pilão de pedra do Período Neolítico, utilizado para moer grãos.

Escultura de escriba egípcio feita entre 2620 a.C. e 2350 a.C.

Esta ilustração espanhola, do século XIII, mostra exército de cruzados (à esquerda) combatendo os muçulmanos (à direita).

mundo contemporâneo nas transformações ocorridas com a **Revolução Industrial**, iniciada na Inglaterra na segunda metade do século XVIII. Essa divisão da História foi construída de acordo com os fatos que os próprios europeus julgaram importantes.

Para os estadunidenses a luta pela **independência das colônias inglesas na América do Norte**, em 1776, foi o ponto de partida da época contemporânea.

Neste volume, estudaremos esses marcos históricos, atentando para as **mudanças** e **permanências** que se seguiram a eles e também analisando alguns eventos importantes desse período.

Para compreender os processos que modificaram as formas de organização da sociedade e inauguraram novos modos de pensar e de agir é importante relembrar alguns aspectos da **Idade Moderna**.

Fonte: <www.gocomics.com/pcandpixel>. Acesso em: 25 out. 2018.

Observe a charge de Tak Bui, de 2014. Nela, o autor ironiza as diversas "idades" que marcaram a história do ser humano.

Queda de Constantinopla — 1453

Revolução Francesa; Revolução Industrial; Independência dos EUA — **Final do século XVIII**

Linha do tempo esquemática. O espaço entre as datas não é proporcional ao intervalo de tempo.

1453 a 1789 Idade Moderna

Expansão marítima e colonização das Américas, Absolutismo, Mercantilismo, Iluminismo e contestação à ordem denominada "Antigo Regime"

Retrato da soberana inglesa Elizabeth I, pintado por volta de 1592, por Isaac Oliver.

1789 aos nossos dias Idade Contemporânea

Transição para o século XIX: consolidação do capitalismo e das ideias de liberdade, independências das colônias e predomínio da burguesia.

A Proclamação da Independência, de François-René Moreau, 1844.

INTRODUÇÃO 11

A transição da Idade Moderna para a Idade Contemporânea

Antes de iniciarmos nossos estudos, apresentamos um panorama geral dessa época que se caracteriza como um período de transição da Idade Moderna para a Idade Contemporânea.

Política

O processo de concentração do poder nas mãos do rei levou à formação das monarquias absolutistas, que estavam assentadas na manutenção e garantia dos privilégios da nobreza e da elite eclesiástica, bem como em espaços para a burguesia emergente. As práticas mercantilistas, por um lado, garantiam recursos para as metrópoles europeias; por outro, incluíam as novas elites empresariais burguesas, por meio de concessões e monopólios. Diferentemente dos países absolutistas europeus, como o caso exemplar da França, a Inglaterra já havia montado sua estrutura política a partir da Revolução Gloriosa de 1688/1689 com limitações ao poder real, garantindo de maneira efetiva as atuações voltadas para as realizações dos negócios comerciais da burguesia. No final da Idade Moderna, manifestando interesses mais amplos das elites econômicas europeias, ganharam força as ideias contrárias ao controle do Estado sobre a economia, bem como medidas que limitavam os poderes reais.

Cena de *O Tartufo* (o impostor), comédia de Molière, em gravura em cobre de Jean Sauvé, com base no desenho de Pierre Brissart. *Obras de Molière*, 1682.

Na transição da Idade Moderna para a Idade Contemporânea, uma série de alterações confirmou a estruturação da ordem capitalista.

Músico virtuoso e exímio maestro do século XVIII, Johann Sebastian Bach teve reconhecimento limitado durante sua vida. Monumento em homenagem a Bach em Leipzig, Alemanha. Foto de 2017.

Cultura

Ao **Renascimento** cultural na transição para a Idade Moderna seguiu-se o estilo artístico Barroco dos séculos XVII e XVIII, com sua profusão de detalhes, luxo, dramaticidade e o famoso claro-escuro das pinturas. Numa época de ostentação da riqueza e cultivo do ócio, tão afeitos às elites nobres da Europa moderna, incluíram-se as ditas "boas maneiras", a etiqueta, que evidenciava as distinções sociais tão típicas do período. No teatro, merece destaque especial o dramaturgo Molière (1622-1673), com suas sátiras da sociedade burguesa em formação, então mesclada com valores da velha ordem de privilégios. Também marcaram a época os músicos George Friedrich Händel (1685-1759), Johann Sebastian Bach (1685-1750) e Wolfgang Amadeus Mozart (1756-1791), entre outros. O Iluminismo, conjunto de ideias voltadas para a crítica e para a derrubada do Antigo Regime, ganhou força no final do período.

Economia

A partir da expansão marítima, da colonização da América e do tráfico de escravizados, a produção de riquezas e o desenvolvimento comercial transformaram a Europa no principal centro econômico mundial. O conjunto de práticas econômicas europeias do século XV ao XVIII, voltadas para o comércio, ficou conhecido como mercantilismo. Espanha, Portugal, Holanda, Inglaterra, França, entre outros países, estiveram no comando dos crescentes negócios, com os grupos burgueses despontando cada vez mais fortes e atuantes. Grandes investimentos coloniais, comerciais e produtivos impulsionaram o desenvolvimento das etapas iniciais da nova ordem capitalista, sobrepondo-se progressivamente às sobrevivências da ordem feudal. Na área colonial, os interesses metropolitanos e mercantilistas foram consolidados apesar dos crescentes impasses e atritos entre os diversos interesses dos grupos coloniais. Escravizados, libertos, camponeses e senhores nas colônias tinham atuações e posições próprias frente aos interesses da Europa.

Já no final do século XVIII, a economia inglesa mergulhou na Revolução Industrial, sendo seguida por outros países no século XIX, com desdobramentos que marcaram o intenso desenvolvimento da ordem capitalista.

O comércio ultramarino intensificou fortemente o movimento nos portos, como se nota pela imagem da *Cena holandesa do porto*, do século XVII. Óleo sobre painel de Jan Abrahamsz Beerstraaten (1622-1666).

Espanhóis atiram os corpos de Montezuma II, governante de Tenochtitlán, e de Itzquauhtzin, rei de Nahua, no lago de Tenochtitlán. Representação da conquista do México do século XVI (caneta e tinta).

Os nobres do Antigo Regime se reuniam em bailes e festas, como representa esse óleo sobre tela de Marten Pepyn, intitulado *O baile*, de 1605.

Sociedade

Em 1500, a população europeia era de cerca de 81 milhões de pessoas, chegando a quase 100 milhões em 1700 e saltando para 188 milhões de habitantes em 1800. As primeiras décadas da Idade Moderna foram de recuperação demográfica, após as guerras do final da Idade Média e especialmente dos efeitos da peste. Mais à frente, o desenvolvimento comercial e urbano serviu de impulso ao crescimento populacional. Entre os grupos sociais nacionais, os nobres ainda contavam com seus privilégios de origem. Já a imensa população rural continuava obrigada a tributações enquanto a burguesia ganhava cada vez mais força. Contudo, no entrelaçamento entre a permanência da velha ordem feudal e uma outra ordem em formação, muitos dos novos ricos apoiavam-se na compra de títulos de nobreza e posições privilegiadas, enquanto a maioria da população continuava subordinada ou manifestando descontentamentos. Era o chamado Antigo Regime, que caminhava para seu desfecho frente ao novo mundo contemporâneo que se apresentava.

Ganhou força no século XVIII uma nova mentalidade envolvendo a Filosofia, as ciências sociais e naturais, a educação e a tecnologia. Novos conhecimentos permitiram ver o Universo não mais com base na Bíblia, mas em princípios científicos. Na imagem, esquema contemporâneo do Sistema Solar, representando o Sol e os planetas (da esquerda para a direita): Mercúrio, Vênus, Terra, Marte, Júpiter, Saturno (e, mais à direita, estão Urano e Netuno). Imagem artística sem escala. Ilustração computadorizada de José Antônio.

UNIDADE 1

Mundo contemporâneo: a era das revoluções

A passagem do período Moderno para a Idade Contemporânea foi marcada por diversas revoluções. Nesta unidade, vamos estudar essas mudanças que alteraram o modo de viver e de pensar do ser humano ocidental. O fim dos privilégios do clero e da nobreza, o desenvolvimento do processo produtivo e a valorização da ciência em relação à religião são alguns exemplos dessas transformações.

Observe a imagem e responda oralmente.

1. Na época do Renascimento, durante a Idade Moderna, a humanidade mudou sua concepção sobre o Universo. Qual foi essa mudança?

2. Na sua opinião, as novas descobertas no campo científico ou em outros aspectos podem revolucionar a maneira de pensar e ver o mundo em determinado período? De que maneira? Justifique sua resposta.

CAPÍTULO 1

O Iluminismo e a independência das 13 colônias da América do Norte

Thearon W. Henderson/Getty Images

Jogadores de futebol americano começaram a protestar durante a execução do hino nacional dos Estados Unidos contra o tratamento que os negros recebem no país. A iniciativa, tomada por Colin Kaepernick na temporada de 2016, se espalhou e foi repetida por outros atletas. Alguns se ajoelhavam enquanto o hino era tocado e outros nem mesmo entravam em campo, aguardando o término da música nos vestiários. Na fotografia, jogadores do San Francisco 49ers protestam ajoelhados em partida na Califórnia, Estados Unidos, 2016.

▶ Para começar

Observe a fotografia e responda às questões.

1. O que está sendo mostrado nessa imagem?
2. Entre os assuntos do capítulo, está a questão da liberdade e da igualdade de todos perante as leis. Agora, reflita: será que, após a Independência das 13 colônias da América do Norte, os indígenas e os afrodescendentes tiveram seus direitos garantidos e suas reivindicações atendidas?

O **Iluminismo** foi um movimento intelectual surgido e difundido na Europa principalmente no século XVIII. Seus defensores propunham "iluminar" a sociedade por meio da razão. Por isso, esse período também é conhecido como **Esclarecimento** (em referência ao verbo "esclarecer", tornar claro, elucidar) ou **Ilustração** (do verbo "ilustrar", que significa tornar brilhante, polido). Os anos 1700, por sua vez, são chamados de "Século das Luzes".

Nesse período, alguns filósofos buscavam explicações racionais para o comportamento humano e o desenvolvimento dos povos. Eles afirmavam que, pela razão, o ser humano poderia conquistar a liberdade, o progresso e a felicidade. Para tanto, deveria libertar-se de superstições, preconceitos e medos (que se ligavam a ideias e sentimentos irracionais). Do mesmo modo, se costumes e tradições impedissem o progresso da sociedade, deveriam ser transformados ou abandonados. Essa valorização do pensamento racional é chamada de **racionalismo**.

Vamos estudar neste capítulo que as novas ideias e transformações que vinham ocorrendo na Europa do século XVIII influenciaram também a América, estando presentes nos movimentos que culminaram na independência das 13 colônias inglesas, que formaram os Estados Unidos da América.

UNIDADE 1 • Mundo contemporâneo: a era das revoluções

1 Iluminismo: nova corrente de pensamento

Os iluministas divulgavam seus saberes a partir da publicação de livros, revistas e outros impressos. Na França, uma das obras mais importantes produzidas pelos iluministas foi a *Enciclopédia*, organizada pelo filósofo e escritor Denis Diderot e pelo matemático Jean le Rond d'Alembert. Publicada em vários volumes entre 1751 e 1780, reunia verbetes sobre saberes científicos, técnicos, históricos, literários e musicais. A obra foi proibida pela Igreja católica por seu tom crítico e inovador; no entanto, em 1782, mais de 25 mil exemplares já haviam sido vendidos.

Os iluministas foram profundamente influenciados pelo experimentalismo e o racionalismo mecanicista, doutrinas científicas divulgadas no século XVII pelas obras de René Descartes e Isaac Newton. Ao contrário dos escolásticos da Idade Média, esses cientistas consideravam que o conhecimento estava em permanente construção.

> **Escolástico:** seguidor do pensamento escolástico, filosofia cristã medieval que subordinava explicações sobre o mundo à verdade revelada por Deus.

LINHA DO TEMPO

1751-1780 — Publicação da *Enciclopédia*

1756-1763 — Guerra dos Sete Anos

1764 — Lei do Açúcar

1765 — Lei do Selo

1773 — Lei do Chá – *Boston Tea Party*

1776 — Declaração de Independência das 13 colônias (4/7/1776)

Guerra de independência

1783 — Tratado de Paris – reconhecimento inglês

1787 — Constituição dos Estados Unidos

Entre os séculos XVII e XIX, artistas, filósofos e literatos costumavam se reunir nas casas de alguns aristocratas europeus para se divertir e debater ideias. A pintura acima reproduz um desses encontros, chamados de salões literários. *Leitura da tragédia "O órfão chinês" no salão da madame Geoffrin*, obra de Anicet-Charles Lemonnier (1743-1824), de 1812. Óleo sobre tela, 129,5 cm × 196 cm.

 Minha biblioteca

Iluminismo: a revolução das luzes, de Maria das Graças Nascimento e Milton Meira Nascimento, Editora Ática, 1998. Narrativa sobre o Iluminismo com uma reflexão clara e profunda sobre o Século das Luzes.

Linha do tempo esquemática. O espaço entre as datas não é proporcional ao intervalo de tempo.

A ciência e a fé

René Descartes foi um filósofo e matemático francês (1596-1650) autor do livro *Discurso do método*. Ele defendia a tese de que a dúvida é o primeiro passo no processo de construção do conhecimento, rompendo com a ideia medieval de que todo saber derivava da verdade revelada por Deus. Inaugurava-se o **empirismo**, uma filosofia que não admitia milagres, pois era fundada no entendimento racional e na verificação experimental.

O inglês **Isaac Newton** (1642-1727), considerado o fundador da Física mecânica clássica, identificou o princípio da gravidade universal, propondo que o Universo seria governado por leis físicas e não por forças divinas. Assim como Descartes, ele partiu de suas dúvidas e observações para explicar os fenômenos naturais. Newton não negava a existência de Deus, mas propunha que caberia à ciência entender, por meio da observação e da experimentação, a lógica racional da criação divina.

Das ideias à ação

Assim como os cientistas dos séculos XVII e XVIII tentavam encontrar regras e leis que explicassem os fenômenos naturais, os iluministas desenvolveram princípios sobre o funcionamento das sociedades.

Eles defendiam, por exemplo, que todos os indivíduos nascem livres e iguais perante a lei, fundamentos que não eram levados em conta na sociedade estamental (que era desigual) nem no absolutismo monárquico (que reprimia a liberdade de seus súditos). O Iluminismo não só sustentou as críticas ao Antigo Regime, mas também estimulou e orientou as ações que tentavam derrubá-lo, além de apontar propostas para uma nova ordem.

Na França, as ideias iluministas culminaram na **Revolução Francesa**, que levou à tomada do poder pela burguesia. Na América, inspirou as lutas de **independência**, que puseram fim ao domínio colonial. Em Portugal e em outros países ou reinos, deu origem a um sistema político que ficou conhecido como **despotismo esclarecido**.

A lição de Geografia, de Pietro Longhi, 1750 (óleo sobre tela, 61 cm × 49 cm). Esta pintura representa uma família burguesa tomando lições, um reflexo da busca pelo conhecimento que marcou o período.

Política e economia para os iluministas

Os pensadores iluministas buscavam compreender e explicar diferentes aspectos da vida social. Parte deles dedicou-se mais à economia, outros à política, outros à educação, à justiça ou às artes. Criaram-se escolas de pensamento, clubes e sociedades dedicados à ampliação e à divulgação do conhecimento científico que influencia o Ocidente até os dias de hoje.

A política

Um dos principais alvos da crítica iluminista era a monarquia absolutista, justificada pela religião e pela tradição. O monarca era considerado uma pessoa de natureza diferente, superior às demais.

John Locke (1632-1704): autor de *Segundo tratado do governo civil* e de *Ensaio sobre o entendimento humano* (ambos de 1690), contestava o absolutismo já no século XVII. Defendia a ideia de que a vida, a liberdade e a propriedade privada são direitos naturais inalienáveis (ninguém poderia tirar tais direitos do ser humano). Para ele, os governos surgiram por meio de um contrato social feito entre os homens para garantir a preservação desses direitos. Assim, caso o governo não cumpra sua razão de ser – proteger e garantir o livre uso da propriedade privada –, a sociedade tem o direito à rebelião e à substituição do governo tirânico. O novo governo estabelecido deveria partilhar as decisões sobre assuntos de interesses comuns com o parlamento formado por proprietários de terra.

John Locke retratado em pintura de Godfrey Kneller, 1697. Óleo sobre tela, 26 cm × 64 cm.

Barão de Montesquieu (1689-1755): em seu livro *O espírito das leis* (1748), analisou os diferentes regimes políticos, criticou o Estado absolutista francês e fez elogios ao governo inglês, que era controlado pelo parlamento, e não apenas pelo monarca. Propunha a divisão do Estado em três poderes independentes: o Legislativo (que elabora as leis), o Executivo (que governa o Estado) e o Judiciário (que julga e estabelece a punição aos que desobedecem às leis). Essa divisão impediria que o poder se concentrasse nas mãos de um só grupo ou pessoa.

Charles-Louis de Secondat, barão de La Brède, herdou do seu tio o nome de Montesquieu. Aquarela de François Ganerey, c. 1801.

Voltaire (1694-1778): escritor, historiador, poeta e dramaturgo, ficou conhecido por suas críticas à Igreja católica e à censura. Defensor da liberdade de expressão, teria dito a frase: "*Não concordo com nenhuma das palavras que você diz, mas defenderei até a morte o seu direito de dizê-las*", cuja autoria é questionada por pesquisadores. Em seu livro *Cartas inglesas* (1733), defendia uma monarquia "esclarecida", que respeitasse os direitos individuais.

Voltaire, cujo nome real era François Marie Arouet, retratado por Nicolas de Largillére, em 1730. Óleo sobre tela, 60 cm × 50 cm.

O Iluminismo e a independência das 13 colônias da América do Norte • CAPÍTULO 1

Jean-Jacques Rousseau (1712-1778): autor de *Contrato social* e *Emílio* (ambos de 1762), fez as críticas mais radicais ao Antigo Regime e era favorável à formação de um governo popular em oposição à monarquia absolutista. Conhecido como "pai da democracia moderna" defendia a soberania popular, com o povo exercendo sua autoridade diretamente, sem intermediários. Suas ideias tiveram grande aceitação entre as camadas populares e a pequena burguesia europeia.

Jean-Jacques Rousseau retratado por Quentin de la Tour, século XVIII. Pastel sobre papel, 45 cm × 35,5 cm.

A economia

No campo econômico, os iluministas opuseram-se ao **mercantilismo** por meio de novas teorias econômicas: a **fisiocracia** e o **liberalismo**.

Segundo os fisiocratas, a **terra** era a única fonte de riqueza, e a **agricultura**, a única atividade verdadeiramente produtiva. O comércio e a indústria eram empreendimentos secundários, meramente transformadores.

O liberalismo, cujos princípios foram formulados pelo escocês **Adam Smith** (1723-1790), propunha que a verdadeira fonte de riqueza das nações era o **trabalho**, exercido por indivíduos livres. Isso o diferenciava dos pensadores anteriores, que acreditavam que os metais preciosos e a terra, bens cuja quantidade é fixada pela natureza, eram os geradores de riqueza.

De acordo com as ideias do liberalismo, a economia possuiria leis próprias que a regulavam naturalmente, sem a necessidade de maiores intervenções do governo. Por isso, os liberais adotavam o lema fisiocrata "*Laissez-faire, laissez-passer*" ("*Deixe fazer, deixe passar*"). Para eles, a livre interação entre os indivíduos, cada qual buscando satisfazer seus próprios interesses, acabaria produzindo o melhor resultado possível, como se houvesse uma "mão invisível" conduzindo as relações econômicas.

Segundo essa teoria, a intervenção do Estado no mercado, como era praticada no sistema mercantilista, atrapalharia o desenvolvimento econômico. Por outro lado, a livre concorrência, a divisão do trabalho e o livre-comércio seriam indispensáveis para o aumento da produtividade e para o progresso. Por isso, os governos só deveriam interferir na economia das nações para facilitar o desenvolvimento natural dessas dinâmicas.

A obra de Smith é considerada, ainda hoje, um manual do capitalismo liberal.

Saiba mais

A relação entre o Iluminismo e o liberalismo

O Iluminismo procurava modificar a noção de sociedade e governo, propondo a substituição do poder absoluto dos reis e dos privilégios da nobreza e do clero. Defendia a liberdade e os direitos individuais, a igualdade entre os homens e divisão dos poderes. Os princípios iluministas não ficaram restritos à política e também foram transpostos para a economia. Assim como o governante deveria interferir menos nos assuntos do reino, o Estado também deixaria de intervir na economia, para que ela pudesse fluir de maneira mais autônoma. De forma geral, tanto os teóricos políticos quanto os teóricos econômicos desse período defendiam os interesses da burguesia – que desejava maior participação no governo e liberdade comercial para seus negócios, baseados na livre-concorrência. Tais fundamentos econômicos foram essenciais para o desenvolvimento do capitalismo e influenciaram a independência dos Estados Unidos e a Revolução Francesa. Princípios liberais são adotados em muitos países até hoje.

O despotismo esclarecido

Influenciados pelas ideias iluministas, alguns monarcas europeus buscaram administrar seus reinos de forma mais racional, eliminando alguns privilégios e cobrando impostos de todas as camadas sociais. Também incentivaram a educação e a produção artística, praticaram reformas na Justiça, estimularam a atividade manufatureira e, em alguns Estados, aboliram a servidão. No entanto, ainda continuaram governando de forma autoritária, pois eram contrários à divisão do poder. Por isso, esse tipo de governo ficou conhecido como **despotismo esclarecido**.

As reformas realizadas em Portugal pelo ministro Sebastião José de Carvalho e Melo, conhecido como **Marquês de Pombal**, são um bom exemplo do despotismo esclarecido. Para diminuir a dependência que Portugal tinha da Inglaterra, Pombal reativou a produção de manufaturas, dificultou importações e modernizou o ensino. Também criou várias companhias de comércio, concedendo-lhes o monopólio de compra e venda de produtos no reino e em suas colônias. Em 1759, para diminuir a influência do clero nos assuntos do Estado, expulsou os jesuítas de Portugal e de seus domínios, transferindo o controle da Inquisição para a Coroa.

Pombal também foi responsável pela reconstrução de Lisboa, após o grande terremoto que destruiu a cidade em 1755. A racionalidade de sua administração se reflete no plano da cidade: as antigas vielas medievais, estreitas, curvas e desordenadas, foram substituídas por ruas amplas, paralelas e regulares, como se pode ver nas imagens a seguir.

Também foram déspotas esclarecidos: Frederico II, da Prússia, amigo pessoal de Voltaire; José II, da Áustria; e Catarina II, da Rússia.

Gravura representando a planta de Lisboa antes do terremoto de 1755.

Imagem de satélite de Lisboa, Portugal, na atualidade. A cidade mantém o traçado planejado por Pombal. Foto de 2015.

O Iluminismo e a independência das 13 colônias da América do Norte • **CAPÍTULO 1**

2 Influências do Iluminismo na América

Enquanto na Europa prevalecia a vontade de mudanças em relação ao Antigo Regime, as elites coloniais norte-americanas, desejando o fim das restrições ao comércio com o Velho Mundo e influenciadas pelas ideias iluministas, passaram a questionar o domínio metropolitano, iniciando um movimento de emancipação política. A luta pela independência das 13 colônias inglesas, chamada por muitos de Revolução Americana, influenciou as demais colônias da América, que também começaram a questionar a dominação das metrópoles.

O domínio inglês sobre as 13 colônias

A colonização inglesa das 13 colônias da América do Norte seguiu modelos distintos de exploração e ocupação do território.

Nas colônias do sul, predominaram os latifúndios. Os colonos usavam a mão de obra de africanos escravizados e plantavam produtos tropicais como algodão e tabaco, que eram exportados para a Inglaterra.

Nas colônias do norte, predominaram as pequenas e médias propriedades. Com o uso de mão de obra livre, os colonos desenvolveram a policultura, a pecuária, a pesca, o comércio de peles e a manufatura, atividades voltadas principalmente para o consumo das colônias. Também criaram uma significativa indústria naval, produzindo as embarcações usadas no chamado **comércio colonial**.

As colônias inglesas da América do Norte (século XVII)

Fonte: elaborado com base em ATLAS da história do mundo. São Paulo: Folha de S.Paulo, 1995. p. 161.

Representação de uma pequena propriedade rural na Pensilvânia, por volta de 1700. Xilogravura colorizada, de autoria desconhecida, século XIX.

Representação de escravizados trabalhando em grande plantação de algodão na Geórgia. Gravura colorizada, de autoria desconhecida, século XIX.

Fundadas entre 1607 (Virgínia) e 1733 (Geórgia), as 13 colônias inglesas ocuparam grande parte da costa atlântica da América do Norte.

Os perfis dos colonos também se diferenciavam: no norte predominava uma população formada por agricultores, pequenos proprietários, comerciantes e produtores de manufaturas. No sul, um pequeno grupo de latifundiários compunha uma rica elite e pequenos proprietários formavam uma reduzida camada média. A base da sociedade sulista era composta de africanos escravizados, responsáveis pelo trabalho nas lavouras.

Na economia, havia uma ligação entre as colônias inglesas nas Antilhas, as colônias inglesas da América do Norte e a África conhecida como **comércio triangular**. Os colonos do norte importavam melaço (um subproduto da fabricação do açúcar) diretamente das Antilhas, em troca de alimentos e outros artigos. Com o melaço produziam rum, bebida alcoólica utilizada como moeda na compra de escravizados na África. Os escravizados eram revendidos nas Antilhas e nas colônias do sul.

O comércio também envolvia a Europa, onde se podia trocar o açúcar antilhano por manufaturados. Essa relativa liberdade comercial não existia nas colônias ibéricas.

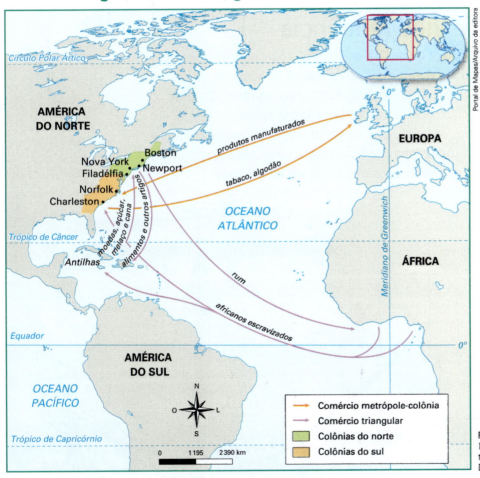

Comércio triangular das colônias inglesas da América do Norte

Fonte: elaborado com base em WORLD History Atlas: Mapping the Human Journey. London: Dorling Kindersley, 2005. p. 84-85.

Os primeiros conflitos

Até o início do século XVIII, as colônias norte-americanas possuíam relativa autonomia administrativa em relação à Inglaterra. Os governadores locais, nomeados pela metrópole, conviviam sem grandes conflitos com as **assembleias** dos colonos. As tropas inglesas eram bem reduzidas e cabia aos colonos proteger seus bens em conflitos com os nativos ou com os colonos franceses vizinhos.

Com a **Guerra dos Sete Anos** (1756-1763), a relativa autonomia das colônias foi abalada. O conflito travado entre França e Inglaterra recebeu apoio de diferentes governos europeus. A guerra envolveu disputas por territórios e estendeu-se até a América.

Com a ajuda dos colonos norte-americanos, os ingleses venceram a guerra, tomando territórios franceses no Canadá e no Caribe. Contudo, os enormes gastos militares deixaram a Inglaterra em sérias dificuldades financeiras. Para superá-las, o governo inglês criou novos impostos para suas colônias e endureceu o controle sobre suas atividades comerciais.

Em 1764, a **Lei do Açúcar** impediu que esse produto fosse comercializado diretamente entre as colônias, dificultando o comércio triangular. No ano seguinte, a **Lei do Selo** criou uma taxa para a circulação de impressos na América inglesa. Os colonos organizaram um grande boicote, deixando de comprar produtos da Inglaterra.

O cancelamento da Lei do Selo, em 1766, acalmou os colonos. Nos anos seguintes, porém, novas medidas, como os impostos aos importados e maior fiscalização, motivaram o reinício dos conflitos.

As guerras de independência

Em 1773, a Inglaterra criou a **Lei do Chá**, que concedia o monopólio sobre o comércio do chá à Companhia das Índias Orientais. Isso provocou aumento nos preços do produto, muito consumido na América, estimulando diversos protestos entre os colonos. O principal deles ficou conhecido como "Festa do chá de Boston" (*Boston Tea Party*, em inglês). Disfarçados de índios, alguns colonos invadiram navios ingleses e lançaram todo o carregamento de chá ao mar. Em resposta, a Inglaterra decretou uma série de medidas punitivas, chamadas pelos colonos de **leis intoleráveis**.

Gravura colorizada de 1846 representando o protesto conhecido como "Festa do chá de Boston", ocorrido em 1773.

Os representantes das colônias norte-americanas exigiram o fim dessas medidas. A negativa do governo britânico aumentou as tensões entre a Inglaterra e suas colônias. Até que, em 4 de julho de 1776, representantes dos colonos aprovaram a **Declaração de Independência**, proclamando a fundação dos **Estados Unidos da América**. A Inglaterra não aceitou essa decisão e teve início a guerra pela independência.

Os confrontos duraram cinco anos. No início, o bem treinado e equipado exército britânico obteve várias vitórias. Porém, em 1777, a França declarou seu apoio aos revoltosos, enviando mais de 6 mil soldados. O governo francês queria vingar-se da Inglaterra por causa da derrota na Guerra dos Sete Anos.

A Espanha também ajudou os norte-americanos com soldados e dinheiro. Em 1781, os ex-colonos cercaram e derrotaram o exército britânico, obrigando a Inglaterra a reconhecer sua independência em 1783, no Tratado de Paris.

Minha biblioteca

4 de julho de 1776: independência dos Estados Unidos da América, de Mary Anne Junqueira, Editora Lazuli/Companhia Editora Nacional, 2007. A autora, por meio de documentos de época, mapas, pinturas, entre outros recursos, reconstrói e discute o processo que levou à declaração de independência dos Estados Unidos.

De olho na tela

Revolução. Direção: Hugh Hudson. Reino Unido/EUA, 1985. Retrata a guerra de independência dos Estados Unidos a partir do drama familiar do personagem Tom Dobb (Al Pacino), que se envolve na guerra após seu filho ser convocado pelo exército.

Declaração de Independência dos Estados Unidos, óleo sobre tela de John Trumbull, feita entre 1786 e 1820. Representa a cerimônia em que se declara a independência das colônias norte-americanas, em 4 de julho de 1776.

A organização da República estadunidense

Terminada a luta pela independência, duas tendências políticas disputaram o controle do novo Estado: os republicanos e os federalistas.

Representante	Tendência política	Projeto
Thomas Jefferson em retrato pintado por Ahser B. Durand, no século XIX.	Republicana	Defendia um governo central fraco e grande autonomia dos estados.
Alexander Hamilton em retrato pintado por John Trumbull, em 1804.	Federalista	Pregava a ideia de um governo central forte, limitando a autonomia dos estados.

A **Constituição dos Estados Unidos da América** foi aprovada em 1787. Em vigor até hoje no país, foi modificada por várias emendas. Entre outras normas, a Constituição estabelecia o regime republicano e a divisão do Estado em três poderes: Legislativo, Executivo e Judiciário. O Legislativo era formado pelo Congresso, constituído pelo Senado e pela Câmara dos Representantes. O Executivo, chefiado pelo presidente, que era eleito para um mandato de 4 anos. A Suprema Corte comandava o Judiciário.

Em 1789, o colégio eleitoral elegeu **George Washington** o primeiro presidente dos Estados Unidos.

Embora a Declaração de Independência defendesse a igualdade entre todos os seres humanos, a nova Constituição não incluía mulheres nem indígenas entre os cidadãos. Além disso, ela não aboliu a escravidão (veja o mapa ao lado).

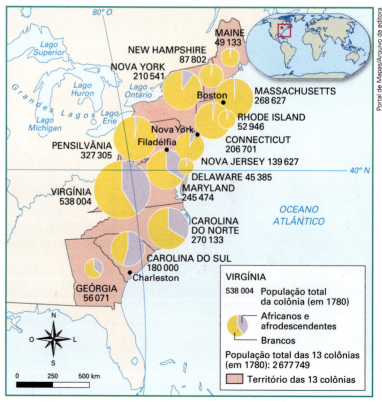

A população das 13 colônias (1780)

Fonte: elaborado com base em KASPI, A. *Les Américains*: 1. Naissance et essor des États-Unis (1607-1945). Paris: Le Seuil, 1986.

TRABALHANDO COM DOCUMENTOS

O documento a seguir é composto de trechos do discurso proferido em 1783 pelo doutor Ezra Stiles, presidente do Yale College, diante do governador e da Assembleia de Connecticut. Ele procura explicar os eventos que ocorreram na América do Norte desde 1776, quando foi declarada a independência dos Estados Unidos.

Como teria sido utópico ter predito na Batalha de Lexington que em menos de oito anos a independência e a soberania dos Estados Unidos deveriam ser reconhecidas por quatro soberanias europeias, uma das quais seria a própria Grã-Bretanha. Como são maravilhosas as revoluções, os acontecimentos da providência! Vivemos numa era de maravilhas; vivemos uma era em poucos anos. [...]

Teremos uma comunicação com todas as nações em comércio, maneiras e ciência, além de qualquer coisa conhecida no mundo até agora... todas as artes podem ser transplantadas da Europa e Ásia e florescer na América com um lustre aumentado, para não mencionar o aumento das ciências de invenções e descobertas americanas, das quais houve casos tão capitais, aqui, no século passado, quanto na Europa.

▶ **Predito:** previsto.
▶ **Lustre:** brilho.
▶ **Capital:** essencial, fundamental.

Apud BRADBURY, Malcolm; TEMPERLEY, Howard (Ed.). *Introdução aos estudos americanos*. Rio de Janeiro: Forense Universitária, [s.d.]. p. 67-68.

1▶ Como o orador descreve o processo de independência? Ela seria até aquele momento um fato inédito na região? Justifique com trechos do texto.

2▶ Qual deveria ser, segundo ele, o papel da então recém-nascida nação norte-americana diante das outras nações?

▷ Ezra Stiles, em óleo sobre tela pintado por Samuel King, 1771.

O Iluminismo e a independência das 13 colônias da América do Norte • **CAPÍTULO 1**

Mapeando saberes

ATENÇÃO A ESTES ITENS

- Entre as ideias econômicas liberais, destacam-se a fisiocracia (segundo a qual a única fonte de riqueza é a terra) e o liberalismo econômico (para quem o trabalho livre é a origem das riquezas). Ambas defendiam que a economia se autorregula naturalmente, não devendo, portanto, sofrer interferência do Estado.

- Em alguns reinos europeus, o Iluminismo estimulou uma série de reformas que buscaram racionalizar a administração do Estado, sem, contudo, pôr fim ao absolutismo. Esse tipo de governo ficou conhecido como despotismo esclarecido.

- O Iluminismo, movimento intelectual difundido na Europa no século XVIII, buscava explicações racionais para o comportamento humano e o desenvolvimento das sociedades.

- Entre os teóricos políticos iluministas, destacam-se John Locke (para quem o Estado deveria garantir a propriedade privada e a liberdade individual), Montesquieu (teórico da divisão dos poderes), Voltaire (defensor de uma monarquia ilustrada) e Rousseau (defensor de um governo de base popular).

- Os iluministas defendiam que todos os homens nasciam livres e iguais. Essas ideias ameaçavam a sociedade estamental e o absolutismo do Antigo Regime, baseados na desigualdade entre os homens e na submissão ao poder real.

- As ideias iluministas também influenciaram as lutas contra o sistema colonial. Nas 13 colônias inglesas da América do Norte, elas inspiraram uma série de revoltas contra a metrópole, que culminaram, em 1776, na Declaração de Independência.

- Os valores iluministas defendidos pelos líderes da independência dos Estados Unidos restringiam-se à liberdade de comércio e à igualdade de direitos entre colônia e metrópole. Eles não se estendiam aos escravizados, que continuaram sem liberdade, às mulheres nem aos indígenas, que não tinham direito à participação política.

POR QUÊ?

- As ideias iluministas exercem, até hoje, enorme influência na forma como compreendemos a política, a sociedade, a economia e a religião.

- A independência das 13 colônias da América do Norte é um exemplo da influência iluminista na origem dos Estados Unidos.

- O liberalismo ainda hoje é discutido em diversos debates econômicos. As crises econômicas mundiais trouxeram à tona a questão sobre a validade e a necessidade – ou não – de os Estados exercerem o controle e a regulação dos mercados.

UNIDADE 1 • Mundo contemporâneo: a era das revoluções

ATIVIDADES

Retome

1. Monte uma tabela com duas colunas cujos títulos sejam: **liberalismo** e **mercantilismo**. Entre os itens abaixo, agrupe, na primeira coluna, aqueles que se relacionam com o liberalismo e, na segunda coluna, as que definem o mercantilismo.

> século XVIII em diante; pacto colonial; intervencionismo estatal; livre concorrência; séculos XV ao XVIII; mão invisível; economia de mercado; *laissez-faire*; protecionismo; metalismo.

2. Defina os termos **liberalismo econômico** e **despotismo esclarecido**, de acordo com o que você estudou neste capítulo.

3. De que maneira as ideias iluministas influenciaram na independência dos Estados Unidos? Relacione as seguintes palavras ou expressões na sua resposta: *Iluminismo, intervencionismo, liberdade, igualdade, independência dos Estados Unidos, escravidão*.

4. Com base no que foi visto na página de abertura do capítulo, responda: Que relação existe entre a atual organização política dos Estados Unidos e o Iluminismo? Quem foi excluído dos direitos adquiridos?

Explore o mapa

5. Observe com atenção o mapa *Comércio triangular das colônias inglesas da América do Norte*, da página 23, e responda às questões a seguir.

   a) Descreva os vínculos comerciais existentes entre as 13 colônias da América inglesa, as Antilhas, a África e a Europa.

   b) De acordo com essas rotas comerciais, o comércio metrópole-colônia entre a Inglaterra e as 13 colônias era obedecido? Por quê?

Analise e compare os pontos de vista

6. Leia com atenção os textos a seguir, que abordam a questão da propriedade privada da terra. O primeiro texto foi escrito por Rousseau, e o segundo por John Locke. Em seguida, responda às questões propostas.

> O verdadeiro fundador da sociedade civil foi o primeiro que, tendo cercado um terreno, lembrou-se de dizer isto é meu e encontrou pessoas suficientemente simples para acreditá-lo. Quantos crimes, guerras, assassínios, misérias e horrores não pouparia ao gênero humano aquele que, arrancando as estacas ou enchendo o fosso, tivesse gritado a seus semelhantes: "Defendei-vos de ouvir esse impostor; estareis perdidos se esquecerdes que os frutos são de todos e que a terra não pertence a ninguém!".
>
> ROUSSEAU, Jean-Jacques. *Discurso sobre a desigualdade*. São Paulo: Nova Cultural, 1991. p. 259. (Os pensadores).

> Vê-se claramente que os homens concordaram com a posse desigual e desproporcional da terra, tendo encontrado, por um consentimento tácito e voluntário, um modo pelo qual alguém pode possuir com justiça mais terra que aquela cujos produtos possa usar, recebendo em troca do excedente ouro e prata que podem ser guardados sem prejuízo de quem quer que seja (...).
>
> LOCKE, John. *Dois tratados sobre o governo*. São Paulo: Martins Fontes, 1998. p. 428.

▶ **Tácito:** silencioso, calado.

   a) Segundo Locke, é justo que uma pessoa possua mais terras do que outra? Justifique sua resposta.

   b) Podemos considerar as visões dos dois autores semelhantes ou diferentes? Explique.

Autoavaliação

1. Quais atividades você considerou mais fáceis e mais difíceis? Por quê?
2. Em quais atividades você utilizou o texto do capítulo como base para sua resposta?
3. Algum ponto do capítulo não ficou muito claro para você? Qual(is)?
4. Você compreendeu o esquema *Mapeando saberes*? Explique.
5. Você saberia apontar exemplos da atualidade considerando o que aprendeu no item *Por quê?* do *Mapeando saberes*?
6. Como você avalia sua compreensão dos assuntos tratados neste capítulo?
   - » **Excelente:** não tive nenhuma dificuldade.
   - » **Bom:** tive algumas dificuldades, mas consegui resolvê-las.
   - » **Regular:** foi difícil compreender certos conceitos e resolver as atividades.
   - » **Ruim:** tive muitas dificuldades, tanto no conteúdo quanto na realização das atividades.

PROJETO 1º SEMESTRE — Abertura

Pesquisa
Mundo político: a crise do Antigo Regime e a política contemporânea

Neste semestre, a proposta de projeto é a produção de uma pesquisa.

Ao longo dos estudos neste 1º semestre, você tomará contato com um período histórico muito importante para o mundo ocidental: a chamada Era das Revoluções. Segundo o historiador Eric Hobsbawm, a Era das Revoluções engloba o período entre o fim do século XVIII e a primeira metade do século XIX, em que transformações profundas nos campos econômico, social, político e cultural ocorreram na Europa e na América, gerando impactos que são percebidos ainda hoje.

Uma das mudanças fundamentais propiciadas por esse processo histórico foram as noções de direitos civis e políticos que emergiram dos movimentos, desde a Revolução Francesa até a chamada "Primavera dos Povos", em 1848.

Sendo assim, a proposta é que seja feita uma pesquisa sobre esse período histórico, apresentando principalmente as mudanças no campo dos direitos civis e políticos que ocorreram nesse contexto.

Dessa forma, a turma dividida em grupos deverá apresentar, em suas pesquisas, respostas para as seguintes questões:

1. Quais são as diferenças da organização social na Europa e na América antes e depois da chamada Era das Revoluções?
2. Do ponto de vista político, quais foram as conquistas alcançadas pelas populações desfavorecidas nesse período?
3. Que mudanças importantes, entre o fim do século XVIII e a primeira metade do século XIX, ocorreram no Brasil?
4. De todas essas mudanças, quais delas os membros do grupo consideram importantes para serem preservadas e/ou ampliadas nos dias de hoje? Por quê?

A partir dessas questões, ao longo do semestre, você pode elaborar as ideias com os colegas e ir construindo sua pesquisa. Para isso, utilize as fontes sugeridas e outras que o professor indicar.

As questões sugeridas precisam ser contempladas, mas não se preocupem em respondê-las como um questionário. Elas devem servir de guia para a pesquisa, para ajudá-los a pensar sobre a Era das Revoluções e sobre as conquistas dos direitos civis e políticos.

Conhecendo o tema

A respeito do momento de transição pelo qual passava a Europa no final do século XVIII, leia o trecho da obra de Hobsbawm a seguir.

Havia assim um conflito latente, que logo se tornaria aberto entre as forças da velha e da nova sociedade "burguesa", que não podia ser resolvido dentro da estrutura dos regimes políticos existentes, exceto, é claro, onde estes regimes já incorporassem o triunfo burguês, como na Grã-Bretanha. O que tornou estes regimes ainda mais vulneráveis foi que eles estavam sujeitos a pressões de três lados: das novas forças, da arraigada e cada vez mais dura resistência dos interesses estabelecidos mais antigos, e dos inimigos estrangeiros.

HOBSBAWM, Eric. *A Era das Revoluções*: Europa 1789-1848. 15. ed. Rio de Janeiro: Paz e Terra, 2001. p. 40.

O período entre fins do século XVIII e a primeira metade do século XIX é fundamental para o conhecimento do mundo político contemporâneo, pois foi palco de intensas revoluções que reorganizaram as estruturas sociais, econômicas, políticas e culturais do mundo ocidental. Conforme afirma Hobsbawm, as mudanças foram resultado de múltiplos fatores, todos eles relacionados a transformações no campo econômico e social.

A emergência do pensamento iluminista, a crise da política absolutista, o desenvolvimento industrial e a ascensão da burguesia, assim como os processos de independência no continente americano são todos eventos importantes que reformularam o entendimento do mundo político. No entanto, tudo isso foi resultado de um longo processo histórico, que deve ser compreendido para que possamos entender como tais questões são relevantes até hoje.

De início, a nomeação Antigo Regime, criada pelos revolucionários franceses, referia-se ao período marcado pelo Absolutismo, pela sociedade de ordens e pelo colonialismo. A sociedade nesse tempo era dividida em clero, nobreza e Terceiro Estado, este último composto por todo o restante da sociedade. Havia uma série de privilégios significativos para os dois primeiros grupos da sociedade.

Entretanto, ao observar as características das sociedades contemporâneas no Ocidente, tais divisões sociais não estão mais presentes. Diante disso, o objetivo fundamental do trabalho aqui desenvolvido será compreender como ocorreu essa transição e quais foram as condições sociais que permitiram essa mudança, especialmente na conquista dos direitos civis e políticos.

Na imagem, gravura do século XVIII, de autor desconhecido, representando o Terceiro Estado, composto pela maioria da população, sustentando as classes privilegiadas nas suas costas. A charge refere-se à monarquia absolutista e aos privilégios do clero e da nobreza às vésperas da Revolução Francesa.

Planejamento

A partir da orientação do professor, durante a pesquisa é importante desenvolver corretamente um planejamento de todo o processo. As etapas sugeridas são as seguintes:

1. Organizem-se em grupos de até cinco alunos e preparem-se para aprofundar os estudos sobre o tema sugerido com base nas referências citadas nas *Dicas de pesquisa* e outras que o professor indicar ou que vocês poderão descobrir pesquisando.

2. Examinem o material apresentado e discutam entre si quais informações são relevantes para o desenrolar da pesquisa. Sigam orientações do professor conforme necessário para compreender o processo de análise textual.

3. Durante o semestre, discutam com o professor as informações coletadas e o que cada grupo avaliou como sendo relevante para o projeto; conforme as discussões se desenrolarem, procurem um fio coerente de análise, para que seja mais fácil desenvolver uma conclusão para o projeto.

4. Por fim, sigam as orientações do professor e, ao longo do semestre, organizem as informações e conteúdos e reflitam sobre as questões apontadas anteriormente.

Dicas de pesquisa

Para facilitar a pesquisa, indicamos alguns *sites* e livros que abordam o tema da crise no Antigo Regime e a política contemporânea:

CANCIAN, Renato. Cidadania e direitos políticos e sociais: origem e importância. *UOL Educação*, 10 jan. 2007. Disponível em: <https://educacao.uol.com.br/disciplinas/sociologia/cidadania-e-direitos-politicos-e-sociais-origem-e-importancia.htm>.

GONÇALVES SOUSA, Rainer. Revolução Francesa. *UOL Mundo Educação*. Disponível em: <https://mundoeducacao.bol.uol.com.br/historiageral/revolucao-francesa.htm>.

MARTINS DE AGUIAR, Lilian Maria. Antecedentes históricos da Independência dos Estados Unidos. *UOL Mundo Educação*. Disponível em: <https://mundoeducacao.bol.uol.com.br/historia-america/antecedentes-historicos-independencia-dos-estados-unidos.htm>.

MICELI, Paulo. *As revoluções burguesas*. 10. ed. São Paulo: Atual, 1994. (Coleção Discutindo a História).

NOVAIS, Fernando; MOTA, Carlos Guilherme. *A independência política do Brasil*. 2. ed. São Paulo: Hucitec, 1996.

PISSURNO, Fernanda Paixão. Antigo Regime. *InfoEscola*. Disponível em: <www.infoescola.com/historia/antigo-regime/>.

RECCO, Cláudia. História: O absolutismo e a reforma religiosa. *Folha Online*, 14 ago. 2003. Disponível em: <www1.folha.uol.com.br/folha/educacao/ult305u13408.shtml>.

Acesso em: 25 out. 2018.

CAPÍTULO 2
A Revolução Francesa

Comemoração da Queda da Bastilha, feriado nacional francês, com fogos de artifício coloridos em frente à Torre Eiffel, um dos principais símbolos da cidade. Fotografia de 2018.

Do século XV ao século XVIII, prevaleceu na Europa uma ordem social e política que lembrava a sociedade medieval e ficou conhecida como **Antigo Regime**. Na França absolutista, a sociedade continuava fundada em privilégios e dividida em ordens ou estamentos.

Cerca de 98% da população francesa pertencia ao Terceiro Estado: grandes e pequenos industriais, comerciantes e trabalhadores urbanos e rurais. Inspirados pelos ideais iluministas e guiados pelo lema "liberdade, igualdade, fraternidade", os franceses passaram a questionar as desigualdades sociais. No Antigo Regime, os integrantes do Terceiro Estado pagavam altos impostos, enquanto clero e nobreza eram isentos; os trabalhadores urbanos enfrentavam péssimas condições de vida, carga de trabalho elevada e baixos salários. Os camponeses, por sua vez, viviam praticamente na miséria, subordinados a antigas tributações feudais. Esses foram apenas alguns dos motivos que levaram à eclosão revolucionária.

Neste capítulo, estudaremos a Revolução Francesa, bem como seus reflexos internacionais. Em meio à onda revolucionária, um importante exemplo foi o Haiti, na época uma colônia francesa, em que os escravizados e negros mestiços livres se levantaram contra a situação imposta pelo governo local, dominado por uma elite branca.

> **Para começar**
>
> Observe a foto, que mostra a comemoração de um evento ocorrido em 14 de julho de 1789, conhecido como o marco inicial da Revolução Francesa.
>
> 1. Que situação é retratada na cena? Em que ambiente ela se passa?
> 2. Você é capaz de identificar outros eventos parecidos que ocorrem no Brasil? Justifique sua resposta.

1 Os antecedentes da Revolução

Embora ligados pelo descontentamento com as políticas do Antigo Regime, os membros do Terceiro Estado mantinham grandes diferenças de interesses entre si.

A burguesia, por exemplo, desejava o fim dos monopólios, como se pode notar no quadro abaixo.

Integrantes do Terceiro Estado	Liberdade	Igualdade
Burguesia	Fim dos monopólios que a impediam de exercer suas atividades comerciais livremente; possibilidade de expressar suas opiniões e defender seus interesses sem nenhum tipo de censura.	Igualdade civil, por meio da conquista de direitos políticos e do fim dos privilégios da nobreza e do clero.
Trabalhadores urbanos (*sans-culottes*)	Liberdade para negociar melhores salários e opinar sobre os destinos do país.	Igualdade civil, econômica e social, por meio da conquista de direitos políticos, da supressão dos privilégios da nobreza e do clero e do fim dos tributos feudais e da miséria entre os trabalhadores.
Camponeses	Livrar-se da condição servil e da submissão aos senhores de terra.	

Em 1789, quando teve início a Revolução Francesa, os vários grupos que compunham o Terceiro Estado se uniram para derrubar o Antigo Regime. Nos anos seguintes, porém, as divergências entre eles se tornaram cada vez mais evidentes, mudando os rumos da Revolução.

LINHA DO TEMPO

1789 — Tomada da Bastilha — Início da Revolução

1792 — Proclamação da República francesa

Assembleia Nacional

1793 — Luís XVI é guilhotinado

1793 (até 1794) — Período do Terror

Convenção Nacional

1794 — Robespierre é guilhotinado

1799 — Napoleão e o Golpe do 18 Brumário

Diretório

Linha do tempo esquemática. O espaço entre as datas não é proporcional ao intervalo de tempo.

Nesta gravura anônima do século XVIII, o Terceiro Estado, representado pelo trabalhador segurando uma enorme bola de ferro (a monarquia), está entre o Primeiro e o Segundo Estados, representados pelo clérigo e pelo nobre (segurando uma espada).

A Revolução Francesa • CAPÍTULO 2   33

Observe a pirâmide abaixo, que representa a sociedade francesa antes da Revolução.

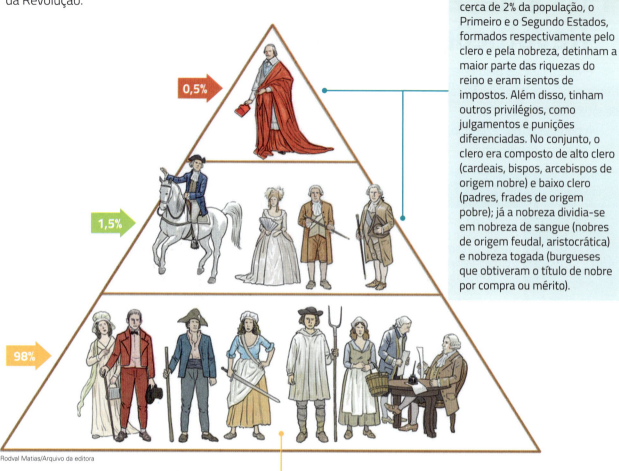

Embora representassem apenas cerca de 2% da população, o Primeiro e o Segundo Estados, formados respectivamente pelo clero e pela nobreza, detinham a maior parte das riquezas do reino e eram isentos de impostos. Além disso, tinham outros privilégios, como julgamentos e punições diferenciadas. No conjunto, o clero era composto de alto clero (cardeais, bispos, arcebispos de origem nobre) e baixo clero (padres, frades de origem pobre); já a nobreza dividia-se em nobreza de sangue (nobres de origem feudal, aristocrática) e nobreza togada (burgueses que obtiveram o título de nobre por compra ou mérito).

Rodval Matias/Arquivo da editora

O Terceiro Estado era um grupo bastante heterogêneo, composto de: alta burguesia (banqueiros, industriais e grandes comerciantes); pequena burguesia (pequenos comerciantes, funcionários públicos e profissionais liberais); trabalhadores urbanos (chamados *sans-culottes*); trabalhadores rurais (camponeses livres e servos), que formavam a maioria da população francesa. Obrigados a pagar pesados impostos, eram eles que sustentavam todo o Estado da França, suas guerras e os imensos gastos da corte.

Construindo conceitos

Revolução

Originalmente, o termo **revolução** referia-se apenas ao movimento de um astro ao redor de outro (como o da Terra em torno do Sol), retornando sempre ao mesmo ponto, numa repetição interminável.

No final do século XVIII, porém, a palavra ganhou novos sentidos. Em vez de retorno e repetição, passou a significar ruptura, transformações profundas nas estruturas de uma ordem instituída em um curto período de tempo. Ou seja, ela pode ser entendida como uma mudança radical que ocorre na sociedade, na política, na economia, na cultura, na tecnologia e em muitos outros setores. Uma revolução e suas transformações podem se espalhar e originar outras revoluções, em diferentes regiões. Geralmente, a revolução ocorre como um confronto entre a classe dominante que controla o Estado e grupos que não possuem esse poder.

Situação da França no final do século XVIII

O envolvimento da França na Guerra dos Sete Anos (1756-1763) e o auxílio econômico e militar oferecido aos norte-americanos na Guerra de Independência (1776) oneraram os cofres franceses, acentuando uma grave crise econômica no país. A situação se tornou ainda mais grave com a grande seca de 1785, que destruiu boa parte da produção agrícola nacional e elevou o preço dos alimentos.

Para contornar a crise, era preciso aumentar a arrecadação. Mas quem iria pagar os novos impostos? A nobreza e o clero se recusavam a fazê-lo, e o Terceiro Estado já não podia arcar com mais impostos e não aceitava mais sustentar os privilégios existentes.

Em 1788, outra grande seca provocou a falta de alimentos na França, acentuando a miséria e gerando um clima de desespero que fez crescer ainda mais o descontentamento diante do agravamento da crise econômica.

Luís XVI nomeou o prestigiado banqueiro Jacques Necker para o Ministério das Finanças, que insistiu na convocação dos **Estados Gerais**, o parlamento francês, que não se reunia desde 1614.

> **Onerar:** sobrecarregar, impor gastos mais pesados.

Os jogos do rei, litografia colorida do século XVIII de autoria desconhecida, representa o interior do Palácio de Versalhes, sede da monarquia francesa. Observe os detalhes da decoração e das vestimentas. Boa parte desse luxo era mantida com os impostos pagos pelo Terceiro Estado.

A Revolução Francesa • CAPÍTULO 2

Saiba mais

Os Estados Gerais

O parlamento francês era chamado de Estados Gerais porque nele se reuniam os representantes dos três Estados que compunham a sociedade francesa. Cada Estado tinha direito a um voto, independentemente do número de pessoas que representasse. Esse sistema dava enorme vantagem ao clero e à nobreza, que, com objetivos comuns, votavam sempre juntos, garantindo a manutenção de seus privilégios.

A organização espacial dos Estados Gerais também refletia a estrutura de privilégios do Antigo Regime francês. O rei, no trono, ocupava a posição central e acima dos demais representantes. À frente do monarca, à sua direita e à esquerda ficavam o Primeiro e o Segundo Estados e, mais ao fundo, os membros do Terceiro Estado.

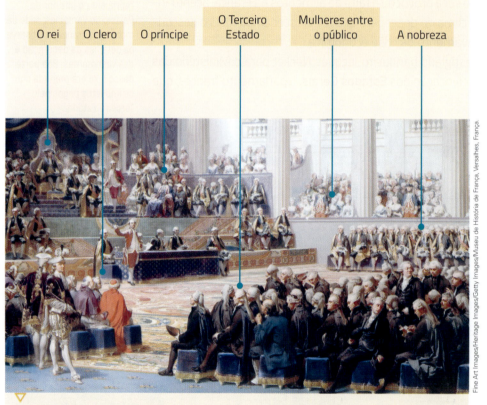

A abertura dos Estados Gerais de 5 de maio de 1789, pintura de Auguste Couder (1789-1873), de 1839. Óleo sobre tela, 400 cm × 715 cm.

O parlamento se reuniu no Palácio de Versalhes, em 5 de maio de 1789. Na abertura dos trabalhos, o Terceiro Estado exigiu a substituição da tradicional votação por Estado pela votação por deputado. Esperavam contar com o apoio do baixo clero e de nobres liberais e, assim, obter a maioria absoluta dos votos, derrotando as ordens privilegiadas.

A recusa da proposta fez Luís XVI determinar o encerramento das atividades parlamentares e o fechamento da sala onde se encontravam os deputados.

O Terceiro Estado reuniu-se em uma outra sala do palácio, onde os cortesãos costumavam jogar pela. A eles se juntaram alguns membros do baixo clero e da nobreza togada. Ali, no chamado "Juramento da Sala do Jogo de Pela", eles se autoproclamaram em Assembleia Nacional Constituinte, contando com o apoio de grande parte do povo de Paris e arredores.

▶ **Cortesão:** aristocrata que vivia na corte junto ao rei.
▶ **Pela:** espécie de jogo de tênis em quadra coberta.
▶ **Assembleia Nacional Constituinte:** reunião de deputados responsáveis por redigir a Constituição de uma nação.

2 Assembleia Nacional Constituinte (1789-1792)

Enquanto Luís XVI reunia suas tropas para controlar os deputados rebeldes e sufocar as manifestações de apoio à Assembleia Nacional, a população de Paris organizava milícias para enfrentar as forças absolutistas. Em 14 de julho, um grande número de populares, incluindo mulheres, invadiu e tomou a prisão da **Bastilha**, praticamente desativada, acreditando haver ali muitas armas e prisioneiros.

> **Milícia:** grupo armado que não integra o exército de um país.

Para garantir o poder da Assembleia Nacional Constituinte, os deputados rebeldes reuniram as milícias populares num exército revolucionário, chamado **Guarda Nacional**. Em agosto de 1789, aprovaram ainda as seguintes medidas:

- o fim dos privilégios feudais;
- a **Declaração dos Direitos do Homem e do Cidadão**, documento que estabelecia a igualdade de todos os franceses perante a lei, o direito à liberdade e a defesa da propriedade.

Em outubro de 1789, temendo que o rei se recusasse a se submeter às novas leis, uma multidão marchou até Versalhes, destacando-se um numeroso grupo de mulheres. Pressionado, o rei Luís XVI foi obrigado a se mudar para o Palácio das Tulherias, em Paris, mais próximo dos revoltosos, que julgavam assim poder controlá-lo. A Assembleia Nacional acompanhou o rei, instalando-se em Paris.

Para Versalhes, para Versalhes, gravura francesa colorizada, do século XVIII, representando a marcha das mulheres para Versalhes, em 5 de outubro de 1789. Milhares de populares exigiram a transferência do rei de Versalhes (nas cercanias de Paris) para o Palácio das Tulherias.

No interior, os camponeses, inspirados pelo levante urbano, revoltavam-se contra os antigos senhores, invadindo castelos e queimando documentos sobre dívidas e obrigações que os ligavam aos nobres. Estes reagiam com violência contra a população rural. Boatos sobre novas insurreições populares se espalhavam de tal forma que o período ficou conhecido como **Grande Medo**.

Para resolver a crise financeira que se agravava com a rebelião, os deputados decidiram confiscar os bens da Igreja, tornando cidadãos comuns os indivíduos pertencentes ao Primeiro Estado por meio da **Constituição Civil do Clero**, em 1790. Os padres que não juraram esse documento foram chamados de refratários e considerados inimigos da Revolução.

Assustada com esses acontecimentos, parte da nobreza fugiu para outras cortes europeias, a fim de buscar apoio militar para pôr fim à Revolução. Porém, considerando o movimento um problema interno da França, os monarcas estrangeiros preferiram não interferir no conflito. Essa postura só se alterou quando esses reis perceberam a simpatia de seus próprios súditos com a Revolução. O temor de que ocorresse o mesmo em seus domínios os tornou mais sensíveis aos apelos dos nobres franceses emigrados.

Em 1791, Luís XVI decidiu fugir do país para juntar-se ao imperador austríaco Leopoldo II. Surpreendido na fuga, já perto da fronteira, ele e a família real foram obrigados a voltar a Paris.

Minha biblioteca

Olympe de Gouges, de José-Louis Bocquet e Catel Muller, Record, 2014. A história em quadrinhos é sobre Marie Gouze, feminista e libertária que se tornou uma das figuras mais importantes da Revolução Francesa.

Luís XVI foi detido em Varennes, nordeste da França, quando tentava fugir para a Áustria. Na imagem, vemos a carruagem levando a família real seguindo pela estrada de volta a Paris, escoltada pela Guarda Nacional. Gravura de 1791, autor desconhecido.

TRABALHANDO COM DOCUMENTOS

A Assembleia Nacional francesa aprovou, em 26 de agosto de 1789, a Declaração dos Direitos do Homem e do Cidadão. Leia a seguir alguns dos seus artigos e observe a tirinha a seguir, que também trata desse documento.

Art. 1º Os homens nascem e são livres e iguais em direitos. As distinções sociais só podem fundamentar-se na utilidade comum.

Art. 2º A finalidade de toda associação política é a conservação dos direitos naturais e imprescritíveis do homem. Esses direitos são a liberdade, a prosperidade, a segurança e a resistência à opressão.

[...]

Art. 4º A liberdade consiste em poder fazer tudo que não prejudique o próximo. Assim, o exercício dos direitos naturais de cada homem não tem por limites senão aqueles que asseguram aos outros membros da sociedade o gozo dos mesmos direitos. Estes limites apenas podem ser determinados pela lei.

[...]

Art. 6º A lei é a expressão da vontade geral. [...]. Ela deve ser a mesma para todos, seja para proteger, seja para punir. Todos os cidadãos são iguais a seus olhos e igualmente admissíveis a todas as dignidades, lugares e empregos públicos, segundo a sua capacidade e sem outra distinção que não seja a das suas virtudes e dos seus talentos.

Declaração dos Direitos do Homem e do Cidadão. Disponível em: <www.direitoshumanos.usp.br/index.php/Documentos-anteriores-%C3%A0-cria%C3%A7%C3%A3o-da-Sociedade-das-Na%C3%A7%C3%B5es-at%C3%A9-1919/declaracao-de-direitos-do-homem-e-do-cidadao-1789.html>. Acesso em: 5 maio 2018.

DHOTEL, Gérard. *A Revolução Francesa passo a passo*. Trad. Julia da Rosa Simões. São Paulo: Claro Enigma, 2015.

1▸ Quais são os direitos naturais do homem e do cidadão de acordo com esse documento?

2▸ Qual é a concepção de liberdade expressa nesse documento?

3▸ Qual é o assunto da tirinha recente (de 2015) representada acima?

4▸ Na sua opinião, ela faz uma crítica à Declaração dos Direitos do Homem e do Cidadão? De que forma? Justifique sua resposta.

5▸ A Organização das Nações Unidas (ONU), vendo na declaração francesa um exemplo a ser seguido, elaborou a **Declaração Universal dos Direitos Humanos**, assinada em 1948, inspirada nos princípios estabelecidos em 1789. Faça uma pesquisa sobre a Declaração Universal dos Direitos Humanos e identifique os pontos em comum com os artigos da declaração francesa.

VIVENDO NO TEMPO da Revolução Francesa

No período que antecedeu a Revolução Francesa, vimos que havia uma tensão entre os Três Estados que compunham a sociedade da França. O Primeiro e o Segundo Estado tinham uma série de privilégios, o que contrastava com a pesada carga de impostos e condições de vida precárias da maioria da população, que fazia parte do Terceiro Estado.

No dia 14 de julho de 1789, a Bastilha – prisão que simbolizava o poder da monarquia em Paris, pois para lá eram enviados os opositores do rei – foi cercada pelo povo. Esse foi considerado o início da Revolução Francesa. Mas as pessoas que participaram da tomada da Bastilha não tinham ideia do impacto que esse episódio causaria à História. Elas invadiram a Bastilha em busca de munição, temendo uma reação do rei pela formação da Assembleia Constituinte após a dissolução da reunião dos Estados Gerais.

Acompanhe a seguir os acontecimentos que marcaram esse dia.

Em 12 de julho de 1789, o diretor das finanças real é demitido. Em reação, 50 mil homens roubam armas pela cidade. Em 14 de julho, marceneiros, sapateiros e alfaiates vão à Bastilha em busca de munição. Às 10h30, começam a negociar com o diretor, o marquês de Launay, que convida os líderes para almoçar.

Fonte: elaborado com base em EM IMAGENS: a queda da Bastilha. Disponível em: <https://aventurasnahistoria.uol.com.br/noticias/galeria/em-imagens-a-queda-da-bastilha.phtml#.WmC3CKinHIW>. Acesso em 25 out. 2018.

Feita de pedra, a Bastilha tinha oito torres e paredes de 2,75 metros de espessura. Para entrar, era preciso vencer duas pontes levadiças, pois ao redor da edificação havia um fosso de mais de 25 metros de largura, por onde passava água do rio Sena.

30 m

Ao longo do dia, o povo começa a se agitar. Alguns, mais exaltados, cortam a golpes de machado as correntes das portas exteriores. Ninguém sabe de onde vem o primeiro tiro, mas ele é o estopim de um conflito armado entre a população e os soldados da fortaleza.

Questões

1. Imagine que você presenciou a Queda da Bastilha em 14 de julho de 1789. Elabore um breve relato sobre a condição de vida da população que fazia parte do Terceiro Estado nessa época. Depois, relate os fatos que mais chamaram sua atenção durante o evento.

2. Você já viu ou participou de alguma manifestação na sua cidade? Quem eram as pessoas que protestavam e de que forma elas se manifestavam? O que elas queriam? Você sabe quais foram os efeitos desse acontecimento? As pessoas conseguiram o que queriam?

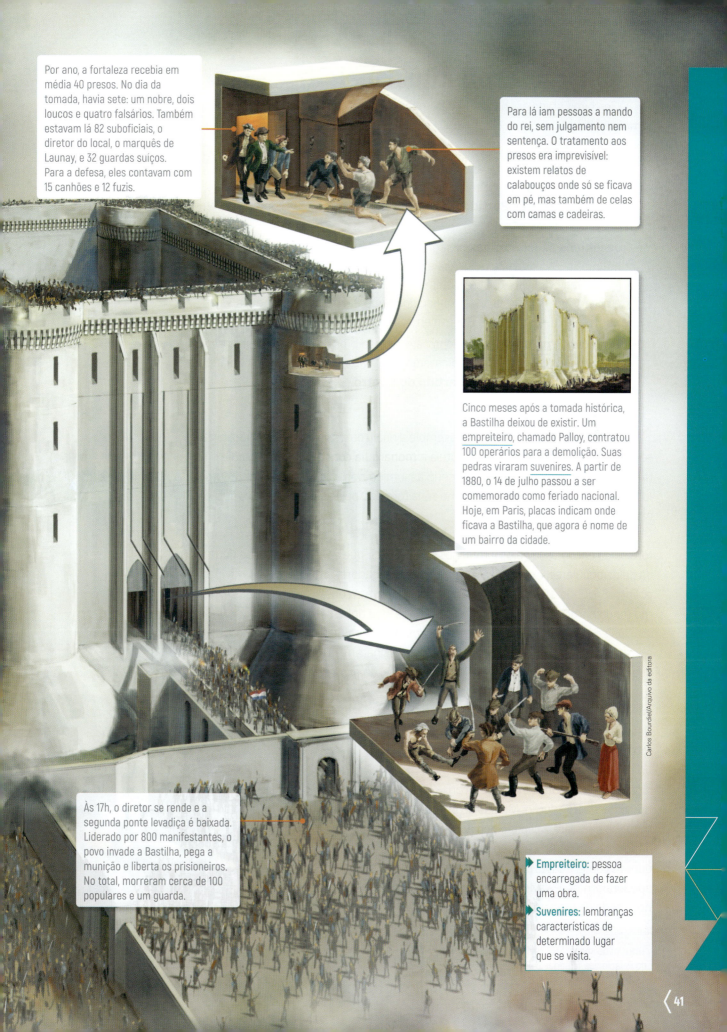

A monarquia constitucional

O Terceiro Estado era bastante heterogêneo, e essa característica se refletia na composição da Assembleia Nacional. De modo geral, ela era dividida em três grupos:

- **Girondinos**: representavam a alta burguesia. Defendiam a monarquia constitucional e a moderação revolucionária. Sentavam-se à direita no plenário, sendo chamados de **Partido de Direita**. Tinham entre seus líderes Brissot, Vergniaud e Guadet.
- **Jacobinos** ou **montanheses**: representavam os *sans-culottes* e a pequena burguesia. Defendiam a república e tinham posições políticas, econômicas e sociais mais radicais, quando comparados aos outros grupos. Sentavam-se à esquerda do plenário, ficando conhecidos como **Partido de Esquerda**. Suas principais lideranças eram Robespierre, Saint-Just e Marat.
- **Planície** ou **pântano**: grupo composto de membros da alta burguesia, oscilava entre a moderação e o radicalismo. Sentavam-se no centro do plenário, por isso foram denominados **Partido de Centro**.

Dominada pelos girondinos, a Assembleia finalizou a primeira Constituição francesa em setembro de 1791. Ela instituía a **monarquia constitucional** e dividia o Estado em três poderes. O Executivo seria assumido por Luís XVI, mas limitado pelo Judiciário e pelo Legislativo. Este último seria formado pela assembleia de deputados, eleitos por voto censitário.

Restrito aos cidadãos que possuíam certa condição financeira, o voto censitário foi a saída encontrada pelos girondinos para impedir que a Revolução fosse dominada pelos populares, excluindo a maioria dos trabalhadores franceses da participação política. Segundo a Constituição, as mulheres não eram consideradas cidadãs e, mesmo tendo participado ativamente dos levantes, não tinham direito a voto.

Os governantes absolutistas de outros países da Europa, com medo de uma possível irradiação do espírito revolucionário, assinaram a **Declaração de Pillnitz**, na qual se dispunham a agir com urgência se a situação exigisse.

Em abril de 1792, a França entrou em guerra contra a Prússia e a Áustria. Despreparado, o exército revolucionário foi derrotado logo nas primeiras investidas. Os austríacos marcharam em direção a Paris, pondo em risco a continuidade da Revolução. Milícias do interior se dirigiram à capital, pedindo a deposição do rei. Trabalhadores e pequenos comerciantes dos arredores se apoderaram do Palácio das Tulherias, nova sede da monarquia.

Gravura do século XVIII representando a tomada do Palácio das Tulherias pela população, em 1792.

Em agosto de 1792, o rei foi destituído de suas funções e preso com sua família. Com isso, a Constituição de 1791 e o regime de governo adotado – a monarquia constitucional – ficavam sem efeito. Assim, uma nova Assembleia Constituinte foi eleita para redigir outra Carta constitucional. Acumulando os poderes Legislativo e Executivo, essa Assembleia passou a chamar-se **Convenção**.

3 A Convenção Nacional – República (1792-1795)

A primeira decisão tomada pela Convenção foi a abolição da realeza e a proclamação da **República**, em 22 de setembro de 1792. Decidiu-se também que o rei deveria ser julgado por traição. Nos primeiros meses, a política era dominada pelos girondinos. Porém, liderados por Marat, Danton e Robespierre, os jacobinos foram ganhando força com apoio dos *sans-culottes*, tornando o governo republicano cada vez mais radical.

Os jacobinos defendiam que o Estado deveria assegurar a todos os cidadãos os bens necessários à sua sobrevivência, mesmo que para isso se desrespeitasse a propriedade privada. Procuraram cortar todos os vínculos com o Antigo Regime e, para marcar o novo tempo que se iniciava com a Revolução, elaboraram um novo calendário nacional.

O calendário da Revolução foi criado em setembro de 1793, mas seu marco inicial era o dia 23 de setembro de 1792, data da instauração da Primeira República, considerada o início do Ano I.

Era composto de 12 meses de 30 dias. Para completar os 365 dias anuais, foram criados os "dias dos *sans-culottes*". Os meses tinham nomes relacionados aos ciclos agrícolas e da natureza.

A nova Carta constitucional, denominada **Constituição do Ano I**, por ter sido proclamada em 1793, era republicana, igualitária e adotava o voto universal. No entanto, essa Carta nunca entrou em vigor, pois a agitada situação política da fase final da Convenção não permitiu o funcionamento de qualquer sistema constitucional.

Calendário republicano instituído durante a Revolução Francesa, produzido por Louis Philibert Debucourt, 48,8 cm × 41,6 cm.

△ Os líderes jacobinos (de cima para baixo): Georges-Jacques Danton (1759-1794), Jean-Paul Marat (1743-1793) e Maximilien de Robespierre (1758-1794). Pinturas de autoria desconhecida, século XIX. Óleo sobre tela.

▶ **Voto universal:** estendia-se a todos os homens, independentemente da renda.

Luís XVI foi julgado e condenado por traição, sendo executado na guilhotina em janeiro de 1793. Isso indignou e aterrorizou os monarcas europeus, que organizaram uma série de invasões ao território francês. Observe o mapa.

No interior, nobres partidários do rei organizavam movimentos contrarrevolucionários. Em Paris, o jacobino Jean-Paul Marat foi assassinado por uma jovem girondina de origem nobre, Charlotte Corday, em julho de 1793. Esse episódio agravou ainda mais a crise política. Para enfrentá-la, a Convenção criou o Comitê de Salvação Pública, dirigido primeiro por Danton e depois por Robespierre.

O Comitê tomou uma série de medidas, várias delas até hoje regem muitas sociedades democráticas: instituiu o ensino público gratuito e obrigatório, congelou os preços dos produtos (Lei do Preço Máximo), regulamentou os salários, realizou a reforma agrária, repartiu os bens dos nobres emigrados, instituiu o divórcio e aboliu a escravidão nas colônias francesas.

No tribunal revolucionário parisiense, quem fosse acusado de contrarrevolucionário recebia a sentença de morte. Calcula-se que, entre 1793 e 1795, época chamada de fase do **Terror**, aproximadamente 35 mil pessoas tenham sido executadas.

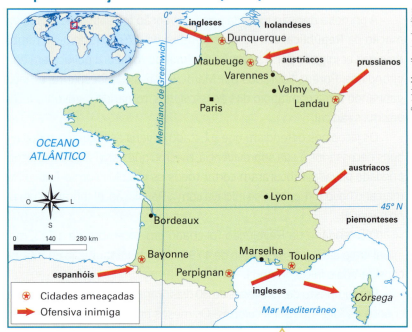

Ataques à França revolucionária (1793)

Fonte: elaborado com base em DUBY, G. *Atlas histórico mundial*. Madri: Debate, 1989. p. 131.

O mapa representa os ataques ao exército revolucionário francês promovidos pelos exércitos europeus, em 1793.

Saiba mais

A palavra "guilhotina" deriva do nome do médico francês Joseph-Ignace Guillotin (1738--1814), um deputado do Terceiro Estado que sugeriu o uso desse instrumento para igualar as sentenças de morte entre os condenados. Antes da Revolução, as formas de execução da pena de morte eram diferenciadas: os nobres eram decapitados com machados ou espadas e os plebeus eram torturados e depois enforcados. Mas, diferente do que se pensa, Guillotin não foi o inventor da guilhotina nem foi executado nela. Os inventores foram um alemão chamado Tobias Schmidt, com base no projeto de Antoine Louis, da academia francesa de cirurgia (inicialmente o aparelho foi chamado de "louison").

Minha biblioteca

A Revolução Francesa: passo a passo, de Gérard Dhôtel, Claro Enigma, 2015. Mesclando textos e ilustrações no estilo das HQs, este livro conta a história da Revolução Francesa de forma interessante e divertida.

A violência aumentou as divergências entre os membros da Convenção, que se dividiam em dois principais grupos: os moderados, que se opunham ao Terror, e os extremistas, que desejavam o reforço das medidas repressoras.

A divisão dos jacobinos e as dificuldades militares e econômicas enfraqueciam o governo liderado por Robespierre. Para continuar no poder, ele condenou Danton, o líder dos jacobinos moderados, e os principais chefes radicais à morte na guilhotina. Esse acontecimento tornou seu governo cada vez mais impopular.

Defendendo o fim do Terror, os girondinos invadiram a Convenção e, por meio de um golpe, assumiram o governo da França. Robespierre foi preso, condenado e executado na guilhotina em julho de 1794. A retomada do poder pela alta burguesia, ocorrida no dia 9 do mês termidor, segundo o novo calendário, ficou conhecida como **reação termidoriana**.

O novo governo anulou as decisões jacobinas e consolidou o comando político da alta burguesia.

4 O Diretório (1795-1799)

Os girondinos elaboraram uma terceira Constituição, chamada Constituição do Ano III (1794-1795), e criaram um governo denominado **Diretório**. Com ela, retomavam o voto censitário para eleição dos deputados e ficava estabelecido que o poder Executivo, órgão máximo do governo, seria composto de cinco membros.

Tanto os jacobinos, agora liderados pelo jornalista Graco Babeuf, quanto os defensores da volta da monarquia, chamados de realistas, opunham-se ao Diretório, tentando derrubá-lo algumas vezes.

Por outro lado, clubes republicanos jacobinos foram invadidos e os líderes dos *sans-culottes*, perseguidos, intimidados e executados num processo conhecido como **Terror Branco**.

Enquanto isso, os exércitos absolutistas continuavam a atacar a França. Também se aprofundava a crise econômico-financeira, estimulando as manifestações populares.

Desejando pacificar o país e garantir as conquistas burguesas da Revolução, deputados moderados articularam um golpe de Estado que levou ao poder o principal líder militar da França naquele momento: Napoleão Bonaparte. Este, em 9 de novembro de 1799 (dia 18 do mês brumário, no calendário revolucionário), derrubou o Diretório e instaurou o Consulado, declarando-se primeiro cônsul.

Para alguns historiadores, esse episódio (conhecido como **Golpe do 18 Brumário**) representou o fim do processo revolucionário e o início da consolidação das conquistas burguesas.

Barrigas vazias: miséria das classes populares, 1795-1796, de P. E. le Sueur, representa as condições miseráveis de vida a que estavam expostos os populares em 1795.

> **Minha biblioteca**
>
> **A Revolução Francesa explicada à minha neta**, de Michel Vovelle, Editora da Unesp, 2007. Um dos mais conhecidos historiadores franceses contemporâneos explica a complexidade e as contradições da Revolução Francesa para sua neta, uma garota de 14 anos.

> **Minha *playlist***
>
> **A Marselhesa**, de Claude Joseph Rouget de Lisle, 1792. A canção, símbolo da Revolução Francesa, atravessou a história dos séculos XIX e XX, passando de música banida a hino oficial da França em 1795. No *site* indicado é possível ouvir a música e sua tradução para o português. Disponível em: <letras.mus.br/hinos-de-paises/1186858/traducao.html>. Acesso em: 17 jan. 2018.

▶ **Consulado:** órgão da antiga República romana cujo papel era governar Roma.

INFOGRÁFICO

Reflexos da Revolução no Haiti

Durante o processo revolucionário na França, São Domingos (atual Haiti), uma das mais ricas colônias francesas, foi cenário de outra revolução que culminou na sua independência. Veja a localização no mapa ao lado.

São Domingos, também conhecida como Hispaniola, é uma das maiores ilhas das Antilhas, no mar do Caribe.

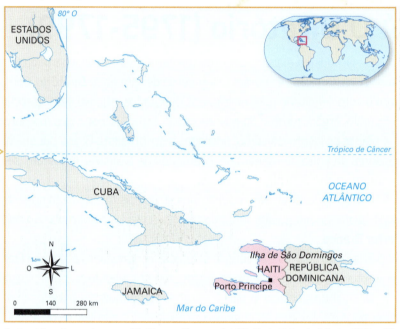

Haiti (atual)

Fonte: elaborado com base em ATLAS geográfico mundial. São Paulo: Folha de S.Paulo, 1993. p. 97.

ECONOMIA
São Domingos foi inicialmente colonizada por espanhóis. No século XVII, em meio às disputas coloniais entre as potências europeias, a França ocupou a parte ocidental da ilha, que pouco a pouco se transformou num dos principais polos de produção de açúcar, sob a estrutura de *plantation*.

▶ *Plantation*: nome de um sistema formado por grandes propriedades voltadas para o mercado externo que usavam o trabalho de africanos escravizados.

Gravura colorizada do século XVIII mostra o porto da ilha de São Domingos e, ao fundo, área destinada ao cultivo da cana-de-açúcar.

akg/North Wind Picture Archives/Album/Fotoarena/Coleção particular

46

Gravura do século XVIII representando a revolta dos escravizados no Haiti, liderada por Toussaint Louverture.

POPULAÇÃO
Apenas 5% da sociedade colonial haitiana era composta de brancos (ricos proprietários e homens livres pobres). Mulatos e negros livres formavam 10% da população, e os negros escravizados, 85%.

ABOLIÇÃO DA ESCRAVATURA
Em 1791, inspirado pela filosofia iluminista, pelos acontecimentos revolucionários que ocorriam na metrópole e por motivações internas dos habitantes da ilha, o líder negro Toussaint Louverture reuniu escravizados, negros e mulatos livres para lutar contra o domínio da pequena elite branca. Após uma série de levantes, os revoltosos obtiveram a abolição da escravidão na colônia francesa em 1794, assinada na França no período da Convenção Nacional. Em 1802, Napoleão revogou as leis da abolição e determinou a invasão do Haiti. Louverture foi preso e deportado para a França, onde morreu na prisão em 1803.

Toussaint Louverture (1743-1803), em gravura do século XIX.

Representação de Jean-Jacques Dessalines, durante a revolução haitiana de 1804, de autoria desconhecida. Pintura do século XIX.

INDEPENDÊNCIA
Em 1804, o líder Jean-Jacques Dessalines proclamou a independência do Haiti, sendo coroado imperador da primeira nação negra independente da América. A França, contudo, só reconheceu a independência do país em 1825.

Mapeando saberes

ATENÇÃO A ESTES ITENS

- A sociedade francesa do final do século XVIII era marcada pelas enormes desigualdades:
  - O Primeiro e o Segundo Estados (clero e nobreza) eram privilegiados,
  - O Terceiro Estado era sobrecarregado pelos impostos.
- Na reunião dos Estados Gerais, os deputados do Terceiro Estado se rebelaram e foi proclamada a Assembleia Nacional.

- A tomada da Bastilha garantiu a força da Assembleia que tomou uma série de medidas inspiradas em ideias liberais e iluministas:
  - Abolição dos privilégios feudais.
  - A Declaração dos Direitos do Homem e do Cidadão.
  - Instauração de uma monarquia constitucional, no lugar da absolutista, com eleição do parlamento por voto censitário.

- A deposição do rei Luís XVI em 1792 pôs fim à monarquia constitucional e deu início à República.
- Para elaborar a nova Constituição foi eleita uma nova Assembleia, chamada Convenção, dominada pelos jacobinos (republicanos radicais).
- Os jacobinos tomaram uma série de medidas populares:
  - a instituição da instrução pública;
  - congelamento dos preços;
  - a reforma agrária;
  - a adoção do voto universal;
  - a abolição da escravidão nas colônias francesas;
  - calendário novo para marcar o início de um novo tempo.

- Para assegurar suas medidas, os jacobinos iniciaram uma implacável perseguição a seus opositores. O período ficou conhecido como Terror (1793-1795). As cisões entre os jacobinos permitiram que os revolucionários moderados, chamados girondinos, tomassem o poder em 1795. Estes instauraram um governo chamado Diretório e reinstituíram o voto censitário.
- Em 1799, Napoleão Bonaparte derrubou o Diretório e instaurou o Consulado, transformando-se em primeiro cônsul e pondo fim à Revolução.

POR QUÊ?

- Ao derrubar o absolutismo na França, a Revolução Francesa acabou por ameaçar o Antigo Regime em toda a Europa e o colonialismo na América, promovendo uma série de mudanças na organização política do mundo ocidental.

- Muitos elementos que hoje existem em diversos países democráticos, como o voto universal, o ensino gratuito e obrigatório e a reforma agrária, foram defendidos durante a Revolução.

48) UNIDADE 1 • Mundo contemporâneo: a era das revoluções

ATIVIDADES

Retome

1. Explique qual é a relação existente entre as ideias iluministas e a Revolução Francesa.

2. Explique, com suas palavras, o que você compreendeu sobre o conceito de revolução.

3. Descreva como se organizava a sociedade francesa no Antigo Regime e identifique os motivos que estimularam a Revolução.

4. Cite uma semelhança e uma diferença entre o processo de emancipação do Haiti e a emancipação das 13 colônias inglesas da América do Norte.

Analise um texto historiográfico

5. Ao realizar pesquisas, os historiadores defrontam-se com documentos de naturezas variadas. No texto a seguir, o historiador José Maia Bezerra Neto cita um trecho de um relatório escrito em 1854 pelo chefe de polícia do Pará ao presidente da província. Leia-o com atenção e responda às questões.

> Dizia ainda mais a correspondência policial acerca das fugas de escravos: "... esta planta a desolação por toda parte, e o receio em todos os corações, por ser tamanha a quantidade de negros fugidos, que se teme a cada instante nos venha acontecer o que aconteceu no Haiti".
>
> Embora escrevendo em 1854, o chefe de polícia paraense referia-se à insurreição dos escravos da colônia francesa de São Domingos, em fins do século XVIII, atual Haiti, demonstrando-nos o quanto esta revolução negra havia causado temor nas classes senhoriais de diversas partes das Américas [...].

BEZERRA NETO, José Maia. Ousados e subordinados: protesto e fugas de escravos na Província do Grão-Pará (1840-1860). Revista *Topoi*, IFCS/UFRJ, Rio de Janeiro, mar. 2001, p. 82.

a) Explique, com suas palavras, o que o chefe de polícia do Pará diz sobre as fugas dos escravizados.

b) A que conclusões o historiador Bezerra Neto chega com base nas afirmações do chefe de polícia? Você concorda com elas? Justifique.

Analise a imagem

6. Observe atentamente a ilustração a seguir, leia a legenda e responda às questões.

Ilustração produzida durante a Revolução Francesa com o título *Da ordem feudal à ordem liberal*. No alto dessa ilustração pode-se ler a frase: "Desta vez, a justiça é o lado mais forte".

a) Que grupos sociais estão representados nessa gangorra?

b) De que lado está representada a figura da Justiça?

c) Que ação pratica a Justiça nessa imagem?

d) Em sua opinião, que mensagem o artista quis transmitir com essa ilustração?

Autoavaliação

1. Quais atividades você considerou mais fáceis e mais difíceis? Por quê?

2. Em quais atividades você utilizou o texto do capítulo como base para sua resposta?

3. Algum ponto do capítulo não ficou muito claro para você? Qual?

4. Você compreendeu o esquema *Mapeando saberes*? Explique.

5. Você saberia apontar exemplos da atualidade considerando o que aprendeu no item *Por quê?* do *Mapeando saberes*?

6. Como você avalia sua compreensão dos assuntos tratados neste capítulo?

  » **Excelente**: não tive nenhuma dificuldade.
  » **Boa**: tive algumas dificuldades, mas consegui resolvê-las.
  » **Regular**: foi difícil compreender certos conceitos e resolver as atividades.
  » **Ruim**: tive muitas dificuldades, tanto no conteúdo quanto na realização das atividades.

CAPÍTULO 3

As rebeliões na América ibérica

Décima quinta edição do Acampamento Terra Livre que reuniu cerca de 3 mil indígenas em abril de 2018, em Brasília. O objetivo da mobilização é lutar pela garantia dos direitos indígenas.

O domínio europeu sobre territórios americanos submeteu as colônias às condições impostas pelas metrópoles. Na América ibérica, esse poder era exercido por Portugal e Espanha. No entanto, ao longo de mais de três séculos de colonização, rebeliões organizadas por **diferentes grupos da sociedade colonial** (indígenas, africanos, comerciantes, colonos) questionaram o domínio metropolitano.

Os primeiros grupos a expressar seu descontentamento foram os indígenas e os africanos escravizados. Em diferentes regiões da América, outros grupos locais (alguns compostos de membros das elites, outros de segmentos sociais mais pobres) questionavam as práticas da metrópole, sobretudo nos séculos XVII e XVIII. As motivações eram variadas: repúdio dos comerciantes aos monopólios praticados pela metrópole; críticas dos senhores de engenho aos impostos excessivos; resistência às constantes intervenções metropolitanas na política local da colônia.

Neste capítulo vamos estudar que a permanente resistência à dominação dos colonizadores, expressa em inúmeras revoltas e motins, demonstrava que a sociedade colonial não aceitava a sujeição que lhe era imposta.

▶ Para começar

Observe a imagem, leia a legenda e responda às questões.

1. Qual grupo está se manifestando? Qual é o motivo dessa manifestação?
2. Você percebe alguma relação entre esse protesto e os ideais iluministas, estudados nos capítulos anteriores?

1 Resistência e revoltas nas colônias

No final do século XVIII, à medida que a economia colonial se diversificava, a metrópole fortalecia seu poder, e as rebeliões começaram a ser mais agressivas. Além disso, muitos europeus chegavam à América com ideias que questionavam o Antigo Regime, pois como Portugal proibia a existência de universidades na colônia, grande parte dos senhores e mercadores abastados mandavam seus filhos estudar na Europa, onde estes entravam em contato com livros que difundiam o pensamento iluminista.

Estudaremos, a seguir, algumas das rebeliões que opuseram os colonos da América portuguesa à Coroa metropolitana, especialmente as que reivindicavam a independência (**regional**, e não "nacional") em relação a Portugal. Também conheceremos alguns conflitos ocorridos na América hispânica, ressaltando as semelhanças e diferenças em relação às revoltas coloniais ocorridas na América portuguesa.

LINHA DO TEMPO

1684
Revolta dos Beckman

1707-1709
Guerra dos Emboabas

1710-1711
Guerra dos Mascates

1720
Revolta de Filipe dos Santos

1780
Rebelião de Túpac Amaru

1781
Movimento *comunero*

1789
Conjuração Mineira

1798
Conjuração Baiana

Linha do tempo esquemática. O espaço entre as datas não é proporcional ao intervalo de tempo.

A sede do controle metropolitano nas colônias da América eram palácios governamentais como este, construído no século XVI em Tlaxcala, no México. Observe a imponência do edifício, tipicamente europeu, com decoração natalina. Foto de 2014.

Construindo conceitos

Rebeldias regionais × revoluções nacionais

Rebeliões ou **revoltas** são situações extremas nas quais certos grupos, insatisfeitos com determinada condição política, econômica ou social, resolvem intervir na realidade que os cerca. Tais movimentos podem ser **revolucionários** (quando propõem transformações profundas na sociedade, alterando suas estruturas), **reformistas** (quando as alterações propostas tratam de mudanças específicas, sem modificar radicalmente a estrutura da sociedade) ou **reacionários** (quando querem que a sociedade permaneça sem mudanças).

Durante muito tempo, vários historiadores viram nas rebeliões coloniais dos séculos XVII e XVIII o surgimento de uma consciência nacional entre os povos americanos. De acordo com essa visão, esses movimentos opunham "peruanos", "mexicanos", "brasileiros", etc. às suas metrópoles, iniciando o processo de **construção das identidades nacionais**.

Nas últimas décadas, porém, novas pesquisas históricas destacaram que as rebeliões coloniais eram, na maioria, manifestações localizadas, **regionais**, e não expressavam necessariamente o sentimento de toda a colônia. Quem lutava contra Portugal eram mineiros, baianos, maranhenses, paulistas – e não os "brasileiros". O mesmo ocorria na América espanhola. A ideia de identidade brasileira – assim como a de identidade mexicana, boliviana, peruana – passou a ser construída, progressivamente, sobretudo a partir do século XIX.

Rebeliões na América portuguesa

A Revolta dos Beckman (1684)

No século XVII, a economia na capitania do Maranhão era pobre, dependendo principalmente da exploração das drogas do sertão e da pequena lavoura. Como os colonos não tinham recursos para comprar escravizados africanos, recorriam à escravização indígena, mas enfrentavam a oposição dos missionários jesuítas da região.

▶ **Drogas do sertão:** especiarias como o cacau, a baunilha, o guaraná, a pimenta, o cravo-da-índia, a castanha e ervas medicinais e aromáticas.

Em 1682, para aumentar a lucratividade da colônia, a Coroa portuguesa criou a **Companhia de Comércio do Maranhão**. Ela tinha o monopólio para vender produtos europeus (como bacalhau, azeite, vinho, tecidos e farinha de trigo) e comprar artigos coloniais (como algodão, açúcar, madeira e drogas do sertão). Além disso, deveria levar quinhentos escravizados para a região anualmente, para solucionar os conflitos entre colonos e jesuítas.

Porém, a Companhia vendia seus produtos a preços altíssimos e pagava um valor muito baixo pelos artigos dos colonos. Além disso, o não cumprimento do acordo sobre o fornecimento de escravizados levou os fazendeiros a tomarem a cidade de São Luís, sede da capitania, em 1684. Estes governaram o Maranhão por quase um ano. Liderados por **Jorge Sampaio** e pelos irmãos **Manuel** e **Thomas Beckman**, expulsaram de lá os representantes da Companhia e os jesuítas que se opunham à escravização indígena.

Em 1685, Thomas Beckman, um dos líderes do movimento, foi a Lisboa na tentativa de dialogar com a Coroa portuguesa e acabou preso. Portugal mandou tropas para combater os revoltosos e nomeou um novo governador para o Maranhão. Os principais líderes do movimento foram enforcados, exceto Thomas Beckman, que foi deportado para Pernambuco. A Companhia de Comércio do Maranhão também foi extinta.

A Guerra dos Emboabas (1707-1709)

A descoberta de ouro em Minas Gerais pelos bandeirantes paulistas atraiu milhares de pessoas para a região, vindas tanto de Portugal quanto de outras localidades da colônia. Os paulistas, que julgavam ter direito exclusivo sobre a área, combatiam os "forasteiros" – chamados de "emboabas". Com eles, disputavam não só o ouro, mas as terras, a criação de gado e a administração das vilas, enfrentando-os em vários conflitos armados.

Quadro do século XVIII, de autor anônimo, representando vários episódios da Guerra dos Emboabas.

Os emboabas, em maior número, foram vitoriosos e os paulistas se retiraram da região após a derrota em 1709. Por decisão da Coroa portuguesa, foi criada a capitania de São Paulo e Minas Gerais, separada do Rio de Janeiro. Em 1720, houve uma nova divisão que deu origem à capitania de São Paulo e à de Minas Gerais.

A Guerra dos Mascates (1710-1711)

Desde a expulsão dos holandeses do Nordeste, em meados do século XVII, a aristocracia rural da vila de Olinda vivia em dificuldades econômicas, mas continuava a controlar a política de Pernambuco (capitania governada por Sebastião de Castro Caldas), exercendo grande influência sobre o povoado de Recife. Este, por sua vez, prosperava graças ao intenso comércio dos negociantes da região, pejorativamente chamados de "mascates".

Em 1709, os comerciantes de Recife conseguiram elevar o povoado à condição de vila, separando-se de Olinda. No ano seguinte, sentindo-se ameaçados, os olindenses invadiram Recife e derrubaram o pelourinho, símbolo da recém-conquistada autonomia recifense.

O conflito só teve fim em 1711, quando a administração metropolitana enviou tropas da Bahia e assegurou a vitória dos mascates. Posteriormente, todos os revoltosos foram anistiados e Recife passou a ser o centro administrativo da capitania.

A Revolta de Filipe dos Santos (1720)

Em 1719, o governo português proibiu a circulação de ouro em pó em Minas Gerais, exigindo que todo o minério extraído fosse entregue às Casas de Fundição. Ali, depois de extraído o quinto, o ouro seria transformado em barras e devolvido a seus donos. Sentindo-se prejudicados, os mineradores da região de Vila Rica rebelaram-se contra essa medida, dirigindo-se ao governador da capitania de Minas Gerais, o conde de Assumar.

▶ **Pejorativamente:** de forma depreciativa, que insulta.

▶ **Pelourinho:** geralmente era uma coluna de pedra ou madeira instalada na praça central, utilizada para amarrar condenados e aplicar castigos físicos, como chicotadas – sobretudo em escravizados. Representava a autonomia de um lugar que tinha poder para punir publicamente atos de rebeldia e insubordinação. Dado seu poder simbólico, era também o local de proclamações e anúncios.

▶ **Quinto:** imposto cobrado pela Coroa sobre os metais preciosos extraídos na colônia, correspondente à quinta parte do montante total.

Sem soldados suficientes para enfrentar os manifestantes, o governador prometeu o fim das Casas de Fundição e de vários tributos sobre o comércio local. Contudo, assim que conseguiu reunir tropas, ele atacou os revoltosos. O governador ainda prendeu vários deles e queimou suas casas. **Filipe dos Santos**, um dos líderes da manifestação, foi enforcado e esquartejado, servindo de exemplo para inibir futuras rebeliões.

Sufocada a revolta, as Casas de Fundição foram mantidas e os interesses da metrópole, preservados.

A Conjuração Mineira (1789)

Na segunda metade do século XVIII, devido ao progressivo esgotamento das jazidas de ouro, muitos mineiros enfrentavam dificuldades para pagar os tributos cobrados pela metrópole. O governo português definira a cobrança de 100 arrobas anuais por meio dos quintos. Caso não se chegasse a esse total, ocorreria a derrama.

> **Derrama:** cobrança dos impostos que recaía sobre cada indivíduo para completar a quantia que deveria ser paga ao governo naquele ano.

Esse quadro gerava descontentamento entre os colonos. Para piorar, uma lei baixada pela rainha dona Maria I em 1785 proibia a produção de tecidos, calçados, ferramentas, sabão e outras manufaturas na colônia, obrigando os mineiros a importar esses artigos de Portugal a altos preços.

Julgando que a queda na arrecadação de impostos era resultado do contrabando, e não do esgotamento das minas, Portugal tomava medidas cada vez mais duras. Em 1788, a Coroa decretou o pagamento integral e inegociável da derrama, inclusive com os bens pessoais da população. Considerando que há muitos anos não se completava o total anual estipulado pela metrópole, a medida preocupou a sociedade mineira, particularmente os membros da elite, motivando-os a elaborar um movimento contra o governo português.

Seus participantes, que foram chamados de inconfidentes, conheciam os autores iluministas e admiravam os líderes da independência dos Estados Unidos, inspirando-se neles para formular seu plano. Pretendiam instaurar uma República com sede em São João del-Rei, criar uma universidade em Vila Rica, tornar o serviço militar obrigatório e apoiar a industrialização. Adotariam como símbolo local uma bandeira branca com um triângulo verde e os dizeres em latim: *Libertas quae sera tamen* ("Liberdade ainda que tardia").

Poucos deles eram favoráveis ao fim da escravidão, pois a maioria possuía terras e escravizados. Se desejavam romper com o sistema colonial português, era muito mais para resgatar a prosperidade e autonomia da capitania do que para realizar transformações mais profundas na ordem social.

Vista parcial de Ouro Preto, antiga Vila Rica. Ao fundo, vemos dois grandes edifícios. No da esquerda, que atualmente abriga o Museu da Inconfidência, funcionou a cadeia e a câmara da cidade. O da direita é a Igreja de Nossa Senhora do Carmo. Ambas as construções são do século XVIII. Fotografia de 2018.

No entanto, a rebelião mineira não chegou a acontecer. Alguns de seus participantes, em troca do perdão de suas dívidas, denunciaram os revoltosos ao governador. Um dos traidores mais conhecidos foi o tenente-coronel Joaquim Silvério dos Reis.

O governador ordenou a prisão de todos os conspiradores, que aguardaram o julgamento durante três anos. Cláudio Manuel da Costa morreu enforcado na prisão. Os demais líderes, mesmo negando a participação no movimento, foram condenados ao desterro e enviados às colônias portuguesas na África. Tiradentes, um dos poucos rebeldes que assumiu ter liderado o movimento, recebeu a sentença de morte. Foi enforcado e esquartejado em 21 de abril de 1792, no Rio de Janeiro, capital colonial.

▶ **Desterro:** expulsão.

Minha biblioteca

Tiradentes e a Inconfidência Mineira, de Carlos Guilherme Mota, Ática, 2003. Essa obra trata da Inconfidência Mineira no contexto histórico da crise do Antigo Regime e do sistema colonial.

De olho na tela

Os inconfidentes. Direção: Joaquim Pedro de Andrade. Brasil, 1972. O filme traça um panorama do movimento de libertação mineiro (Inconfidência Mineira), que não chegou a se concretizar.

Saiba mais

Denúncias e delações

"Ao entregar os inconfidentes à Coroa Portuguesa, com a qual estava em débito, Silvério dos Reis teve sua dívida perdoada. Fez uma denúncia por escrito e uma delação premiada, porque teve benefícios e não pagou suas dívidas à Fazenda Real. Assim, é um dos casos mais célebres de delação premiada no Brasil...", diz o professor de História Luiz Carlos Villalta, da Universidade Federal de Minas Gerais (UFMG).

Nos últimos anos, foram muitas as notícias sobre "delações premiadas" que ocorreram no Brasil. Elas foram apontadas como acordos de colaboração de indivíduos com os processos da justiça. Essas pessoas denunciavam ganhos ilícitos em esquemas de corrupção, onde havia a apropriação privada de recursos públicos. Esse quadro envolveu políticos, diversas autoridades governamentais, empresários e diretores de grandes empresas.

O caso de Joaquim Silvério dos Reis, que ocorreu no século XVIII, e as "delações premiadas" do século XXI, possibilitam algumas reflexões: a quem serviam um e outros com suas delações; o que ganharam os delatores; quais as consequências para os delatores?

Herói ou "inconfidente"?

O primeiro livro de História a narrar os acontecimentos da Conjuração Mineira foi *História do Brasil*, do inglês Robert Southey, publicado em Londres (1810-1819). O episódio era conhecido como "Inconfidência Mineira", pois seus participantes eram considerados traidores da Coroa ("inconfidente" quer dizer infiel, alguém em quem não se pode confiar). Atualmente, os historiadores preferem utilizar o termo **Conjuração** para denominar o acontecimento de 1789. Significa uma conspiração contra o governo e é nesse contexto que se encaixam os anseios dos participantes do movimento de Minas Gerais: colonos que se uniram contra a monarquia metropolitana para defender seus interesses.

Somente no final do século XIX, com a proclamação da República, o movimento passou a ser valorizado. Foi nessa época que Tiradentes tornou-se um símbolo republicano, passando de "inconfidente" a "herói". Ele ficou marcado como um líder de origem pobre. Porém, muitos historiadores colocam em dúvida que Tiradentes pertencesse ao setor popular, pois estudos recentes demonstraram que ele possuía datas e escravizados.

▶ **Datas:** porções de jazidas para a mineração do ouro.

A Conjuração Baiana (1798)

A Conjuração Baiana foi a mais ampla e popular das rebeliões coloniais. Dela participaram padres, profissionais liberais (como médicos e advogados), alguns membros da elite intelectual e, sobretudo, pessoas dos grupos sociais mais pobres, como sapateiros, ex-escravizados, soldados e vários alfaiates. Por isso, também ficou conhecida como **Revolta dos Alfaiates**.

Desde a transferência da capital da colônia para o Rio de Janeiro, em 1763, Salvador vivia uma grave crise econômica, que empobreceu seus habitantes e gerou protestos contra os tributos impostos pela metrópole. Esse clima favoreceu a propagação dos ideais iluministas de liberdade, igualdade e fraternidade, divulgados na Bahia por membros da **maçonaria** (associação civil não religiosa que cresceu na Europa do século XVIII e logo foi difundida no Brasil).

Liderados por João de Deus, Manuel Faustino dos Santos, Lucas Dantas e Luís Gonzaga das Virgens, um grupo de populares passou a organizar a revolta. Pregavam a proclamação de um governo republicano, democrático e livre de Portugal; o fim da escravidão e dos preconceitos contra negros e mulatos; a liberdade de comércio e o aumento dos salários dos soldados.

No dia 12 de agosto de 1798, os organizadores da revolta espalharam cartazes pela cidade proclamando o início da rebelião. Entretanto, denunciados por traidores, os participantes acabaram presos. Os líderes foram condenados à morte por enforcamento e seus corpos foram esquartejados e espalhados pela cidade de Salvador. Dezenas de outras pessoas que apoiavam o movimento acabaram presas, mas sofreram penas menores, como prisão e degredo.

Praça da Piedade, em Salvador (BA), local em que foram executados alguns dos participantes da Revolta dos Alfaiates. Ilustração de Johann Moritz Rugendas, de cerca de 1835. Litografia colorida à mão, 51,3 cm × 35,5 cm.

TRABALHANDO COM DOCUMENTOS

O trecho abaixo foi extraído do livro *Bahia, 1798*, do historiador Luís Henrique Dias Tavares. Leia o texto com atenção e depois responda às questões.

Manuel Faustino dos Santos Lira esperou o fim da madrugada. Não conseguira dormir, preocupado que estava com a prisão de Luís Gonzaga das Virgens, aos seus olhos um sujeito inofensivo, embora agitado, cheio de manias com religião e rezas e com o costume de ir às missas em todas as igrejas da cidade.

Manuel Faustino já estava informado a respeito de uma reunião, no sábado, no campo do Dique do Desterro.

Levantou-se e olhou para o Terreiro de Jesus por uma fresta da janela. Havia um pouco de névoa e os sinos tocavam. A não ser por isso, o silêncio do lado de fora seria completo.

A cidade dormia e o jovem aprendiz de alfaiate desejou estar longe dali.

Nascera no engenho Calogi e passara algum tempo na Vila de Santo Amaro da Purificação. Sentia saudades do cheiro de mel de cana, mas não do trabalho pesado na produção de açúcar. No entanto, sua madrinha quisera que ele aprendesse o ofício de alfaiate e o trouxera para Salvador, colocando-o com o mestre João de Deus, na Rua Direita do Palácio, bem no centro da cidade.

[...]

– É muito cedo, Manuelzinho – saudou-o Sebastiana, uma velha criada no engenho Calogi. Ela o vira nascer.

– Bênção, tia Bastiana, tenho muito o que fazer hoje...

Ela o examinou com o canto dos olhos:

– Bom... Tem mungunzá, Manuelzinho. Está do jeito que você gosta. Quer um copo?

– Quero.

– E diga: o que é tão importante para você fazer hoje?

– É coisa sobre a nossa liberdade, tia. Mas não posso falar.

A velha limpou o copo com a toalha branca e o entregou ao rapaz:

– Cuidado com essas ideias, Manuelzinho. Liberdade a gente só consegue comprando a alforria...

– É liberdade sem compra, tia. É liberdade de verdade...

> **Mungunzá:** também conhecido como canjica, é um doce feito de grãos de milho-branco cozidos em um caldo à base de leite de coco ou de vaca, açúcar, canela e cravo-da-índia.

TAVARES, Luis Henrique Dias. *Bahia, 1798.* Salvador: EDUFBA, 2012. p.14-15.

Tiago Caldas/Fotoarena

Tiago Caldas/Fotoarena

Sergio Pedreira/Fotoarena

Sérgio Pedreira/Folhapress

> Da esquerda para a direita, bustos de Lucas Dantas, Manuel Faustino, Luís Gonzaga e João de Deus. Líderes da Conjuração Baiana de 1798, todos foram executados pela participação no movimento.
> Os bustos estão em Salvador (BA).

1 ▸ Em que cidade se passa o diálogo narrado pelo autor?

2 ▸ Como ele descreve Manuel Faustino? Qual era sua ocupação?

3 ▸ Sobre o que ele conversa com Sebastiana? Qual era a condição social dessa mulher?

4 ▸ De acordo com o que você leu neste trecho, sobre qual evento histórico o livro trata?

5 ▸ Na sua opinião, qual era a ideia de liberdade que Manuel Faustino tinha? Que outro acontecimento histórico trazia em seu lema o conceito de liberdade?

Revoltas na América espanhola

Assim como na América portuguesa, as lutas coloniais na América espanhola:

- tiveram um caráter regional e localizado;
- a partir do final do século XVIII, influenciadas pelas ideias iluministas e liberais, tiveram como foco a contestação do domínio metropolitano e a luta por mais liberdade;
- envolveram diferentes projetos de independência e concepções de liberdade, devido à diversidade da sociedade colonial hispano-americana.

Fonte: DORIGNY, Marcel; LE GOFF, Fabrice. *Atlas des premières colonisations*: XVe – début XIXe siècle: des conquistadors aux libérateurs. Paris: Éditions Autrement, 2013. p. 87.

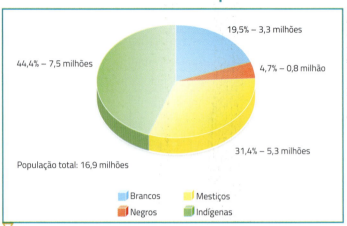

Sociedade colonial na América espanhola

- 19,5% – 3,3 milhões
- 4,7% – 0,8 milhão
- 31,4% – 5,3 milhões
- 44,4% – 7,5 milhões

População total: 16,9 milhões

■ Brancos   ■ Mestiços
■ Negros   ■ Indígenas

A população total da América espanhola em 1800 era de 16,9 milhões de pessoas: destas, 7,5 milhões eram indígenas (44,4%); 5,3 milhões eram mestiços (31,4%); 3,3 milhões eram brancos (19,5%) e 0,8 milhão era de negros (4,7%).

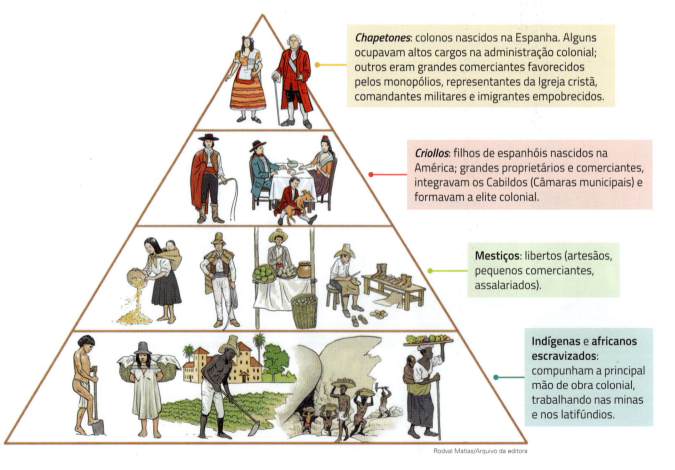

Chapetones: colonos nascidos na Espanha. Alguns ocupavam altos cargos na administração colonial; outros eram grandes comerciantes favorecidos pelos monopólios, representantes da Igreja cristã, comandantes militares e imigrantes empobrecidos.

Criollos: filhos de espanhóis nascidos na América; grandes proprietários e comerciantes, integravam os Cabildos (Câmaras municipais) e formavam a elite colonial.

Mestiços: libertos (artesãos, pequenos comerciantes, assalariados).

Indígenas e africanos escravizados: compunham a principal mão de obra colonial, trabalhando nas minas e nos latifúndios.

Até mesmo dentro da própria elite havia divergência de interesses. O grupo dos *chapetones* não desejava romper o domínio colonial; já os *criollos* optavam pela independência.

Embora os *criollos* se identificassem mais com os *chapetones* do que com as camadas mais pobres da população, opunham-se a eles no que dizia respeito ao domínio metropolitano. Por outro lado, muitos movimentos populares da América espanhola não tiveram sucesso por causa da oposição *criolla*. Nesses casos, eles temiam que ocorressem mudanças sociais mais profundas, afetando seus interesses e sua posição de elite colonial.

Principais rebeliões ibero-americanas (séculos XVI-XIX)

Fonte: elaborado com base em *Istoé – Brasil 500 anos*: atlas histórico. São Paulo: Três Editorial, 1998. p. 33; CHASTEEN, John Charles. *América Latina*: uma história de sangue e fogo. Rio de Janeiro: Campus, 2001. p. 67; DORIGNY, Marcel; LE GOFF, Fabrice. *Atlas des premières colonisations*: XVe — début XIXe siècle: des conquistadors aux libérateurs. Paris: Éditions Autrement, 2013. p. 86.

△ Ao longo dos séculos foram inúmeras as lutas de resistência dos indígenas e dos africanos escravizados. No mapa, estão indicadas algumas das mais significativas rebeliões na América ibérica do século XVI ao XIX, incluindo revoltas de descendentes ibéricos.

A Rebelião de Túpac Amaru (1780)

Você já estudou que a conquista espanhola da América trouxe muitas consequências negativas aos povos nativos. Os indígenas foram submetidos a diversas formas de exploração, como a *mita*: espécie de tributo pago aos colonizadores por um tempo determinado, que consistia na prestação de serviços mediante remuneração mínima. Havia também a *encomienda*, em que comunidades inteiras de indígenas eram entregues aos *encomenderos* que exploravam a mão da obra em "troca" de educação cristã, reforçando a dominação dessas populações.

Na região dos Andes, a subordinação indígena era realizada pelos colonizadores por meio da aliança com os **curacas** (chefes das aldeias incas, chamadas *ayllu*), oferecendo-lhes privilégios e parte dos tributos arrecadados. Em 1780, no Vice-Reino do Peru, teve início uma revolta em reação aos impostos cobrados pelos corregedores (autoridades metropolitanas). Ela ficou conhecida como a **Rebelião de Túpac Amaru**. O líder dos revoltosos, José Gabriel Condorcanqui Noguera, era um curaca que dizia descender de Túpac Amaru I, chefe inca do início do século XVI que resistiu à conquista espanhola.

Condorcanqui havia estudado na Universidade de São Marcos, em Lima, onde foi influenciado pelas ideias do Iluminismo. Adotou o nome de Túpac Amaru II e obteve o apoio dos *criollos* na luta contra os corregedores.

Também, com o apoio de dezenas de milhares de indígenas, mestiços, escravizados e alguns colonos empobrecidos, Túpac Amaru II defendia a completa abolição das obrigações de sujeição e trabalho. Ao seu lado, tinha Micaela Bastidas, sua esposa, que em muitos momentos ficou responsável por administrar e organizar parte dos rebeldes. Ela teve papel fundamental no decorrer do conflito e marchou para sitiar Cuzco junto do marido e das tropas.

Como a radicalização do movimento colocou em risco a ordem colonial, ocorreu então uma forte oposição por parte da elite *criolla* e de alguns curacas. Túpac Amaru II foi perseguido pelas forças coloniais, sendo capturado e preso, assim como Micaela Bastidas e seus filhos. Em 18 de maio de 1781, Condorcanqui e Micaela foram executados na praça central de Cuzco: tiveram seus corpos esquartejados e partes deles penduradas em diversos locais, com o propósito e desencorajar novas revoltas. Seguiram-se violentas batalhas, nas quais cerca de 80 mil rebeldes foram mortos, encerrando a maior revolta colonial americana.

Gallo Images/Getty Images

Monumento em homenagem a Túpac Amaru II, em Pampamarca, nas proximidades de Cuzco, Peru. Túpac Amaru II é considerado atualmente herói nacional naquele país. Foto de 2015.

O movimento comunero (1781)

No Vice-Reinado de Nova Granada, as *encomiendas* e a *mita* abalaram as antigas bases da vida comunitária indígena, levando diversos grupos a se dispersar pelas fazendas dos *encomenderos*. Além disso, quase todos os produtos consumidos na colônia eram excessivamente taxados, especialmente a aguardente e o tabaco.

Em 1780, o decreto de novos impostos motivou manifestações em vários povoados. Pequenos agricultores, comerciantes e até mesmo a elite proprietária aderiram às contestações. A população indígena começou a perseguir os coletores de impostos, saqueando e destruindo propriedades metropolitanas.

Em abril de 1781, os revoltosos proclamaram uma junta de governo, chamada **El Común** (daí a denominação *comuneros*). Alguns *criollos* tiveram destaque no movimento, como o general Juan Francisco de Berbeo. Contudo, a liderança coube ao capitão mestiço **José Antonio Galán**. Foi ele quem conduziu as camadas mais baixas da população na luta contra as elites, fossem elas metropolitanas ou *criollas*.

No entanto, a radicalização do movimento aproximou os *criollos* das autoridades espanholas. Em junho de 1781 foi negociada a rendição. Em outubro, Galán foi preso por um dos membros da antiga junta revolucionária. No ano seguinte, foi enforcado e esquartejado, episódio que pôs fim à revolta.

José Antonio Galán, em pintura de Mário Aguilera Peña, do século XX.

Ilustração representando uma das heroínas do movimento, Manuela Beltrán, vendedora ambulante da cidade de Socorro. Vemos na imagem a oposição aos decretos governamentais (édito sendo arrancado da parede).

Mapeando saberes

ATENÇÃO A ESTES ITENS

- No final do século XVII e início do XVIII, eclodiram várias revoltas na América portuguesa. Violentamente reprimidas, as revoltas contestavam:
  - Os monopólios impostos pela Coroa: Revolta dos Beckman.
  - Os altos impostos cobrados pelas autoridades: Revolta de Filipe dos Santos.
  - A presença de forasteiros na região mineradora: Guerra dos Emboabas.
  - O mandonismo da aristocracia rural sobre os comerciantes: Guerra dos Mascates.

- No final do século XVIII, inspirados pelos ideais iluministas de liberdade e igualdade, diferentes grupos da sociedade colonial começaram a lutar contra o domínio da metrópole. No entanto, o entendimento que cada grupo tinha desses ideais era muito diferente.

- Desde o início da colonização ibérica, nativos americanos e africanos escravizados se rebelaram contra o domínio de seus senhores.
- Com o tempo, outras camadas sociais (trabalhadores livres, comerciantes e proprietários, ricos ou pobres) também se rebelaram contra medidas metropolitanas consideradas injustas.
- Suas revoltas, contudo, eram localizadas, regionais, e não movidas por um sentimento de identidade nacional.

- Os líderes da Conjuração Mineira e da Conjuração Baiana desejavam repúblicas independentes em Minas Gerais e na Bahia. Enquanto a revolta mineira não almejava mudanças na estrutura social, a baiana exigia o fim da escravidão e maior igualdade entre todos os cidadãos. Assim como as anteriores, essas revoltas regionais foram rapidamente sufocadas pelas autoridades.

POR QUÊ?

- As divergências de interesses entre os vários grupos coloniais impediram a construção de um projeto comum para a independência.
- Os movimentos mostram que o pensamento iluminista não se restringiu apenas à Europa.

- As revoltas coloniais ocorridas na América ibérica no final do século XVIII deram o primeiro passo em direção às lutas de independência do século XIX.

ATIVIDADES

Retome

1. Complete o quadro abaixo com as informações de todos os movimentos estudados.

Movimento	Época	Local	Grupos sociais que se confrontavam	Reivindicações	Resultados
Revolta dos Beckman					
Guerra dos Emboabas					
Guerra dos Mascates					
Revolta de Filipe dos Santos					
Conjuração Mineira					
Conjuração Baiana					
Rebelião de Túpac Amaru					
Movimento *Comunero*					

2. Com base no quadro que você completou acima responda às questões.

a) Quais as diferenças e as semelhanças entre a Conjuração Mineira e a Baiana?

b) Quais as semelhanças entre as revoltas da América portuguesa e as ocorridas na América espanhola?

3. Explique a diferença entre os conceitos de rebeldias regionais e revoluções nacionais.

Analise um texto historiográfico

4. A seguir, o historiador Luciano Figueiredo apresenta alguns dados sobre a participação das mulheres na economia de Minas Gerais dos séculos XVIII e XIX.

> Em alguns períodos de concessão de sesmarias em Minas, como entre 1728 e 1745, a proporção era de uma mulher para 35 homens. Mesmo assim, para que recebessem terras, além das exigências habituais que se fazia aos homens, como possuir número considerável de escravos, das mulheres era exigido o consentimento do pai ou do marido.
>
> Com certa surpresa encontramos a participação respeitável de mulheres que, como roceiras em pequenas propriedades arrendadas, aparecem em listagens [...]. Teríamos aí [...] mulheres criando gado, aves, plantando gêneros alimentícios para abastecimento local, produzindo queijos, aguardente e pão. Essa participação feminina seria ainda mais acentuada a partir da crise da mineração em fins do século XVIII e início do XIX. Se examinarmos Vila Rica nos primeiros anos do século XIX, do total de roceiros, lavradores e hortelões anotados pelo censo, encontraremos 51 mulheres para 27 homens.

FIGUEIREDO, Luciano. Mulheres nas Minas Gerais. In: DEL PRIORI, Mary (Org.). *História das mulheres no Brasil.* São Paulo: Contexto, 1997. p. 143.

a) O autor comenta a participação das mulheres como proprietárias de terras. Que informações ele apresenta e qual era a proporção entre homens e mulheres?

b) O autor afirma que, para receber terras, havia mais exigências para mulheres do que para homens. Quais eram essas exigências? Elas permanecem hoje em dia?

Autoavaliação

1. Quais atividades você considerou mais fáceis e mais difíceis? Por quê?

2. Em quais atividades você utilizou o texto do capítulo como base para sua resposta?

3. Algum ponto do capítulo não ficou muito claro para você? Qual(is)?

4. Você compreendeu o esquema *Mapeando saberes*? Explique.

5. Você saberia apontar exemplos da atualidade considerando o que aprendeu no item *Por quê?* do *Mapeando saberes*?

6. Como você avalia sua compreensão dos assuntos tratados neste capítulo?

» **Excelente:** não tive nenhuma dificuldade.
» **Bom:** tive algumas dificuldades, mas consegui resolvê-las.
» **Regular:** foi difícil compreender certos conceitos e resolver as atividades.
» **Ruim:** tive muitas dificuldades, tanto no conteúdo quanto na realização das atividades.

LENDO IMAGEM

Historiadores ainda discutem se Tiradentes foi mesmo o líder da Conjuração Mineira. Como ele foi uma figura muito investigada e pouco conhecida, sua imagem na história brasileira foi construída com base em idealizações e serviu para representar diferentes ideais.

Observe a representação de Tiradentes a seguir, produzida por José Wasth Rodrigues em 1940.

- Esta imagem foi produzida em um contexto que pretendia fortalecer a imagem do Exército da República. Wasth Rodrigues já tinha ilustrado o livro *Uniformes do Exército Brasileiro*, publicado pelo Ministério da Guerra em 1922, em homenagem ao centenário da Independência do Brasil.

- Tiradentes foi representado sem barba, com o cabelo arrumado, como cabe a um militar.

- A paisagem ao fundo faz referência ao relevo de Minas Gerais.

- A postura militar pode ser associada a valores como civismo, patriotismo e crença na missão do exército.

- Tiradentes foi representado com farda militar, numa referência à sua participação como alferes do regimento Dragões de Minas Gerais.

- Banda ou faixa usada na cintura pelos oficiais.

- A espada é considerada um equipamento nobre.

- O personagem foi representado antes de ser preso por seu envolvimento na Conjuração Mineira.

> *Alferes Joaquim José da Silva Xavier, o Tiradentes*, pintura a óleo realizada por José Wasth Rodrigues em 1940.

Martírio de Tiradentes, de Aurélio de Figueiredo e Melo. A tela foi produzida em 1893, cem anos após a Conjuração Mineira ser reprimida pela Coroa portuguesa. Óleo sobre tela, 57 cm × 45 cm.

Identifique os elementos e a composição da obra

1. Observe a imagem e leia sua legenda. Como Figueiredo e Melo representou Tiradentes?
2. Na obra de Figueiredo e Melo, que personagens acompanham Tiradentes na cena?

Analise a obra

3. A pintura de Figueiredo e Melo associa Tiradentes a qual outra figura histórica conhecida? Justifique sua resposta.
4. As pinturas representam Tiradentes de diferentes formas. Que diferenças você pode indicar entre as duas representações?

Contextualize a obra

5. Observe os traços, as cores e os elementos que compõem as pinturas. Que semelhanças e diferenças você nota entre elas?
6. As duas pinturas exaltam Tiradentes de modos diferentes e com objetivos distintos. Que objetivos são esses?

LENDO IMAGEM

A Batalha de Waterloo, 18 de junho de 1815. Litografia colorida de William Holmes Sullivan, 1898. A Batalha de Waterloo ocorreu em junho de 1815, em território belga. A França, sob o comando de Napoleão, foi derrotada pelos exércitos inglês e prussiano.

UNIDADE 2
Europa e América após o Antigo Regime

A Revolução Francesa abalou profundamente os pilares do Antigo Regime na Europa. O processo revolucionário implantou as bases para a consolidação do avanço dos valores burgueses, tendo à frente, de início, Napoleão Bonaparte. Nesta unidade, vamos estudar as rivalidades e disputas que se seguiram à Revolução Francesa e contaram com as transformações promovidas pela Revolução Industrial, que deram importância ao desenvolvimento tecnológico e aos negócios e mercados, os eixos da nova ordem capitalista. Esses movimentos também influenciaram os processos de independência na América ibérica.

Observe a imagem e responda às questões oralmente.

1. Você já deve ter ouvido falar de Napoleão Bonaparte, que, como vimos, assumiu o poder na França em 1799. O que você sabe sobre ele? Que imagem vem à sua cabeça quando falamos de Napoleão?

2. Estudaremos nesta unidade a Revolução Industrial. De acordo com o que você aprendeu sobre o conceito de "revolução", o que caracterizaria uma Revolução Industrial na sua opinião?

CAPÍTULO 4

Napoleão e o Congresso de Viena

Retrato equestre de Napoleão I, óleo sobre tela de Joseph Chabord, 1810. Napoleão Bonaparte esteve à frente do governo francês entre 1799 e 1815. Nesse período, ele foi venerado e odiado. Para uns, era um herói, para outros, um usurpador. As guerras napoleônicas redesenharam a Europa, impondo domínios e impulsionando o nacionalismo.

Neste capítulo, vamos estudar o contexto que levou à ascensão de Napoleão Bonaparte, o fim do processo revolucionário – iniciado com o Golpe do 18 Brumário –, as batalhas nas quais Napoleão se envolveu visando ampliar seu poder e, finalmente, a instauração do Congresso de Viena, conferência que modificou o mapa político da Europa.

▶ Para começar

Observe a imagem e faça o que se pede.

1. Como Napoleão foi representado nessa imagem?
2. De acordo com a sua observação, o pintor mostrou-se partidário ou opositor de Napoleão?

1 A construção do Império Napoleônico

Em substituição ao Diretório foi instaurado o Consulado, sob a responsabilidade de três cônsules; Napoleão Bonaparte, o primeiro deles, era quem tomava as decisões. Com Napoleão, as medidas voltadas à burguesia ganharam espaço e o poder se concentrou cada vez mais em suas mãos. Em 1802, Napoleão estabeleceu o **Consulado Uno** e, no mesmo ano, tornou-se cônsul vitalício. Em 1804, um plebiscito permitiu que ele se coroasse imperador. À frente do governo francês, iniciou o processo de ocupação de outros territórios europeus.

Em razão do poder conquistado, Napoleão transformou-se em herói nacional, sendo considerado o mais bem-sucedido governante de sua época. Carismático, foi visto como um gênio militar, determinado e ambicioso. Graças às suas campanhas militares, os ideais liberais espalharam-se por toda a Europa, contribuindo para abalar ainda mais as estruturas do Antigo Regime.

Bonaparte também reatou os laços com a Igreja católica, rompidos durante a Revolução, e conseguiu que o papa Pio VII fosse a Paris para a cerimônia de sua consagração como Napoleão I.

LINHA DO TEMPO

1789 — Início da Revolução Francesa

Revolução Francesa

1799 — Golpe do 18 Brumário

Consulado

1804 — Coroação de Napoleão

1806 — Bloqueio continental

1807 — Invasão da Espanha

1808 — Chegada da família real portuguesa ao Brasil

Império Napoleônico

1812 — Campanha na Rússia

1814 — Abdicação de Napoleão / Início do Congresso de Viena

1815 — Os cem dias de Napoleão / Batalha de Waterloo

Linha do tempo esquemática. O espaço entre as datas não é proporcional ao intervalo de tempo.

A consagração do imperador Napoleão I e a coroação da imperatriz Josefina na catedral de Notre-Dame, em Paris, de Jacques Louis-David, de 1808. Finalizada quatro anos depois da cerimônia de coroação, a pintura evidencia o poder de Napoleão, que é quem coroa a esposa Josefina. Esse gesto contrasta com a tradição medieval, em que um representante da Igreja fazia a coroação. Em uma versão preliminar da pintura, David representava Napoleão coroando a si mesmo. Óleo sobre tela, 621 cm × 979 cm.

A consolidação dos valores liberais

Uma das medidas mais importantes de Napoleão foi avançar nas reformas educacionais iniciadas durante o período revolucionário. Em seu governo, ganhou força a ideia de uma escola universal e laica, sob a supervisão e o controle do Estado. Houve atenção especial para a formação de futuros altos funcionários do Estado.

> **Escola universal:** aberta a todos os franceses.

Em 1804, foi promulgado o **Código Civil**, também conhecido como **Código Napoleônico**, que transformou alguns valores liberais da Revolução Francesa em leis. Entre outras medidas, o código garantia a igualdade dos cidadãos perante a lei, porém, em contrapartida, assegurava a propriedade privada, proibia greves e sindicatos, restabelecia a escravidão nas colônias francesas e restaurava a autoridade patriarcal, ou seja, o domínio dos maridos sobre as esposas, que havia sido abolido no período revolucionário. Dos seus quase 2 mil artigos, cerca de 800 tratavam da propriedade privada, e apenas sete das relações de trabalho, o que revela o comprometimento do novo governo com a burguesia em detrimento das camadas populares. Mais tarde, o Código Napoleônico inspirou os códigos civis de diversas nações, tanto na Europa quanto na América.

 Minha biblioteca

Napoleão: uma biografia literária, de Alexandre Dumas, Jorge Zahar, 2004. O livro é uma biografia concisa de Napoleão Bonaparte.

Para organizar as finanças do país, Napoleão criou o **Banco da França** e instituiu uma nova moeda nacional, o **franco**. Além disso, incentivou a industrialização e empregou milhares de pessoas por meio de um programa de construção de obras públicas, como estradas e portos.

A política militar

No plano externo, Napoleão enfrentou os vários países que vinham atacando a França desde o período revolucionário. Venceu a maioria das batalhas em terra, mas acabou vencido no mar na tentativa de invadir a Inglaterra. Os ingleses eram a maior potência econômica e marítima do início do século XIX e principal concorrente da França na disputa pela hegemonia mundial.

 De olho na tela

Napoleão. Direção: Yves Simoneau. França, 2002. Essa série de quatro episódios retrata a vida de Napoleão Bonaparte, expondo a complexidade e as contradições desse personagem.

Em 1805, Napoleão tentou invadir a Inglaterra, mas foi derrotado pelas forças do almirante Nelson na Batalha de Trafalgar, retratada nesta obra do século XIX, de autoria desconhecida.

Como não teve sucesso em sua tentativa de invasão territorial, Napoleão tentou derrotar a Inglaterra economicamente. Assim, em 1806, ele determinou o **bloqueio continental** proibindo qualquer país europeu de realizar transações comerciais com o reino inglês.

O bloqueio continental

Fonte: elaborado com base em DUBY, G. *Atlas histórico mundial*. Madrid: Debate, 1989. p. 81.

Por ser economicamente dependente da Inglaterra, Portugal não acatou as ordens de Napoleão. Este, em represália, decidiu invadir o país. A corte portuguesa, então, fugiu para o Brasil, onde desembarcou em janeiro de 1808, sob a proteção dos ingleses.

Em 1808, Napoleão depôs o rei da Espanha, Fernando VII, e entregou o trono espanhol a José Bonaparte, seu irmão, que governou o país até 1813, enfrentando constante resistência do povo espanhol. As colônias hispano-americanas iniciaram um movimento de emancipação que, depois, resultaria nas primeiras declarações de independência da região.

▷ Charge espanhola de 1808, de autoria desconhecida. Nela, o rei José Bonaparte é representado montando um jumento, com sacos de moedas, fugindo de touros (símbolo do povo espanhol), que bufam a palavra "liberdade". Ao fundo, consta a palavra "patriotismo" inscrita no Sol, o que remete ao sentimento dos espanhóis contra o domínio francês.

Napoleão e o Congresso de Viena • **CAPÍTULO 4**   71

2 O fim do Império Napoleônico

A política expansionista de Bonaparte fracassou, sobretudo, em razão da falência do bloqueio continental. A economia francesa, basicamente agrária, não conseguia abastecer a Europa com os produtos industrializados antes vendidos pelos ingleses.

Com a economia em colapso, o czar Alexandre I da Rússia optou por desprezar as ameaças de Napoleão, reabrindo os portos aos ingleses.

> **Czar:** césar, título oficial do rei da Rússia.

Para evitar que outras nações seguissem esse exemplo, Napoleão reagiu com violência. Com um exército de mais de 600 mil homens, invadiu a Rússia em 1812, iniciando a sua mais trágica campanha militar.

Com um exército mais fraco, os russos recuaram para o interior do país, mas antes queimaram tudo o que pudesse servir aos soldados franceses que vinham para atacá-los: campos cultivados, pastos, abrigos. Como as tropas francesas carregavam poucos suprimentos, e geralmente se abasteciam no território invadido, o resultado foi desastroso para os soldados franceses.

Quando chegou a Moscou, o exército napoleônico encontrou a cidade incendiada e abandonada. Sem abrigo e sob um rigoroso inverno, com temperaturas inferiores a 30 °C negativos, Bonaparte ordenou a retirada das tropas. Quando o exército napoleônico alcançou a França, porém, os países europeus já haviam composto uma nova e forte coligação para combatê-lo.

Em outubro de 1813, em Leipzig (cidade na atual Alemanha), as tropas francesas foram derrotadas por uma liga formada pelos exércitos da Rússia, Prússia, Áustria e Inglaterra, episódio que ficou conhecido como **Batalha das Nações**. Em 31 de março de 1814, os exércitos associados marcharam vitoriosos sobre Paris.

Sem apoio político, Napoleão Bonaparte abdicou do trono francês, que foi assumido por Luís XVIII, irmão de Luís XVI. Condenado ao exílio, obteve soberania sobre a ilha de Elba, no mar Mediterrâneo, e uma pensão de 2 milhões de francos anuais.

Em 1815, Napoleão fugiu da ilha e retornou à França, sendo recebido festivamente por ex-soldados e populares. Enquanto Luís XVIII fugia para a Bélgica, ele assumia novamente o governo francês.

▷ Gravura de Carl Röchling (1812) representando a retirada do exército francês da Rússia, em 1812.

TRABALHANDO COM DOCUMENTOS

Observe a pintura abaixo e depois responda às questões propostas.

A pintura acima, de Jean-Louis Ernest Meissonier, feita em 1864, retrata a retirada das tropas francesas do território russo, atravessando um rio quase congelado.

1▸ Identifique os autores e as datas dessas obras.

2▸ Que evento as imagens retratam?

3▸ Como os autores das obras representam as paisagens naturais e humanas?

4▸ Observe a imagem abaixo e responda: Qual foi a estratégia utilizada pelos russos para vencer os franceses?

▷ *Napoleão no incêndio de Moscou*. Óleo sobre tela de Adam Albrecht, de 1841. Dimensão: 97 cm × 128,5 cm.

Napoleão e o Congresso de Viena • **CAPÍTULO 4**

CONEXÕES COM A ARTE

Música e revolução

Até o século XVIII, os músicos não tinham grande prestígio na sociedade europeia. Com exceção de célebres cantores de ópera e de alguns poucos compositores, como Händel na Inglaterra ou Haydn na Áustria, instrumentistas, compositores e maestros eram considerados mais como trabalhadores braçais do que como artistas.

A partir do século XIX, com a valorização burguesa da liberdade individual, a música passou a ser vista como expressão da alma humana e dos anseios da sociedade, e não mais como simples divertimento para as horas vagas ou trilha sonora das atividades da corte.

As trajetórias de **Wolfgang Amadeus Mozart** (1756-1791) e de **Ludwig van Beethoven** (1770-1827) são bem representativas da posição ocupada pelos músicos antes e depois da Revolução Francesa.

Mozart viveu à sombra dos aristocratas para quem trabalhou desde criança, exibindo-se como instrumentista ou compondo músicas para eventos e festas. Tentou ganhar a vida fora da corte, mas não obteve sucesso, morrendo pobre e esquecido.

Beethoven, por outro lado, fazia parte da burguesia. Foi um dos primeiros músicos da Europa a viver como autônomo, beneficiando-se do nascente mercado de concertos pagos.

A diferença entre os dois músicos também se reflete em suas obras, uma representativa dos padrões aristocráticos, e outra, do gosto da burguesia.

Academia Imperial de Música, de Louis Jules Arnout, c. 1855. A litografia colorizada representa uma apresentação de ópera, em Paris, no século XIX.

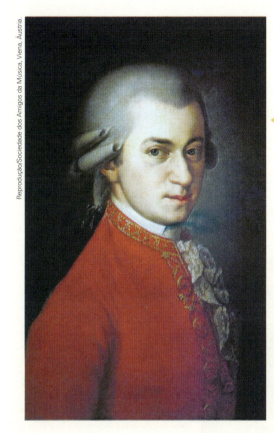

◁ *Wolfgang Amadeus Mozart.* Pintura de Barbara Krafft, 1819.

Ludwig van Beethoven. Óleo ▷ sobre tela de Joseph Karl, 1820.

1 ▸ De acordo com o texto, quais foram as mudanças ocorridas na maneira como a sociedade europeia encarava os músicos após a Revolução Francesa? Justifique sua resposta.

2 ▸ Procure na internet gravações em vídeo da *Sinfonia n. 40* de Mozart (primeiro movimento) e da *Nona sinfonia* de Beethoven (quarto movimento). Escute atentamente as duas composições. Depois, discuta com os colegas e com o professor: que diferenças existem entre elas? Compartilhe suas impressões com a classe.

3 ▸ De acordo com o texto, a música de Mozart era associada à sociedade de Corte, enquanto a de Beethoven se relacionava à burguesia. Identifique, no Brasil atual, quais seriam os gêneros musicais mais ouvidos e disseminados entre as classes mais populares e quais podem ser considerados mais apreciados nos grupos privilegiados.

Os Cem Dias e o exílio definitivo de Napoleão

As guerras napoleônicas provocaram a morte de cerca de 3 milhões de franceses. Para reorganizar seu exército, Napoleão teve de recrutar soldados muito jovens, alguns com menos de 15 anos. Em seguida, tentou uma ofensiva contra os territórios das nações adversárias, mas, enfraquecido, foi derrotado na **Batalha de Waterloo**, na Bélgica, em 18 de junho de 1815. Terminava seu último governo, que durou apenas cem dias. Exilado novamente, dessa vez na ilha de Santa Helena, no meio do Atlântico Sul, a cerca de 1 900 km da costa da África, Napoleão morreu em 1821.

Ilustração alemã anônima, de aproximadamente 1825-1830. Ela representa a trajetória de Napoleão Bonaparte, de sua juventude (primeiro degrau à esquerda da ilustração), chegando ao apogeu (centro), até sua derrocada, derrubada e exílio (à direita e na parte inferior central da ilustração). As figuras que aparecem em cada um dos demais degraus representam diversos episódios da vida dele.

3 O Congresso de Viena

Em 1814, logo após as derrotas de Napoleão na Rússia e em Leipzig, as potências europeias reuniram-se em Viena, na Áustria, para restaurar a ordem no continente e redefinir suas fronteiras, que haviam sido modificadas pelas campanhas napoleônicas.

O Congresso de Viena, como ficou conhecido, só foi efetivado em 1815, com a derrota definitiva de Napoleão. Presidido pelo ministro do Exterior austríaco, príncipe **Metternich**, reuniu diplomatas de todos os Estados que participaram das guerras napoleônicas, inclusive a monarquia francesa restaurada. As decisões, porém, foram tomadas pela Rússia, Prússia, Inglaterra e Áustria.

Entre as decisões do Congresso de Viena destacam-se o **princípio da legitimidade** e o **princípio do equilíbrio europeu**, segundo os quais seriam considerados legítimos os governos e as fronteiras anteriores à Revolução Francesa. Buscava-se, assim, restaurar as monarquias depostas e restabelecer a ordem do Antigo Regime, abalado primeiro pela Revolução, depois pelas ideias liberais difundidas por Napoleão, atendendo aos interesses dos Estados vencedores. Essa união de diferentes nações em torno desses interesses comuns ficou conhecida como Concerto da Europa ou Equilíbrio Europeu.

O acordo de reconstituição das fronteiras anteriores a 1789, contudo, não foi respeitado. As grandes potências aproveitaram a oportunidade para anexar territórios dos Estados mais fracos, como se nota no mapa a seguir.

A Europa após o Congresso de Viena

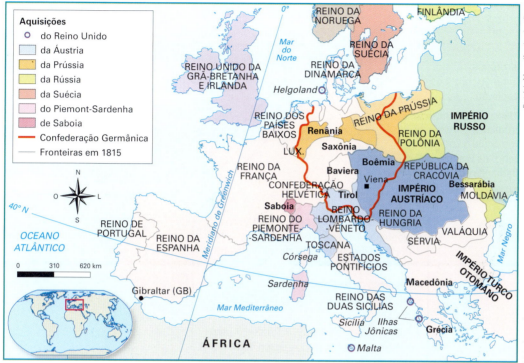

Fonte: elaborado com base em FRANCO JR., Hilário; ANDRADE FILHO, Ruy de O. *Atlas História Geral.* São Paulo: Scipione, 2000. p. 57.

Após o Congresso de Viena, a Confederação do Reno, constituída por Napoleão em parte do território do Sacro Império Romano-Germânico, foi derrubada. Em seu lugar, surgiu a Confederação Germânica, que unia 38 Estados autônomos de língua alemã, liderados pelo Reino da Prússia e pelo Império Austríaco. Para garantir que as decisões do Congresso fossem respeitadas, Áustria, Rússia e Prússia criaram a **Santa Aliança**, coligação militar interessada em combater as transformações revolucionárias. Além disso, instalou-se na Europa um clima reacionário, com perseguições de toda ordem: fechamento de escolas e de jornais, prisão de liberais e restabelecimento da Inquisição em alguns países. Muitos liberais optaram por se reunir em sociedades secretas, como a maçonaria, a fim de combater o avanço reacionário absolutista.

A Santa Aliança também buscou recuperar o domínio colonial europeu sobre as nações recém-independentes da América hispânica. Porém, enfrentou a oposição dos Estados Unidos, que em 1823 estabeleceram a **Doutrina Monroe**. Com o lema "a América para os americanos", ameaçavam declarar guerra à Santa Aliança caso seus membros interviessem nos países latino-americanos.

A Inglaterra também discordou dos objetivos da Santa Aliança. O país da Revolução Industrial tinha interesse em evitar qualquer tipo de restrição ao mercado e, por isso, apoiou as nações independentes da América contra a aliança reacionária.

Contudo, a reação absolutista não durou muito tempo. Ainda na primeira metade do século XIX, uma nova onda de revoluções liberais cobriu a Europa, abalando de vez as últimas estruturas absolutistas. A partir de então, um forte nacionalismo surgiu nos países que haviam sofrido perdas territoriais depois do Congresso de Viena.

▶ **Reacionário:** que reage às mudanças, opondo-se a elas.

▶ **Inquisição:** antigo tribunal religioso para julgar e punir crimes contra a fé católica.

Mapeando saberes

NAPOLEÃO BONAPARTE
- Assumiu o controle da França e consolidou as conquistas da Revolução Francesa com o Golpe do 18 Brumário (1799).
- Iniciou um processo expansionista, incorporando territórios estrangeiros e lutando contra os "inimigos da Revolução".
- Executou reformas nas instituições francesas, reformulou o sistema educacional, promulgou o Código Civil e criou o Banco da França, atendendo às demandas da burguesia francesa.

ATENÇÃO A ESTES ITENS

FRANÇA E INGLATERRA: CONFLITOS
- Britânicos resistiram às tropas napoleônicas no canal da Mancha.
- Napoleão decretou, em 1806, o bloqueio continental, que proibiu as nações europeias de comercializar com os ingleses.
- Na América: colônias hispânicas lutavam por sua emancipação.

- Portugueses e russos desrespeitaram o bloqueio. Napoleão reagiu ao dominar Portugal em 1808 e invadir a Rússia em 1812.
- Fracasso da campanha militar na Rússia em 1812 acelerou o fim do Império de Bonaparte.
- Coligação entre Inglaterra, Prússia, Áustria e Rússia derrotou Napoleão em 1814 na Batalha das Nações.
- Derrota definitiva de Napoleão na Batalha de Waterloo. Exílio de Bonaparte.
- Congresso de Viena: buscou aplicar o princípio de legitimidade e do equilíbrio europeu, criou o exército da Santa Aliança, propôs restaurar as fronteiras europeias conforme limites anteriores à Revolução na França.

Christie's Images/Artothek/Alinari Archives/Isuzu Imagens/Coleção particular

POR QUÊ?

- O Código Civil Napoleônico e a reforma educacional foram copiados em muitas nações na Europa e nos demais continentes.
- O liberalismo revolucionário francês inspirou as lutas por liberdade e soberania na América.

- O arranjo político definido no Congresso de Viena possibilitou a preservação de várias instituições do Antigo Regime que criaram grandes obstáculos para a emancipação política das colônias ibéricas na América.

ATIVIDADES

> **Retome**

1. Identifique três importantes mudanças na sociedade francesa durante o governo de Napoleão Bonaparte.

2. Em sua opinião, o período napoleônico foi de continuidade ou de ruptura com os ideais da Revolução Francesa? Por quê?

3. Explique o que foi o bloqueio continental e qual era o objetivo de Napoleão ao adotá-lo.

4. Qual era o objetivo das potências europeias que se reuniram no Congresso de Viena?

5. O trecho abaixo trata das mudanças sociais ocorridas depois da Revolução Francesa e das leis nos tempos de Napoleão. Leia-o e depois responda às questões.

> Depois que a Revolução acabou, foi a burguesia quem ficou com o poder político na França. [...] "Liberdade, Igualdade, Fraternidade" foi uma frase popular gritada por todos os revolucionários, mas que coube principalmente à burguesia desfrutar.
>
> O exame do Código Napoleônico deixa isso bem claro. [...]. Numa disputa judicial sobre salários, o Código determina que o depoimento do patrão, e não do empregado, é que deveria ser levado em conta. O Código foi feito pela burguesia e para a burguesia: foi feito pelos donos da propriedade para a proteção da propriedade.
>
> HUBERMANN, Leo. *História da riqueza do homem*. 15. ed. Rio de Janeiro: Zahar, 1979. p. 162.

a) Segundo o autor do texto, qual foi o objetivo da criação do Código Civil Napoleônico?

b) Comente a frase grifada no texto.

6. Leia o texto a seguir e responda às questões.

> Os homens que se tornaram conhecidos por terem abalado o mundo de forma decisiva no passado tinham começado como reis, como Alexandre, ou patrícios, como Júlio César, mas Napoleão foi o "pequeno cabo" que galgou o comando de um continente pelo seu puro talento pessoal. Todo jovem intelectual que devorasse livros, como o jovem Bonaparte o fizera, escrevesse maus poemas e romances e adorasse Rousseau poderia, a partir daí, ver o céu como o limite e seu monograma enfaixado em lauréis. Todo homem de negócios daí em diante tinha um nome para sua ambição: ser – os próprios clichês o denunciam – um "Napoleão das finanças ou da indústria".
>
> HOBSBAWM, Eric. J. *A era das revoluções*: Europa 1789-1848. Rio de Janeiro: Paz e Terra, 1997. p. 93.

> **Lauréis**: plural de laurel; figurativamente, significa prêmio, homenagem.

a) Que diferença o autor aponta entre Napoleão e seus antecessores que atingiram o poder e pretenderam conquistar o mundo?

b) Baseado no que estudamos, como você explicaria o prestígio e o mito de Napoleão Bonaparte?

7. Descreva a campanha militar de Napoleão sobre a Rússia, tomando os seguintes referenciais:

a) quando aconteceu;

b) contexto da invasão e suas motivações;

c) estratégias utilizadas;

d) desfecho.

Autoavaliação

1. Quais atividades você considerou mais fáceis e mais difíceis? Por quê?

2. Em quais atividades você utilizou o texto do capítulo como base para sua resposta?

3. Algum ponto do capítulo não ficou muito claro para você? Qual?

4. Você compreendeu o esquema *Mapeando saberes*? Explique.

5. Você saberia apontar exemplos da atualidade considerando o que aprendeu no item *Por quê?* do *Mapeando saberes*?

6. Como você avalia sua compreensão dos assuntos tratados neste capítulo?

   » **Excelente**: não tive nenhuma dificuldade.
   » **Boa**: tive algumas dificuldades, mas consegui resolvê-las.
   » **Regular**: foi difícil compreender certos conceitos e resolver as atividades.
   » **Ruim**: tive muitas dificuldades, tanto no conteúdo quanto na realização das atividades.

CAPÍTULO 5

A Revolução Industrial

Representação de pessoas trabalhando em fábrica têxtil na Inglaterra. Gravura de 1835.

O surgimento das primeiras fábricas modernas na Europa, em meados do século XVIII, provocou mudanças tão profundas na organização da sociedade e na vida das pessoas que esse processo ficou conhecido como **Revolução Industrial**. Mas que mudanças foram essas?

Antes da Revolução Industrial, a maior parte dos europeus dedicava-se às atividades primárias (agricultura, pastoreio, pesca, extrativismo), em geral voltadas para o próprio consumo, ou o de sua comunidade.

As pessoas viviam principalmente no campo, numa época em que não havia energia elétrica, meios eficientes de comunicação a distância, transportes rápidos ou mercados disponíveis todo o tempo. Não usavam relógios como nós, e acordavam com o raiar do Sol ou com o ruído dos animais. O trabalho começava cedo, pois deveria ser terminado antes do escurecer. Geralmente, as pessoas eram donas dos seus instrumentos de trabalho e do seu tempo, organizando o seu dia da forma que lhes parecia mais apropriada.

Neste capítulo, vamos estudar as transformações que a Revolução Industrial provocou no mundo do trabalho a partir do século XVIII.

> ### ▶ Para começar
>
> Observe a imagem com atenção e faça o que se pede.
>
> 1. As máquinas instaladas nesta fábrica substituíram o trabalho humano?
>
> 2. Na fábrica retratada empregava-se o trabalho infantil e feminino. Como você imagina que era o cotidiano dessas crianças e das outras trabalhadoras?

UNIDADE 2 • Europa e América após o Antigo Regime

1 Do artesanato à indústria moderna

Desde o Paleolítico, as sociedades humanas se dedicam a transformar matérias-primas (pedras, barro, peles, minérios, lã e madeira, por exemplo) em produtos úteis à sua sobrevivência. Essa atividade manual, praticada em todas as sociedades, é chamada de artesanato. Em geral, o artesão trabalha por conta própria, possui os instrumentos necessários para a confecção do produto e domina todas as etapas de produção, desde a obtenção da matéria-prima até o produto final.

Os sapateiros durante a Idade Média, por exemplo, preparavam o couro, cortavam-no com suas tesouras ou facas e costuravam-no com linhas e agulhas próprias, até confeccionarem os sapatos (produto final). Estes, se não fossem uma encomenda, seriam vendidos a algum interessado. Com o dinheiro da venda, os sapateiros adquiriam os produtos necessários à sua sobrevivência (alimentos, roupas, utensílios, etc.) e mais matéria-prima para continuar seu trabalho.

Com a expansão comercial e urbana ocorrida a partir do século XVI, os **comerciantes** ganharam destaque na Europa. Os artigos que vendiam não eram produzidos por eles, mas comprados dos trabalhadores artesanais, que tinham um ritmo próprio de produção.

Com o tempo, os comerciantes perceberam que aumentariam seus ganhos se pudessem controlar o tempo e o ritmo de trabalho dos artesãos. Por isso, decidiram reuni-los num mesmo espaço, chamado **fábrica**, mas muito pouco semelhante a uma fábrica moderna. Ali, eles escolhiam o produto que seria feito, como seria feito, em que quantidade ou tamanho. Assim, assumiram o controle do processo que antes era do artesão, que ainda detinha, entretanto, os instrumentos e o saber específico do seu campo de atuação. Esse sistema ficou conhecido como **manufatura**.

Para aumentar ainda mais a produtividade das fábricas, introduziu-se a **divisão do trabalho**, ou seja, cada artesão se tornou responsável por apenas uma etapa da produção, não sendo mais necessário que conhecesse o ofício como um todo. Em uma fábrica de sapatos, por exemplo, um grupo de trabalhadores só preparava o couro; outro só cortava; um terceiro só costurava, e assim por diante.

LINHA DO TEMPO

- **±1760** — 1ª Revolução Industrial
- **1811-1816** — Ludismo
- **1848** — Manifesto comunista – Marx — 2ª Revolução Industrial
- **±1960** — 3ª Revolução Industrial

Linha do tempo esquemática. O espaço entre as datas não é proporcional ao intervalo de tempo.

▷ Observe a imagem ao lado, de 1840 (autoria desconhecida). Ela representa uma oficina alemã que fabricava botas e estava organizada com base na divisão do trabalho. Tal prática, na Europa, começou a ser adotada por volta do século XVI, visando a maior produtividade.

A Revolução Industrial • **CAPÍTULO 5** 81

Com o desenvolvimento da produção foram introduzidas as máquinas, que permitiam a um único indivíduo produzir o que antes exigia o trabalho de muitos. Essa mudança deu origem às **maquinofaturas industriais**.

Nas maquinofaturas, os **operários** (como eram chamados os trabalhadores) participavam do processo produtivo apenas com sua força de trabalho, pois o controle e os meios de produção (como as instalações e as máquinas), que eram muito caros, pertenciam aos **industriais** (donos das fábricas), que faziam parte da **classe burguesa** ou **capitalista**.

Construindo conceitos

Burguesia e classe operária

Originalmente, a palavra **burguesia** designava o conjunto de habitantes dos burgos (centros urbanos da Idade Média), que em geral se ocupavam do comércio e do artesanato.

Com o surgimento das fábricas modernas, a maioria dos artesãos foi, pouco a pouco, se transformando em operários. Ou seja, os trabalhadores deixaram de ser donos do processo e dos meios de produção, de seu tempo e do produto de seu trabalho para se tornarem empregados de um industrial. Junto com os camponeses que migravam do campo para as cidades, eles formaram um novo grupo social, conhecido como **classe operária**.

A **classe burguesa**, por sua vez, passou a ser composta pelos donos de fábricas, bancos, empresas comerciais, enfim, os detentores do **capital** – palavra utilizada para designar financiadores e qualquer bem empregado na produção, incluindo tanto as máquinas, as fábricas e as matérias-primas quanto o dinheiro usado para adquiri-las e pagar os salários dos operários. Por isso, também são chamados de **capitalistas**.

Saiba mais

A divisão das atividades produtivas em três setores é uma classificação bastante comum e resume-se em:
- **Setor primário**: reúne atividades agropecuárias e extrativistas (vegetais e minerais);
- **Setor secundário**: abarca a produção fabril, a construção civil e a geração de energia, atividades que transformam matérias-primas em novos produtos, com a ajuda de máquinas e ferramentas;
- **Setor terciário**: inclui os **serviços**, tais como transporte, comércio, saúde, educação, sistema bancário e administração pública.

2 A monarquia parlamentar inglesa

O governo absolutista inglês, no século XVII, com os reis Stuarts, foi alvo de seguidos confrontos com o Parlamento. Este era formado pela Câmara dos Lordes – composto pela alta nobreza e eclesiásticos mais importantes – e pela Câmara dos Comuns, ou Câmara Baixa – formada pelos representantes das cidades, burgueses, a baixa nobreza e o baixo clero.

Com o progresso econômico resultante da expansão comercial e marítima, bem como as diferenças religiosas entre grupos anglicanos, puritanos e católicos, os choques de interesses na sociedade se acentuaram, agravados pelas atuações absolutistas dos monarcas ingleses. Tributações, perseguições religiosas, lutas por direitos e pela limitação do poder real levaram à Guerra Civil a partir de 1642 e à decapitação do rei Carlos I em 1649. Como resultado, foi instituída uma **República Puritana**, liderada por Oliver Cromwell.

Em 1660, o Parlamento inglês optou pela volta da monarquia, coroando Carlos II, filho de Carlos I, morto durante a guerra civil. Essa restauração da dinastia Stuart só sobreviveu até 1688, quando o então rei Stuart Jaime II, defensor do absolutismo e do catolicismo, acabou derrubado pelo Parlamento na **Revolução Gloriosa** (1688-1689). Com ela, foi coroado o rei Guilherme III (1689-1702), que se comprometeu a respeitar o poder parlamentar, com a Declaração de Direitos, e garantir liberdade religiosa aos protestantes, assinalada no Ato de Tolerância.

O poder parlamentar, representando principalmente a nobreza e a burguesia, saiu fortalecido, consolidando-se, no século XVIII, com dois grupos políticos parlamentares: os *Tory* (nome tradicional do partido conservador inglês) e os *Whigh* (nome tradicional do partido liberal inglês).

3 O contexto da Revolução Industrial

Na segunda metade do século XVIII, a Inglaterra introduziu no sistema produtivo dois tipos de máquinas: as de produção têxtil e máquinas a vapor. Com a mecanização, a indústria de tecidos ganhou rapidez e precisão, o que resultou em um número crescente de produtos em menor tempo e com preços mais baixos. Essa transformação mecânica e seus efeitos espalharam-se para outros setores, compondo o que se denominou de Revolução Industrial.

Esse processo iniciou-se na Inglaterra por uma série de motivos:
- o progressivo enriquecimento da burguesia inglesa com as atividades mercantilistas;
- o controle do governo inglês pelo Parlamento desde a Revolução Gloriosa de 1688. Este órgão era composto não só de proprietários de terra, mas também de grandes comerciantes, que defendiam seus interesses;
- a Inglaterra possuía grandes jazidas de ferro e carvão, matérias-primas indispensáveis à fabricação de máquinas e à geração de energia;
- na Idade Moderna, a lã inglesa conquistou um espaço considerável no mercado europeu. Por isso, antigas propriedades agrícolas foram transformadas em grandes pastos destinados à criação de ovelhas ou ampla produção rural diversificada, dispensando os camponeses, que, sem trabalho no campo, dirigiam-se para as cidades;

> **Minha biblioteca**
>
> *Revolução Industrial*, de Francisco M. P. Teixeira, Ática, 2004. A narrativa desse livro se passa na Londres do século XIX, um período de muitas transformações.

Crescimento da população inglesa

1700	5 835 000
1760	6 665 000
1790	8 216 000
1820	12 000 000
1850	18 000 000

Fonte: BARREIRA, Anibal; MOREIRA, Mendes. *Sinais da História 8*. Lisboa: Edições Asa, 2010. p. 146.

Retrato em óleo sobre tela de Thomas William Coke (1752-1842), inspecionando algumas de suas ovelhas junto com pastores de Holkham, Inglaterra.

- disponibilidade de mão de obra. As terras, que antes eram de uso comum dos camponeses, foram tomadas por meio da política dos **cercamentos** (*enclosures*). Em razão disso, muitas pessoas acabaram se dirigindo às cidades, formando um grande contingente de mão de obra barata para as fábricas. Tais mudanças estão integradas àquilo que alguns chamam de **Revolução agrícola inglesa**: concentração da propriedade rural nas mãos de grandes senhores; alargamento das áreas de plantio e criação no campo; novos métodos de plantio e considerável aumento produtivo; melhorias na alimentação e na higiene de parte da população e o aumento populacional ao longo do século XVII, gerando contingente jovem para o trabalho.

Revolução para quem?

Com a Revolução Industrial vários setores passaram a ser mais produtivos e eficientes, como a medicina, as comunicações, a produção de alimentos e os transportes. O efeito mais visível dessa transformação se nota na demografia. A população europeia, que não passava de 100 milhões no ano de 1700, quase dobrou em um século, chegando a 188 milhões em 1800. Do mesmo modo, a renda nacional inglesa também cresceu, passando de 48 milhões de libras, em 1690, para 405 milhões em 1812, aumentando quase nove vezes.

▶ **Demografia:** área da ciência que estuda a dinâmica da população humana por meio do aspecto quantitativo.

Mas será que essas transformações geraram benefícios para os diversos grupos sociais e chegaram a todos os povos do mundo? A resposta é não. Primeiro, porque o enriquecimento da burguesia inglesa se deu à custa da exploração de outros grupos sociais, resultando no surgimento de uma massa miserável de trabalhadores nas grandes cidades.

Além disso, a partir da segunda metade do século XVIII, cresceram também as desigualdades entre os países que produziam as matérias-primas e os que as compravam. Finalmente, a industrialização acabou provocando graves problemas ambientais, cujos efeitos são sentidos até hoje.

▶ Observe a pintura *Manchester a partir de Kersal Moor*, de 1852, do inglês William Wyld. Ao fundo, observam-se um grande número de chaminés e a poluição do ar da cidade de Manchester, na Inglaterra. A cidade foi palco das primeiras maquinofaturas inglesas e sofreu os efeitos econômicos, sociais e, principalmente, ambientais da industrialização.

As fases da Revolução Industrial e suas novas tecnologias

A Revolução Industrial foi um longo processo, com dinâmicas que tiveram início muito antes do século XVIII e que ainda não se encerraram. Segundo algumas pesquisas, até meados do século XVIII, a China e a Índia estavam à frente da Europa no uso de tecnologia.

A primeira fase da Revolução Industrial, ou **Primeira Revolução Industrial** (±1760-±1850), foi marcada pela substituição da manufatura (produção manual) pela maquinofatura (produção com uso de máquinas). Nessa época, a indústria têxtil foi a que mais se desenvolveu, ao lado da siderurgia. O barco a vapor (1805, Estados Unidos) e a locomotiva (1814, Inglaterra) foram inventados nesse período.

▶ **Indústria têxtil:** produção industrial de tecidos.
▶ **Siderurgia:** produção de ferro e de aço fundidos.

Na segunda fase da Revolução Industrial, ou **Segunda Revolução Industrial** (±1850-±1960), o processo de industrialização se acelerou com a difusão do uso do aço, o desenvolvimento de novas fontes energéticas (o petróleo e a eletricidade) e a modernização do sistema de comunicações. As indústrias se difundiram pelo continente europeu (Bélgica, França, Itália, Alemanha, Rússia), além de chegar aos Estados Unidos, ao Japão e a outros países.

Poço de petróleo em Creek Valley, Estados Unidos. Gravura colorizada do século XIX.

A partir de 1960, aproximadamente, novas transformações tecnológicas e produtivas deram origem à denominada terceira fase da **Revolução Industrial**, ou **Terceira Revolução Industrial**. O desenvolvimento da microeletrônica possibilitou avanços na informática, nas comunicações e na robótica. A biotecnologia, por meio da engenharia genética, possibilitou o aumento na produção de alimentos e a descoberta de novas terapias. Os efeitos dessas transformações são sentidos até hoje, com a informatização da economia e o avanço das tecnologias de comunicação (telefonia celular, internet e outras). Nesse início do século XXI, já se fala em **Quarta Revolução Industrial**, com a plena automatização das fábricas, combinando máquinas com processos digitais, tendo a internet como eixo desse processo. Também chamada de Revolução 4.0, amplia a dinamização anterior, incluindo nanotecnologias, neurotecnologias, robôs, inteligência artificial, biotecnologia, sistemas de armazenamento de energia, drones e impressoras 3D.

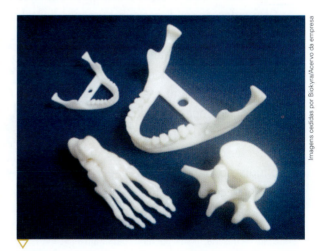

Implante produzido em uma impressora 3-D. O avanço da tecnologia e da informática, uma das características da Terceira Revolução Industrial, impactou diversas áreas do conhecimento, como a medicina.

A Revolução Industrial • CAPÍTULO 5

A luta dos trabalhadores

Diante das dificuldades no meio rural e atraídos pelo trabalho nas fábricas, muitos camponeses e pequenos artesãos migraram para cidades industriais, que se transformaram em verdadeiros conglomerados humanos. Em 1880, Paris já somava 3 milhões de habitantes, e Londres, 4 milhões.

Capital e Trabalho, gravura de 1843 publicada em Londres na revista *Punch*. Observe como burguesia e operariado foram caracterizados e dispostos na charge. O que essa representação sugere?

A organização espacial dessas cidades refletia o distanciamento cada vez maior entre os dois extremos da estrutura social: o operariado e a burguesia. Os burgueses procuravam morar em bairros arborizados e dotados de serviços públicos, bem distantes da poluição das indústrias e da pobreza dos bairros operários.

Os trabalhadores faziam jornadas que variavam entre 14 e 18 horas diárias, em péssimas condições de higiene e segurança, recebendo pagamentos geralmente irrisórios. Mulheres e crianças tinham remunerações ainda menores.

▶ **Irrisório:** insignificante, mínimo.

Diante dessas condições sub-humanas de trabalho, as reações coletivas foram as mais variadas. Na década de 1810, liderados por um trabalhador chamado Ned Ludd, operários da indústria têxtil começaram a destruir as máquinas das fábricas, consideradas culpadas por sua miséria, uma vez que tiravam o trabalho de centenas de indivíduos. Conhecido como **ludismo**, o movimento foi duramente reprimido, e os envolvidos punidos com a morte ou a deportação.

Diante da miséria, muitos operários passaram a lutar contra as condições de trabalho sub-humanas a que eram submetidos. A charge de Carlos Novaes e de Vilmar Rodrigues, publicada em 1983 no livro *Capitalismo para principiantes*, ironiza essa situação.

UNIDADE 2 • Europa e América após o Antigo Regime

Nessa mesma época, os trabalhadores britânicos também buscavam se organizar em **sindicatos** (*trade unions*), associações de auxílio mútuo que apoiavam os operários e suas famílias em caso de doença, morte ou desemprego. Proibidas pelo Estado, essas associações também lutavam por melhores condições de vida e de trabalho, organizando manifestações, greves e outros protestos.

Graças a essas lutas, os sindicatos acabaram sendo reconhecidos oficialmente como legítimos representantes da classe trabalhadora. Muitas conquistas que obtiveram, como o salário mínimo, a redução da jornada de trabalho, a assistência social, a aposentadoria e o repouso semanal remunerado, compõem hoje a **legislação trabalhista** de muitos países.

CONQUISTAS TRABALHISTAS

1825 – Direito à greve (Inglaterra)
1833 – Proibição do trabalho para menores de 9 anos (Inglaterra)
1841 – Proibição do trabalho para menores de 8 anos (França)
1847 – Limitação de 10 horas de trabalho para mulheres e crianças (Inglaterra)
1850 – Limitação de 10 horas de trabalho para todos (Inglaterra)
1871 – Reconhecimento dos sindicatos (Inglaterra)
1883 – Criação do seguro de doenças (Alemanha)
1884 – Criação do seguro de acidentes de trabalho (Alemanha); Reconhecimento dos sindicatos (França)
1889 – Criação do seguro de velhice e de invalidez (Alemanha)
1898 – Legislação sobre acidentes de trabalho (França e Alemanha)

 De olho na tela

Daens: um grito de justiça. Direção: Stijn Coninx. Bélgica/França/Holanda, 1992. Narra a história do padre belga Adolf Daens, que se envolve na luta contra as condições miseráveis dos operários na segunda metade do século XIX.

Germinal. Direção: Claude Berri. França, 1993. Baseado no romance do escritor Émile Zola, o filme recria o ambiente e a vida dos trabalhadores mineiros do norte da França no século XIX.

4 Ideias contrárias ao capitalismo

Ao longo do século XIX, as lutas dos trabalhadores contra o capitalismo inspiraram diversas correntes de pensamento que defendiam a criação de uma sociedade mais justa, sem desigualdades e miséria. Destacam-se, entre elas, o **socialismo utópico**, o **socialismo marxista** e o **anarquismo**.

O socialismo utópico

Essa corrente de pensamento defendia a construção de uma sociedade livre de desigualdades sociais. No entanto, seus críticos afirmavam que a teoria não apresentava soluções concretas para atingir esse objetivo. Recebeu esse nome porque suas ideias lembravam a obra *Utopia*, do escritor renascentista Thomas Morus (1476-1535). Seus principais representantes foram **Claude Saint-Simon**, **Louis Blanc**, **Charles Fourier**, **Robert Owen** e **Pierre-Joseph Proudhon**.

Fourier pregava a criação de uma sociedade de iguais, os falanstérios, sem destruir a propriedade privada. Owen fez de sua fábrica uma colônia-modelo, com base num sistema de cooperativa de consumo e de produção, tratando os trabalhadores como iguais.

Todas as propostas utópicas, cedo ou tarde, fracassaram, e a maioria delas nem chegou a ser testada. Mesmo assim, o socialismo utópico refletia o repúdio à situação de desigualdade social gerada pela industrialização, e, com base nisso, seus autores buscaram propor, mesmo que de forma idealizada, uma alternativa ao sistema capitalista vigente.

> **Utopia:** no contexto da obra de Thomas Morus, o termo refere-se a uma sociedade imaginária, onde um governo organizado da melhor maneira proporcionava ótimas condições de vida a um povo equilibrado e feliz. Outras definições são: projeto irrealizável; fantasia.
>
> **Falanstério:** fazenda coletiva agroindustrial, com cerca de mil pessoas.

Pierre-Joseph Proudhon em foto de cerca de 1860.

Saiba mais

A expressão **socialismo utópico** foi criada por Marx e Engels, em oposição à sua própria análise, chamada de **socialismo científico**.

O socialismo marxista

Essa corrente de ideias fundada na análise e na crítica da sociedade foi representada principalmente por **Karl Marx** e **Friedrich Engels**. De acordo com esses dois pensadores, a sociedade mais igualitária ou **socialista** surgiria com a eliminação da propriedade privada e a união dos operários contra a burguesia, que tomariam o poder do Estado por meio de uma revolução.

Em suas obras, criticavam o processo de exploração da classe operária pela burguesia, possuidora dos meios de produção. Como alternativa a esse quadro, propunham a revolução proletária, ou seja, a tomada do poder pelos trabalhadores, como apontam na obra *Manifesto do Partido Comunista*.

A mais importante obra de Engels foi *A origem da família, da propriedade privada e do Estado*. E, entre as principais obras de Marx, destaca-se *O capital*.

Karl Marx, em foto de 1882.

Eles acreditavam que a ordem socialista iria eliminar as desigualdades econômicas e sociais até culminar na constituição de uma sociedade **comunista**. Nessa etapa final do desenvolvimento, chamada pós-socialismo, haveria uma sociedade em que cada indivíduo daria ao conjunto social aquilo que seria capaz de oferecer e receberia o que precisasse, de acordo com as suas necessidades.

Para fundamentar suas ideias, os dois teóricos partiram de uma perspectiva histórica da evolução social e de uma rigorosa análise da estrutura capitalista, criticando e diferenciando-se da corrente socialista utópica. Por isso, o socialismo de Marx e Engels foi denominado **socialismo científico** ou **marxismo**.

Friedrich Engels, em foto de 1891.

O anarquismo

Entre outras ideias, essa corrente teórica defendia a destruição de todas as formas de opressão, sejam elas exercidas pelo Estado, pela propriedade privada ou pela família. Seus adeptos tornaram-se opositores dos marxistas, pois discordavam de qualquer tipo de governo e de Estado. Teve seguidores que atuavam em diversos países contra a ordem estabelecida. Entre os seus principais representantes estão, além do próprio Proudhon (seu fundador), **Mikhail Bakunin**, o escritor russo **Leon Tolstói** e **Piotr Kropotkin**.

Mikhail Bakunin em foto do século XIX.

TRABALHANDO COM DOCUMENTOS

Em 1848, Karl Marx e Friedrich Engels redigiram o *Manifesto do Partido Comunista*, que foi amplamente divulgado em sua época.

Leia atentamente o trecho e responda às questões.

Manifesto do Partido Comunista (1848)

Sintetizando, os comunistas dão seu apoio a qualquer atividade revolucionária que se movimenta contra o atual estado de coisas, numa luta social e política, em qualquer parte do mundo.

Como prioridade desses movimentos, a questão fundamental que se coloca é a questão da propriedade, revestida de que forma for, mais ou menos desenvolvida.

Concluindo, os comunistas estão empenhados na união e no entendimento dos partidos democratas de todo o mundo.

Os comunistas não dissimulam suas opiniões e seus objetivos, e disso se orgulham. Pregam abertamente que seus objetivos só serão alcançados com a destruição violenta de toda ordem social existente. Que a classe dominante se sinta ameaçada na iminência de uma revolução comunista! Que a classe operária nada perderá com ela, a não ser a sua prisão. Mas terão um mundo a conquistar.

Proletários de todos os países, uni-vos!

> **Dissimular:** esconder, disfarçar.

MARX, Karl; ENGELS, Friedrich. *Manifesto do Partido Comunista*. São Paulo: Global, 1984. p. 45.

Monumento representando Marx e Engels, em Bishkek, Quirguistão, 2016.

1▸ O que é um manifesto? Quais são os objetivos desse tipo de texto, de maneira geral?

2▸ Qual era a situação econômica da sociedade europeia quando o documento foi publicado?

3▸ Releia atentamente o trecho do manifesto, analise a imagem e sua legenda e responda:

   a) A quem se dirigia e o que propunha esse texto?

   b) Em que tom essa proposta foi redigida? Procure selecionar trechos que justifiquem sua resposta.

5 Os defensores da nova ordem

Enquanto os socialistas contestavam o sistema capitalista, os **liberais**, ao contrário, acreditavam que as dificuldades só seriam solucionadas com o progresso industrial. Eles compartilhavam a teoria de **Adam Smith**, autor da obra *A riqueza das nações* e defensor da livre concorrência e da divisão do trabalho. Entre os principais teóricos do liberalismo industrialista, destacou-se **David Ricardo** (1772-1823). Em seu livro *Princípios de economia política e tributação*, ele defendeu a "lei férrea dos salários", segundo a qual o preço da força de trabalho seria sempre equivalente ao mínimo necessário à subsistência do trabalhador.

Na defesa da nova ordem trazida pelo crescimento industrial, surgiu uma corrente de pensamento denominada **darwinismo social**, assim nomeada por aplicar os princípios da teoria da evolução das espécies, de Charles Darwin, na compreensão da organização social. Segundo essa doutrina, a concorrência entre os indivíduos promoveria a seleção dos mais fortes e, consequentemente, a "evolução" da sociedade.

Essas ideias não foram desenvolvidas por Darwin, mas por pensadores e economistas posteriores, tais como o filósofo **Herbert Spencer** e o teólogo **William Graham Sumner**, no final do século XIX. Fornecendo uma base moral para o capitalismo, eles viam como "naturais" as desigualdades sociais resultantes da Revolução Industrial.

Outro pensador que exerceu grande influência sobre o liberalismo industrialista foi **Thomas Malthus** (1766-1834). Pensando que o crescimento da população superaria o da produção de alimentos, propôs limitar a assistência aos pobres para conter o aumento populacional.

Garotos lavando roupas em casa de trabalho, em fotografia de cerca de 1890. As casas de trabalho (*workhouses*), criadas pela Lei dos Pobres em 1834, tinham por base as ideias de Thomas Malthus, como meio de conter o aumento populacional. Contrárias ao assistencialismo, visto como estímulo à miséria, faziam a reclusão e a repressão dos pobres internando-os e obrigando-os ao trabalho em condições humilhantes e sob rígida disciplina.

CONEXÕES COM A GEOGRAFIA

Globalização

Desde o surgimento das primeiras fábricas inglesas, durante a Primeira Revolução Industrial, o cenário mundial passou por profundas mudanças: a expansão das indústrias, o desenvolvimento de novas fontes de energia e a modernização no setor de comunicações, entre outras.

Locomotiva a vapor em estação ferroviária na Cidade do México. Foto de 1890.

Atualmente, a globalização representa uma nova revolução. Ela se caracteriza pela expansão dos fluxos internacionais (de capitais, de mercadorias, de matérias-primas, de pessoas, de informações, de ideias e serviços, etc.). Esses fluxos reforçam a interdependência entre as nações. Devido ao processo acelerado de desenvolvimento das tecnologias e das comunicações, as regiões e os países do mundo todo são ligados, originando as chamadas redes geográficas. Essas redes são formadas por pontos interligados que têm o poder de ultrapassar as fronteiras das nações. Elas podem ser materiais (linhas de trem, redes de transmissão de energia e outras) ou imateriais (transmissões de rádio, TV, internet, por exemplo).

A busca pelo comércio mundial de mercadorias é um dos principais elementos da globalização. É por causa dele que as empresas transnacionais instalam unidades de produção, comércio e administração em diversos países. Geralmente, o centro de decisões mundiais dessas empresas se localiza no país-sede de cada grande corporação.

Milton Santos (1926-2001), um dos mais importantes geógrafos brasileiros, fala sobre os efeitos da globalização no texto a seguir.

Vivemos um novo período na história da humanidade. A base dessa verdadeira revolução é o progresso técnico, obtido em razão do desenvolvimento científico e baseado na importância obtida pela tecnologia, a chamada ciência da produção. [...]

Graças às novas técnicas, a informação pode se difundir instantaneamente por todo o planeta, e o conhecimento do que se passa em um lugar é possível em todos os pontos da Terra.

A produção globalizada e a informação globalizada permitem a emergência de um lucro em escala mundial, buscado pelas firmas globais que constituem o verdadeiro motor da atividade econômica.

Tudo isso é movido por uma concorrência superlativa entre os principais agentes econômicos – a competitividade.

> **Superlativo:** excessivo, extremo.

Num mundo assim transformado, todos os lugares tendem a tornar-se globais, e o que acontece em qualquer ponto [...] tem relação com o que acontece em todos os demais [...].

Daí a ilusão de vivermos num mundo sem fronteiras, uma **aldeia global**. Na realidade, as relações chamadas globais são reservadas a um pequeno número de agentes, os grandes bancos e empresas transnacionais, alguns Estados, as grandes organizações internacionais.

Infelizmente, o estágio atual da globalização está produzindo ainda mais desigualdades. E, ao contrário do que se esperava, crescem o desemprego, a pobreza, a fome, a insegurança do cotidiano, num mundo que se fragmenta e onde se ampliam as fraturas sociais.

SANTOS, Milton. *O país distorcido*: o Brasil, a globalização e a cidadania. São Paulo: Publifolha, 2002. p. 81.

Trem-bala no Japão em foto de 2017.

1. No texto acima, Milton Santos refere-se ao conceito de aldeia global. Em grupo, façam uma pesquisa sobre esse conceito e busquem imagens que o representem. Na sala de aula, com base no material coletado, apresentem as descobertas de cada grupo sobre o assunto.

2. A partir da identificação desse conceito, que mudanças podemos perceber na forma como entendemos o tempo e o espaço atualmente?

3. Nos séculos XVIII e XIX, a Revolução Industrial possibilitou o desenvolvimento de diversas áreas: comunicação, transporte, alimentação, etc. Da mesma forma, atualmente, o fenômeno da globalização está ligado a grandes avanços tecnológicos. No entanto, tais transformações tiveram e têm como consequência o aumento da desigualdade social. Explique essa relação.

A Revolução Industrial · **CAPÍTULO 5**

Mapeando saberes

ATENÇÃO A ESTES ITENS

MEADOS DO SÉCULO XVIII, INGLATERRA:
- Primeiras fábricas.
- Introdução de máquinas nas fábricas e de divisão do trabalho, que aceleram a produção.
- Declínio do artesanato devido à maquinofatura.
- Surgimento de duas novas classes sociais: a classe proprietária dos meios de produção (burguesia) e a classe que vende sua força de trabalho (operariado).

FATORES DO PIONEIRISMO DA INGLATERRA NA REVOLUÇÃO INDUSTRIAL:
- Presença da burguesia no Parlamento britânico desde o século XVII (o que garantiu aos industriais incentivos governamentais).
- Acúmulo de capitais com o comércio ultramarino (que foram investidos na construção das fábricas e na compra de máquinas).
- Êxodo rural provocado pelos cercamentos (que forneceu mão de obra para a produção fabril).
- Existência das jazidas de carvão e ferro (que forneciam energia e matéria-prima às fábricas).

- Crescente concentração de renda nas mãos da classe proprietária.
- Operários se unem para reivindicar melhores condições de trabalho.
- Surgimento de formas de associação de operários: o ludismo e o sindicalismo.

CORRENTES DE PENSAMENTO QUE SE ENFRENTARAM NOS SÉCULOS XIX E XX:
- Os críticos do capitalismo (socialistas utópicos, marxistas e anarquistas, que propunham alternativas ao sistema vigente).
- Os defensores do capitalismo (liberais e malthusianos).

POR QUÊ?

REVOLUÇÃO INDUSTRIAL:
- Iniciou-se em meados do século XVIII e desdobrou-se em várias etapas.
- Processo muito marcante para o mundo contemporâneo.
- Trouxe benefícios, mas também desafios, como as desigualdades sociais e os problemas ambientais.

- Vivemos a Terceira Revolução Industrial e seus desdobramentos, envolvendo informática, química fina, microbiologia e robótica. Há quem aponte que estamos ingressando na Quarta Revolução Industrial.

- Várias conquistas que os operários do início do século XIX obtiveram, como o salário mínimo, a redução da jornada de trabalho, a assistência social, a aposentadoria e o repouso semanal remunerado, compõem hoje a base da legislação trabalhista de muitos países.

ATIVIDADES

> **Retome**

1. Explique as transformações ocorridas nas condições de trabalho com o aparecimento das indústrias.

2. Cite o período e as características correspondentes às fases – Primeira, Segunda e Terceira – da Revolução Industrial.

3. Quais ideias liberais defendiam o capitalismo no século XIX?

4. Identifique as principais correntes de pensamento que criticaram a sociedade industrial do século XIX.

5. O desenvolvimento econômico industrial e o uso de novas tecnologias melhoraram as condições de trabalho? Justifique de acordo com o que você estudou.

> **Conheça um ponto de vista**

6. Leia o trecho abaixo e responda à questão.

> Os milionários são um produto da seleção natural... É por eles serem escolhidos dessa forma que a riqueza – tanto a deles como a que lhes é confiada – aumenta em suas mãos... Eles podem com justiça ser considerados como os agentes naturalmente escolhidos pela sociedade para realizar determinado trabalho. Eles recebem altos salários e vivem luxuosamente, e isso é um bom negócio para a sociedade.
>
> William Graham Sumner, citado em GALBRAITH, John Kenneth. *A era da incerteza*. São Paulo: Pioneira; Brasília: Ed. da UnB, 1979. p. 38.

- Em qual teoria do século XIX se apoia o autor do texto acima? Você concorda com ela? Por quê?

> **Reflita sobre uma imagem**

7. Observe a gravura a seguir e responda às questões.

Gravura de 1874 mostrando a estação de Charing Cross, em Londres (Inglaterra).

a) Que elementos da imagem ao lado nos dão evidências de que ela é contemporânea à Revolução Industrial?

b) Com a Revolução Industrial, os produtos industrializados passaram a ser produzidos em massa e em série. Explique os efeitos dessa forma de produção sobre o mercado e relacione-os à imagem ao lado.

> **Autoavaliação**

1. Quais atividades você considerou mais fáceis e mais difíceis? Por quê?
2. Em quais atividades você utilizou o texto do capítulo como base para sua resposta?
3. Algum ponto do capítulo não ficou muito claro para você? Qual?
4. Você compreendeu o esquema *Mapeando saberes*? Explique.
5. Você saberia apontar exemplos da atualidade considerando o que aprendeu no item *Por quê?* do *Mapeando saberes*?
6. Como você avalia sua compreensão dos assuntos tratados neste capítulo?
    - **Excelente**: não tive nenhuma dificuldade.
    - **Boa**: tive algumas dificuldades, mas consegui resolvê-las.
    - **Regular**: foi difícil compreender certos conceitos e resolver as atividades.
    - **Ruim**: tive muitas dificuldades, tanto no conteúdo quanto na realização das atividades.

CAPÍTULO 6

As independências na América espanhola

Mulheres com trajes típicos andinos em feira livre de Pisac, Vale Sagrado dos Incas, Peru. Foto de 2016.

Desde o final do século XVIII, as ideias iluministas chegaram à América, alimentando o desejo de independência nas colônias. Naquele momento, dois modelos de revolução se apresentavam: o norte-americano e o francês. Nos Estados Unidos, as elites coloniais permaneceram no poder e mantiveram a escravidão, num processo de emancipação sem mudanças radicais no âmbito interno. Na França, os revolucionários passaram por etapas mais radicais, derrubaram a monarquia e fundaram um Estado sob controle da alta burguesia.

Os grupos sociais menos favorecidos da América espanhola (povos nativos, escravizados de origem africana e trabalhadores livres) identificavam-se com os ideais franceses de igualdade, fraternidade e autogoverno. Muitos desses grupos propunham, além da separação entre colônia e metrópole europeia, a igualdade de direitos entre os habitantes das terras americanas. Já os *criollos* (a elite) se dividiam: alguns queriam preservar as relações coloniais, outros desejavam autonomia em relação à metrópole, como veremos neste capítulo.

▶ Para começar

Observe a imagem e responda.

1. Que elementos da imagem revelam a preservação de aspectos das culturas nativas da América? E quais revelam a influência da colonização?

2. Você acha que as lutas de independência da América espanhola atenderam aos interesses da população nativa? Justifique sua resposta com elementos da imagem.

1 Contexto da sociedade hispano-americana

No contexto das independências americanas, a sociedade da América espanhola era formada por nativos, escravizados, trabalhadores livres e uma elite *criolla*.

Muitos *criollos* temiam uma radicalização do movimento de independência, a exemplo do que ocorreu no Haiti. Isso colocaria em risco sua posição de prestígio, posses e seu domínio sobre a população nativa e sobre os escravizados, além do risco de ampliar a participação popular nas decisões políticas locais.

Francisco de Miranda, líder *criollo* que atuou na independência da atual Venezuela, expressou de forma clara o temor das elites em relação à revolução:

> Temos dois grandes exemplos diante de nossos olhos: a Revolução Americana e a Francesa. Imitemos discretamente a primeira e evitemos com muito cuidado os efeitos da segunda.
>
> A Revolução Francesa é "como um monstro de democracia extrema e de anarquia, que, se for admitida na América, destruirá o mundo de privilégios [...]".

WASSERMAN, Claudia. *História da América Latina*: cinco séculos. Porto Alegre: UFRGS, 1996. p. 144.

Assim, quando as guerras de independência se iniciaram nas colônias hispânicas, os *criollos* não se mobilizaram apenas contra o domínio metropolitano, mas também contra as camadas populares, que desejavam mudanças mais profundas na sociedade, e contra uma parcela da própria elite, que desejava manter as estruturas da colonização e até mesmo preservar os laços de subordinação colonial. Ou seja, embora a população tenha participado das mobilizações para a independência, foi principalmente a elite *criolla* que conduziu cuidadosamente esse processo, de acordo com seus interesses.

LINHA DO TEMPO

Primeira fase

1810 (até 1815)
Hidalgo, Morelos e Guerrero – México

1813 (até 1822)
San Martín

1813 (até 1830)
Simón Bolívar

Segunda fase

1815
Congresso de Viena

1821
Província Cisplatina do Brasil

1822
Agustín de Iturbide – Imperador do México

1824
Proclamação da República do México

1826
Congresso do Panamá – Pan-americanismo

1828
Independência do Uruguai

Criollo peruano em cavalo de gala, aquarela do século XVIII extraída do *Códice Trujillo del Peru*, de Baltasar Jaime Martínez Compañón (1737-1797).

Linha do tempo esquemática. O espaço entre as datas não é proporcional ao intervalo de tempo.

Guerra civil e rompimento com a Espanha

A invasão das tropas francesas na Espanha, em 1808, destituíram o rei Fernando VII, substituindo-o por José Bonaparte, irmão de Napoleão (reveja no capítulo 4). Esse evento teve repercussões diretas nas colônias hispano-americanas.

A elite colonial da América espanhola, que não reconhecia José Bonaparte como soberano, transformou os *cabildos* (câmaras municipais) em **juntas governativas** autônomas. Esses órgãos, até então controlados pelos *chapetones* (espanhóis nomeados pela Coroa para administrar a colônia), foram assumidos, entre 1808 e 1810, por membros da elite *criolla*, que começaram a impor seus interesses em prejuízo das antigas restrições metropolitanas.

Após assumir o governo, a elite *criolla* deparou com uma série de questões: deveriam ou não romper com a metrópole? Atenderiam às reivindicações populares mais radicais? Manteriam o sistema monárquico? Preservariam a escravidão e o latifúndio? Dariam prioridade à cultura de subsistência ou à de exportação? As divergências em relação a essas questões originaram um intenso confronto entre os grupos sociais coloniais.

A posição da Inglaterra oscilava em relação aos hispano-americanos, guiada por seus próprios interesses. Entre 1810 e 1814, em meio às revoltas, os colonos defensores da independência contaram com o apoio da Inglaterra, rival de Bonaparte. Com a derrota de Napoleão na Europa, a Espanha reorganizou-se política e militarmente e buscou reprimir os movimentos separatistas e recuperar o controle colonial.

A Inglaterra, aliada da Espanha no **Congresso de Viena**, diminuiu seu apoio às atividades pró-independência. Todavia, a partir de 1817, interessada em ampliar o mercado para os seus produtos industrializados, restabeleceu e reforçou seu apoio aos *criollos* americanos. Pouco depois, os Estados Unidos também apoiaram os rebeldes na luta contra a dominação espanhola.

Esse apoio estrangeiro permitiu às elites *criollas* consolidar a independência e, ao mesmo tempo, combater as agitações populares mais radicais, mantendo o controle do processo.

Retábulo da independência mexicana (1960-1961), afresco de Juan O'Gorman, que se encontra na Cidade do México.

2 A independência do México e da América Central

Logo após a deposição do monarca espanhol Fernando VII, autoridades metropolitanas e elites *criollas* do Vice-Reinado de Nova Espanha desbancaram os poucos *criollos* que defendiam a imediata independência.

Em 1810, entretanto, o padre *criollo* **Miguel Hidalgo y Costilla** liderou um movimento radical que pôs em risco o domínio das elites. Leitor de obras iluministas e membro do baixo clero, ele combatia os tributos cobrados dos indígenas, o tráfico de escravizados, a escravidão e os latifúndios.

Com grande apoio popular e das milícias indígenas, o padre converteu-se em um poderoso general das tropas rebeldes, que tomaram diversas cidades importantes da região, como Guadalajara. A reação das elites *criollas* e da metrópole espanhola foi intensa, dizimando o exército rebelde em poucos meses. Hidalgo foi preso e fuzilado, tornando-se conhecido como o "pai" e iniciador da independência mexicana.

O padre mestiço **José María Morelos y Pavón**, indicado por Hidalgo para chefiar as tropas na região sul da Nova Espanha, continuou a mobilizar camponeses indígenas e mestiços contra os ricos da região, fossem *criollos* ou espanhóis. Ele liderou o movimento até 1815, quando também foi preso e executado. Os rebeldes permaneceram na luta liderados por **Vicente Guerrero** e chegaram a realizar um congresso constituinte na cidade de Chilpancingo.

A independência só foi alcançada quando o coronel **Agustín de Iturbide**, que lutava ao lado da Espanha contra as forças emancipacionistas, converteu-se à causa da independência de Guerrero. Em 1821, na cidade de Iguala, ele estabeleceu um acordo com os rebeldes (o **Plano de Iguala**) que determinava a libertação da Nova Espanha e a constituição de uma monarquia independente do **México**.

Em 1822, Iturbide proclamou-se imperador do México, mas foi deposto no ano seguinte por um movimento republicano.

▶ **Emancipacionista:** partidário da independência, da libertação.

Juan O'Gorman/AUTVIS, Brasil, 2018.

Governos centro-americanos

Após conquistar a independência, em 1821, a Capitania Geral da Guatemala foi anexada ao Império Mexicano de Iturbide (com exceção do atual Panamá, que se uniu a Nova Granada). Em 1823, porém, voltou a se separar, formando a Federação das Províncias Unidas da América Central. Esta sobreviveu até 1838, quando se fragmentou em vários Estados republicanos.

As ilhas da Capitania Geral de Cuba (atuais Cuba, República Dominicana e Porto Rico) permaneceram sob o domínio colonial por mais algumas décadas.

Movimentos de independência da América espanhola: América Central (século XIX)

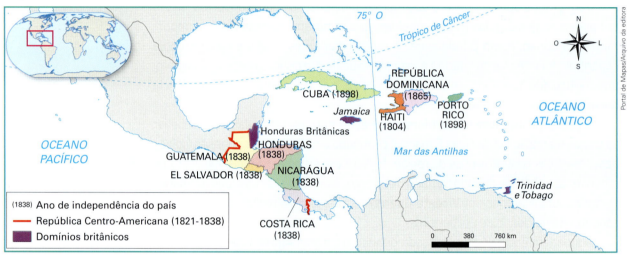

Fonte: Organizado pelos autores.

América Central (2018)

Fonte: elaborado com base em IBGE. *Atlas geográfico escolar*. Rio de Janeiro, 2009. p. 39.

3 As independências na América do Sul

Na América do Sul, os principais líderes da luta colonial contra a metrópole espanhola foram os *criollos* **Simón Bolívar** e **José de San Martín**. Assim como no México, os embates pela independência na América do Sul também envolveram lutas entre grupos opostos da elite *criolla*.

O primeiro país independente da América do Sul foi o **Paraguai**, que se separou do Vice-Reinado do Rio da Prata (e, depois, da Coroa espanhola) em 1811. O movimento foi comandado por Gaspar Rodrigues de Francia, representante dos pequenos e médios proprietários, contrários a revoluções sangrentas em seu território.

Em 1816, após sucessivas vitórias militares dos generais San Martín e Manuel Belgrano, foi proclamada a independência da **Argentina**, no Congresso de Tucumã.

Em 1818, 5 mil homens vindos do sul, dos quais 1 500 eram negros, sob o comando de San Martín libertaram o **Chile**, com a ajuda de outro militar *criollo*, Bernardo O'Higgins. Seguiram em direção ao Vice-Reinado do Peru, principal centro militar e administrativo da América hispânica. Ali enfrentaram a resistência das elites peruanas, que guardavam na memória a temida revolta de Túpac Amaru (reveja no capítulo 3) e receavam que mudanças na ordem política abrissem caminhos para novas rebeliões.

Enquanto isso, com apoio da Inglaterra e dos Estados Unidos, Simón Bolívar comandou a libertação da **Venezuela** (1817), da **Colômbia** (1819) e do **Equador** (1821), marchando em direção ao Peru, ao encontro das tropas de San Martín.

Em 1822, divergências políticas acabaram por afastar os dois "libertadores": San Martín estimulava o surgimento de novos países monárquicos, enquanto Bolívar desejava uma América espanhola independente, unida e republicana – projeto conhecido como **bolivarismo**. Após um encontro em Guayaquil (1822), San Martín decidiu afastar-se do comando e embarcou para a Europa, onde morreu alguns anos depois.

Bolívar consumou a independência do **Peru**, em 1824, com o apoio do general José Sucre, que, no ano seguinte, proclamou a independência da **Bolívia** em relação ao Peru.

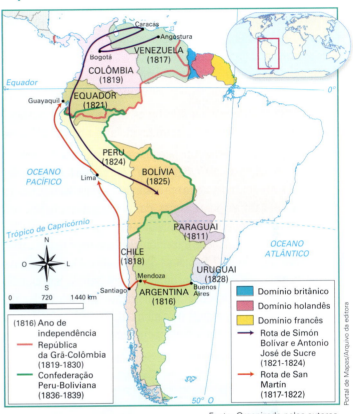

Movimentos de independência da América espanhola: América do Sul (século XIX)

Fonte: Organizado pelos autores.

De olho na tela

Libertador. Direção: Alberto Arvelo Mendoza. Venezuela/Espanha, 2014. Cinebiografia do líder militar e político venezuelano Simón Bolívar.

Minha biblioteca

O general em seu labirinto, de Gabriel García Márquez, Record, 2003. O autor reconstrói o passado da América Latina, visto segundo a lógica de seu libertador, Bolívar.

Simón Bolívar (1783-1830) em óleo sobre tela do século XIX.

As independências na América espanhola • CAPÍTULO 6 101

Saiba mais

As mulheres na guerra de libertação

Nos campos de luta, as mulheres, às vezes com filhos, acompanhavam os soldados – maridos, amantes ou irmãos. Como não havia abastecimento regular das tropas, cozinhavam, lavavam, costuravam, em troca de algum dinheiro. Essas mulheres aguentavam as duras caminhadas e as agruras das batalhas sem qualquer reconhecimento positivo. [...] Também participaram de batalhas como soldados. Uma delas foi Juana Azurduy de Padilla que nasceu em Chuquisaca (hoje Sucre), em 1780. Junto com o marido, homem de posses, dono de fazendas, liderou um grupo de guerrilheiros, participando de 23 ações armadas, algumas sob o seu comando. Ganhou fama por sua coragem e habilidade, chegando a obter a patente de tenente-coronel. Depois da morte do marido, Juana, que perdeu todos os seus bens, continuou participando da luta guerrilheira, ainda que com dificuldades crescentes. A seu lado, nos combates, havia um grupo de mulheres, chamadas "las amazonas".

Mulheres de famílias abastadas, demonstrando sua adesão à causa da independência, abriram seus salões para tertúlias em que se discutiam ideias e se propunham estratégias em favor do movimento.

Entre mensageiras, um exemplo extraordinário foi o de Policarpa Salavarrieta, conhecida como Pola, nascida em Guaduas, na atual Colômbia, em 1795, numa família de regular fortuna ligada à agricultura e ao comércio. Pola trabalhava como costureira em casas de famílias defensoras dos realistas e, como tal, colhia informações para serem enviadas às tropas guerrilheiras, das quais fazia parte seu noivo, Alejo Sabaraín. Ao ser preso, foi encontrada com ele uma lista de nomes de realistas e de patriotas que Pola lhe havia entregue. Assim, ela foi capturada, julgada e condenada à morte por um Conselho de Guerra. No dia 14 de novembro de 1817, Policarpa Salavarrieta e Alejo Sabaraín e outros oito homens foram fuzilados na Praça Maior de Santa Fé de Bogotá. Sua morte causou grande comoção, provocando fortes reações. Imediatamente após seu fuzilamento, ela foi retratada, num célebre quadro, esperando pelo momento final. Poemas e peças teatrais surgiram cantando sua lealdade à causa independentista e sua coragem diante do cadafalso.

▶ **Agrura:** dificuldade.
▶ **Tertúlia:** reunião de pessoas para discutir e conversar.
▶ **Cadafalso:** estrado ou tablado, colocado em local público, sobre o qual se executavam os condenados.

PRADO, Maria Lígia Coelho; PELLEGRINO, Gabriela. *História da América Latina*. São Paulo: Contexto, 2014. p. 38-39.

▷ *Policarpa Salavarrieta (1795-1817) indo para o suplício*, óleo sobre tela de autoria anônima, de 1825, que homenageia uma das muitas mulheres que participaram nas guerras de libertação na América hispânica. O texto sobre a pintura informa que Policarpa foi sacrificada por ordem da Espanha em uma praça, em 14 de novembro de 1817. "Que sua memória se eternize entre nós e sua fama se espalhe de polo a polo."

4 A América fragmentada

Em 1826, Bolívar liderou a realização do **Congresso do Panamá**, primeira grande manifestação do pan-americanismo. Compareceram os representantes da Colômbia, do Peru, do México, Províncias Unidas de Centro-América e a Grã-Bretanha, que mandou observadores. Para Bolívar, a ideia de unidade americana era restrita aos hispano-americanos.

Contudo, o ideal de uma **América hispânica unida** não se concretizou. Quando Bolívar morreu, em 1830, a América hispânica achava-se independente do domínio metropolitano, mas fragmentada em diversos Estados republicanos.

Para entendermos o fracasso do bolivarismo, é preciso levar em conta os interesses das diversas elites *criollas*. Como queriam preservar o domínio pessoal sobre as áreas que controlavam, elas apoiaram os **caudilhos**, chefes político-militares que exerceram governos ditatoriais em suas regiões.

Ao mesmo tempo, Estados Unidos e Inglaterra temiam a formação de países unidos e fortes na América Central e do Sul. Com o lema "dividir para reinar", estimularam as disputas entre os caudilhos e a fragmentação da América hispânica. Em 1828, por exemplo, a Inglaterra apoiou a independência do **Uruguai**, que havia sido incorporado ao Brasil em 1821 com o nome de Província Cisplatina.

A monarquia brasileira e seus grupos de sustentação também se opuseram aos ideais bolivaristas, temendo que as ideias antiescravistas chegassem ao Brasil. Afinal, os novos países hispano-americanos aboliram a escravidão e a cobrança de tributos dos indígenas.

As diferenças econômicas entre as diversas regiões e os interesses das elites locais dificultaram a união da América hispânica. Para regiões exportadoras (como a Venezuela, apoiada, principalmente, na monocultura de exportação) interessava um modelo econômico mais aberto; para outras, produtoras de manufaturados (como o Equador com suas fábricas de tecido), interessava um regime mais fechado às importações.

O rompimento do domínio colonial favoreceu as transações comerciais entre os centros de desenvolvimento capitalista e as nações recém-emancipadas. Estas, contudo, continuaram a desempenhar, predominantemente, o papel de fornecedoras de matérias-primas e consumidoras de artigos industrializados. As elites locais, defendendo os próprios interesses, aliaram-se às potências hegemônicas (primeiramente Inglaterra e, depois, Estados Unidos), ou foram por elas pressionadas, perdendo parte da soberania conquistada.

> **Pan-americanismo:** movimento a favor da aliança e cooperação entre os países americanos.
>
> **Cisplatina:** situada aquém do Rio da Prata (do ponto de vista das autoridades brasileiras).

De olho na tela

Artigas: La redota. Direção: César Charlone. Uruguai, 2013. Filme sobre a vida de José Artigas, personagem que comandou a guerra de independência do Uruguai.

Ocupação da Cidade do México pelo exército norte-americano. Gravura do século XIX, de autoria desconhecida. Nela é representada uma ofensiva dos Estados Unidos pela expansão de seu território, ocorrida entre 1846 e 1848.

INFOGRÁFICO

História e literatura nas independências hispano-americanas

Com as independências na América, os territórios que antes pertenciam à Espanha tornaram-se repúblicas independentes. Mas o que o México tinha de tão específico a ponto de se diferenciar da Guatemala? O que separava os argentinos dos paraguaios, ou a Colômbia do Equador? Que características eram próprias do Peru, mas não estavam presentes na Bolívia?

As recém-independentes nações hispano-americanas precisaram construir uma identidade, selecionando aspectos de seu povo e de sua cultura considerados mais marcantes, capazes de diferenciá-las tanto da Espanha quanto das nações vizinhas.

As produções literárias tiveram um papel muito importante nesse processo. Elas reforçaram as características das novas nações, formando uma identidade cultural e nacional entre os americanos, e, além disso, divulgaram propostas políticas que determinaram os rumos dos novos governos. Grande parte da literatura hispano-americana do século XIX tinha, sobretudo, teor patriótico.

Apesar das variações de estilo e de conteúdo, podemos dizer que, nas literaturas hispano-americanas da primeira metade do século XIX, predominou a narrativa romântica, inspirada no romantismo europeu.

Os temas que mais atraíam os leitores eram as histórias do passado colonial, a paisagem natural tipicamente americana e o convívio entre os diferentes tipos humanos que habitavam o continente. Procurava-se validar as recentes independências com base em um suposto passado heroico dos povos nativos e com relatos do convívio relativamente harmonioso nas sociedades tipicamente mestiças do continente. Comparavam-se as novas nações americanas com as velhas nações europeias: as primeiras eram simbolizadas pela beleza natural, harmonia social, pureza e valentia dos tipos humanos, e as segundas pela malícia e pelos maus vícios dos conquistadores e colonizadores.

Alguns dos principais autores hispano-americanos foram:

◁ Retrato de Simón Bolívar por Rafael Salas, 1825. Óleo sobre tela.

DEA/M. Seemuller/Getty Images/ Casa da Cultura Equatoriana, Quito, Equador.

- o venezuelano **Simón Bolívar** (1783-1830), líder revolucionário da independência, que publicou *Mi delirio sobre el Chimborazo*, em 1824;

Retrato de Andrés Bello, provavelmente do século XIX, de autoria desconhecida.

- o venezuelano **Andrés Bello** (1781-1865), um humanista que atuou como advogado, literato, educador e político, integrando a primeira missão diplomática do governo da Venezuela em Londres. Bello publicou muitos textos, como os poemas *Silva a la agricultura de la Zona Tórrida* e *Poema sobre América*; foi autor do Código Civil Chileno e um dos fundadores da Universidade do Chile, criada em 1841;

- o argentino **Domingo Faustino Sarmiento** (1811-1888), que foi presidente da Argentina entre 1868 e 1874 e escreveu obras literárias como *Facundo ou Civilização e barbárie*, de 1845, sobre a vida de Juan Facundo Quiroga. O texto é uma crítica aos caudilhos locais e um plano político para a reconstrução nacional, baseado principalmente na educação pública, na imigração europeia e no progresso técnico e econômico.

Foto de Domingo Faustino Sarmiento, de 1873.

TRABALHANDO COM DOCUMENTOS

Leia a seguir um pequeno trecho de uma carta escrita por Simón Bolívar, datada de 6 de setembro de 1815, quando se encontrava exilado em Kingston, na Jamaica, então dominada pela Grã-Bretanha. O documento ficou conhecido como Carta da Jamaica. Depois responda às questões propostas.

Os americanos, no sistema espanhol que está em vigor, [...] não ocupam outro lugar na sociedade que o de servos próprios para o trabalho, e, quando mais, o de simples consumidores; e ainda esta parte limitada com restrições chocantes: tais são as proibições do cultivo de produtos que também existem na Europa, o imposto das produções que o rei monopoliza, o impedimento das fábricas que a mesma Espanha também não possui, os privilégios exclusivos do comércio até dos objetos de primeira necessidade, as travas nas relações entre as províncias americanas, para que não façam tratos entre si, não se entendam e nem negociem; enfim, quer saber qual era o nosso destino? Os campos para cultivar o anil, o café, a cana, o cacau e o algodão, as pastagens solitárias para criar gados, os desertos para caçar bestas ferozes, as entranhas da terra para escavar o ouro que não pode saciar a essa nação avarenta.

> **Anil:** substância azul encontrada em certas plantas; as próprias plantas das quais se extrai esse corante, também chamadas índigo.

In: ZUBIRÍA, Ramón de. *Breviario del libertador*: un esquema documental básico. Medellín: Bedout, 1983. p. 95-96.

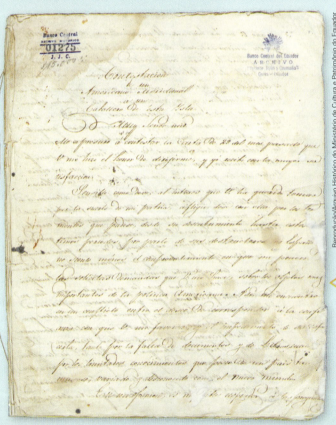

◁ Manuscrito "Resposta de um sul-americano a um cavalheiro desta ilha, do libertador Simón Bolívar para o senhor Henry Cullen". Chamado de "A Carta da Jamaica", este é um texto escrito por Bolívar em resposta a Henry Cullen, um cidadão britânico residente em Falmouth, local que fica no noroeste jamaicano.

1▸ Identifique o autor e a data da carta citada.

2▸ Neste trecho da carta, o autor sintetiza os motivos de descontentamento que estariam incentivando os americanos a lutarem contra a monarquia espanhola. Quais foram os motivos levantados por ele?

3▸ O autor parece colocar-se como porta-voz de todos os hispano-americanos.

   a) A que grupo social o autor da correspondência citada pertence?

   b) Com base no que você estudou, o autor da carta era realmente porta-voz dos interesses de todos os hispano-americanos?

Mapeando saberes

ATENÇÃO A ESTES ITENS

CONTEXTO SOCIAL E POLÍTICO
- Período das guerras napoleônicas: elites *criollas* da América espanhola enfrentavam o poder metropolitano em resistência a José Bonaparte, que tomou o trono espanhol no lugar de Fernando VII.
- Ingleses e estadunidenses viram nas independências uma oportunidade de aumentar sua área de influência política e econômica no continente americano.

Criollos
- Destituíram os *chapetones* e criaram juntas governativas autônomas, iniciando o processo de rompimento com a Espanha.
- Com o fim das guerras napoleônicas, receberam apoio dos Estados Unidos e da Inglaterra na luta contra a Espanha.

MÉXICO E AMÉRICA CENTRAL
- Conflitos internos entre *criollos*, *chapetones* e parte da população nativa ocasionaram muitas guerras civis.

México:
- Populares se levantaram contra a elite *criolla*, liderados pelos padres Hidalgo, Morelos e Guerrero.
- Elites coloniais lutaram para impedir que a emancipação fosse uma conquista popular.

América Central:
- Fragmentação em vários Estados republicanos.
- Algumas regiões continuaram sob domínio colonial, como Cuba.

AMÉRICA DO SUL
- Principais líderes da independência sul-americana: Simón Bolívar e José de San Martín, que defendiam projetos políticos opostos, embora tenham lutado juntos.
- Bolívar: desejava a criação de uma América hispânica unida, sob regime republicano.
- San Martín: propunha a formação de novas monarquias, espelhando-se no modelo político inglês.
- O pan-americanismo bolivarista foi intensamente combatido, pois contrariava os interesses das elites locais, dos britânicos e dos estadunidenses.
- Brasil: as ideias de Bolívar não foram aceitas pela elite escravista, monarquista e agroexportadora, pois o bolivarismo defendia não apenas a liberdade e a unidade política, mas também a soberania econômica da América.

POR QUÊ?

- Os interesses das diferentes elites *criollas* no processo de emancipação ajudam a entender por que a América espanhola se fragmentou em vários Estados republicanos, ao contrário da América portuguesa, que deu origem a um único Estado monárquico – o Império Brasileiro.

- As divergências entre os projetos emancipacionistas revelam pistas importantes para a compreensão da diversidade de interesses que compõem as atuações sociais e políticas na história americana, seja ela antiga ou recente.

- As ideias políticas predominantes nas lutas de independência da América espanhola também inspiraram lutas pela emancipação política do Brasil.

ATIVIDADES

Retome

1. Quais grupos da América espanhola se identificavam com os ideais da Revolução Francesa e quais se aproximavam mais do modelo de revolução de independência ocorrida nos Estados Unidos?

2. Complete o quadro abaixo com as informações estudadas neste capítulo.

País	Ano da independência	Principais líderes da independência e grupos que representavam
México		
Argentina		
Chile		
Venezuela		
Colômbia		
Equador		
Peru		

3. A independência da América espanhola pode ser considerada uma independência política e econômica? Justifique sua resposta.

4. Sobre o apoio dos ingleses e estadunidenses na independência das colônias hispano-americanas, responda:

    a) Quais eram os interesses de ingleses e estadunidenses na independência da América hispânica?

    b) Esses interesses eram conflitantes com os das elites *criollas*?

5. Compare os ideais de Bolívar com os de José de San Martín.

Analise um texto historiográfico e uma reportagem

6. No texto a seguir, a historiadora Maria Lígia Coelho Prado comenta a situação da população da América espanhola logo após as independências. No segundo texto, o autor analisa a condição dos indígenas entre o pós-independência e o final do século XX. Leia os textos e depois responda às perguntas.

Texto 1

[...] para aqueles que não dispunham de recursos, quer econômicos, quer culturais, os novos tempos não trouxeram benesses ou regalias. Reformas sociais de peso, terra, salários dignos, participação política, educação popular, cidadania, respeito cultural às diferenças, tudo isso iria ter de esperar. As ações de governos autoritários cobririam e deixariam suas marcas registradas na América Latina durante a maior parte do século XIX. Os "de baixo" teriam de se organizar, lutar, sofrer e morrer para alcançar seus objetivos. Não foram as lutas de independência que mudaram sua vida.

PRADO, Maria Lígia Coelho. Sonhos e desilusões nas independências hispano-americanas. *América Latina no século XIX*: tramas, telas e textos. São Paulo: Edusp/Bauru: Edusc, 1999. p. 73.

Texto 2

"A situação dos indígenas não melhorou depois das declarações de independência. Na era republicana, suas comunidades sofreram com as regulamentações de posse de terras, a exploração da mão de obra e a cobrança de impostos especiais", explica Juliana Ströbele-Gregor, pesquisadora do Instituto Latino-americano da Universidade Livre de Berlim.

"Depois da independência, intensificou-se a escravidão por endividamento [...]."

O "tributo índio", imposto cobrado exclusivamente dos habitantes originários do subcontinente, foi extinto após a ruptura das colônias com a Coroa espanhola. Os novos Estados, porém, restauraram a cobrança até meados do século 19, por perceberem que era uma das maiores fontes de renda para os cofres nacionais. Além da volta do "tributo índio", os governos também permitiram um crescimento considerável da expropriação das terras das comunidades indígenas.

"Quando a industrialização e o enfrentamento entre as burguesias agrária e comerciante tiveram início, novas superfícies foram urbanizadas, acarretando o confisco das terras dos índios", conta Kaltmeier. Segundo o especialista, só se falou de respeitar os direitos civis dos índios mais tarde. [...]

"Nos anos 1980, além de tratar do tema da propriedade de terras, passou a falar-se da necessidade do reconhecimento da população indígena, do seu direito a uma educação bilíngue e intercultural e da garantia de acesso aos serviços públicos de assistência à saúde. Na segunda metade dos anos 1990, tanto no Equador quanto na Bolívia, a meta passou a ser a convocação de assembleias constituintes com a participação de comunidades indígenas."

ROMERO-CASTILLO, Evan. *Indígenas ficaram de fora nos movimentos de independência na América Latina*. DW Brasil. Disponível em: <http://p.dw.com/p/M7iZ>. Acesso em: 19 jun. 2018.

a) Segundo o texto 1, quais eram os interesses dos grupos menos favorecidos que não foram atendidos pelas lutas de independência?

b) Qual foi o resultado das lutas de independência na vida desses grupos sociais, na visão de Maria Lígia?

c) De acordo com o texto 2, quais foram as consequências da independência para os povos indígenas da atual América Latina?

d) Ainda segundo a reportagem, quando países da América Latina começaram a se preocupar com os direitos dos indígenas?

e) Na sua opinião, qual foi a importância da participação das comunidades indígenas nas assembleias constituintes?

f) Retomando a foto da abertura do capítulo e de acordo com o que foi estudado até aqui, você acredita que os povos indígenas latino-americanos foram integrados às sociedades dos países em que vivem atualmente? Justifique.

Interprete o mapa

7. Observe o mapa a seguir e responda às questões.

Fonte: elaborado com base em FRANCO JR., Hilário; ANDRADE FILHO, Ruy de O. *Atlas História* Geral. São Paulo: Scipione, 2000. p. 52.

a) Após os movimentos de independência, os vice-reinados e as capitanias mostrados no mapa *Movimentos de independência da América espanhola: América Central (século XIX)*, da página 100, deram origem a quais países?

b) De acordo com o mapa acima, surgiram outros países após 1824? Indique quais são esses países e o ano em que se formaram.

Autoavaliação

1. Quais atividades você considerou mais fáceis e mais difíceis? Por quê?

2. Em quais atividades você utilizou o texto do capítulo como base para sua resposta?

3. Algum ponto do capítulo não ficou muito claro para você? Qual?

4. Você compreendeu o esquema *Mapeando saberes*? Explique.

5. Você saberia apontar exemplos da atualidade considerando o que aprendeu no item *Por quê?* do *Mapeando saberes*?

6. Como você avalia sua compreensão dos assuntos tratados neste capítulo?

   » **Excelente**: não tive nenhuma dificuldade.
   » **Boa**: tive algumas dificuldades, mas consegui resolvê-las.
   » **Regular**: foi difícil compreender certos conceitos e resolver as atividades.
   » **Ruim**: tive muitas dificuldades, tanto no conteúdo quanto na realização das atividades.

CAPÍTULO 7
A independência da América portuguesa

Embarque de D. João VI para o Brasil. Óleo sobre tela de autor desconhecido (s.d.).

Os processos de independência da América portuguesa e da América espanhola tiveram aspectos parecidos: ambos foram influenciados por descontentamentos coloniais, pelas guerras napoleônicas, pelos princípios iluministas e liberais e pela ascensão da Inglaterra como potência industrial.

Na América portuguesa, contudo, a transferência da família real para a colônia agregou ao processo algumas características particulares. A coroa portuguesa poderia ter buscado abrigo em qualquer uma das suas colônias africanas. No entanto, incentivada pela Inglaterra, decidiu se estabelecer na América portuguesa, em função do crescimento econômico da colônia e de sua posição estratégica, que também possibilitava aos comerciantes britânicos o acesso às colônias espanholas.

Neste capítulo, vamos explorar os desdobramentos da vinda da família real lusa para a América portuguesa, transformada no eixo do Império de Portugal.

▶ Para começar

Observe a imagem, leia a legenda e responda às questões.

1. A imagem representa um episódio ocorrido em Portugal no início do século XIX. A que acontecimento ela faz referência?

2. Em sua opinião, a vinda da família real para a América portuguesa provocou mudanças na sociedade colonial? Que mudanças seriam essas?

1 A família real na América portuguesa

A mudança da família real portuguesa para o Brasil, em 1808, ocorreu em um momento muito conturbado. Após a morte de dom Pedro III, Maria I assumiu o trono, mas em seguida foi declarada incapaz de governar, e seu filho, dom João, assumiu a direção dos negócios do reino.

O esquema abaixo apresenta mais informações sobre a sucessão do trono português.

LINHA DO TEMPO

Dom Pedro III, rei consorte de Portugal, entre 1777 e 1786. Retrato do século XVIII, de autoria desconhecida.

Maria I, rainha de Portugal entre 1777 e 1792. Retrato feito por Thomas Hickey entre o final do século XVIII e o início do século XIX.

Carlota Joaquina. De origem espanhola, casou-se ainda criança com o infante dom João, de Portugal, futuro dom João VI. Tornou-se princesa consorte regente de Portugal em 1792. Retrato de autoria desconhecida, do final do século XVIII.

Dom João VI assumiu o governo de Portugal em 1792. Em 1799, constatada a incapacidade de Maria I para governar, tornou-se formalmente príncipe regente de Portugal. Entre 1816 e 1822, comandou o Reino Unido de Portugal, Brasil e Algarves com o título de dom João VI. Tela de José Luís Carvalho, do século XVIII.

▶ **Consorte:** marido da rainha ou esposa do rei.

1807 — Invasão de Portugal por Napoleão

1808 — Chegada da família real à América portuguesa. Abertura dos portos

1810 — Tratado de Comércio e Navegação e Tratado de Aliança e Amizade

1815 — Congresso de Viena

1817 — Revolução Pernambucana

1820 — Revolução Liberal do Porto

1821 —

Brasil sede do império português

Regência de dom Pedro I

7 setembro 1822 — Proclamação da Independência

Brasil independente

Infante dom Miguel. Rei de Portugal entre 1828 e 1834. Retrato de Johann Ender, de 1828.

Dom Pedro I, imperador do Brasil entre 1822 e 1831. Retrato de Simplício Rodrigues de Sá, c. 1830.

Dona Leopoldina, imperatriz do Brasil de 1822 a 1826. Retrato de Joseph Kreutzinger, de 1815.

Linha do tempo esquemática. O espaço entre as datas não é proporcional ao intervalo de tempo.

A independência da América portuguesa • **CAPÍTULO 7**

Uma nova sede para a monarquia portuguesa

Depois de mais de 50 dias de viagem, parte das embarcações portuguesas aportou em Salvador em 22 de janeiro de 1808, seguindo para o Rio de Janeiro algum tempo depois.

Ainda em Salvador, o príncipe regente de Portugal, dom João, decretou a **abertura dos portos** às nações amigas, permitindo o comércio entre a América portuguesa e outros países, até então proibido pelo domínio metropolitano sobre a colônia. Tal medida atendia aos interesses da burguesia industrial inglesa (principal "nação amiga" de Portugal) e das elites agrária e mercantil da colônia.

▶ **Príncipe regente:** aquele que governa formalmente um reino em caráter temporário, devido à ausência ou ao impedimento do rei ou da rainha.

Em 1810, já no Rio de Janeiro, dom João assinou uma série de acordos com a Inglaterra, entre eles o Tratado de Comércio e Navegação e o Tratado de Aliança e Amizade. O Tratado de Comércio e Navegação concedia privilégios alfandegários à Inglaterra, que pagaria 15% de tarifa sobre os produtos vendidos na América portuguesa e em outras regiões do império português,

Charge satirizando o Tratado de Comércio e Navegação, assinado por dom João em 1810.

enquanto os próprios artigos portugueses pagariam 16%, e os demais países, 24%. A medida causou insatisfação entre os comerciantes e produtores portugueses da colônia. Já o Tratado de Aliança e Amizade concedia privilégios aos cidadãos ingleses dentro dos domínios portugueses. Todos poderiam praticar a religião protestante no território colonial, o que até então era proibido, e os que cometessem algum crime, por exemplo, seriam julgados por leis e juízes ingleses.

Rio de Janeiro, capital do Império

A chegada da corte portuguesa provocou uma enorme mudança no cotidiano da cidade do Rio de Janeiro. No ano de 1808, atracaram no porto 855 navios. Desse total, 90 navios eram estrangeiros e cerca de 50 provenientes da Inglaterra. Eles traziam todo tipo de mercadoria: tecidos, louças, ferragens, pentes, livros, perfumes, entre outros. Desembarcaram também vendedores, marinheiros, artistas, diplomatas, entre outras pessoas que traziam novos costumes, interesses e necessidades.

Nesse período, a cidade possuía cerca de 50 mil ou 60 mil habitantes. Mais de um terço do total de habitantes era composto de africanos escravizados e libertos. O crescimento desordenado da cidade, que viu sua população aumentar cerca de 20% em um único ano, levou dom João a permitir a instalação de manufaturas na colônia, proibidas desde 1785. A medida, entretanto, pouco favoreceu a economia local, pois não era possível concorrer com os produtos ingleses, oferecidos a preços baixos e em grande quantidade.

▶ **De olho na tela**

Brasil 500 anos: o Brasil-Império na TV. Direção: Fátima Accetti/Cynthia Falcão. Brasil, 2001. Nessa série, bonecos contam como se sucederam alguns dos principais fatos históricos do Brasil durante o século XIX, desde a chegada da corte portuguesa até a proclamação da República.

Carlota Joaquina. Direção: Carla Camurati. Brasil, 1994. Sátira sobre a família real no Brasil, destacando a atuação de dom João VI e de sua esposa, Carlota Joaquina.

A cidade que a corte portuguesa encontrou

Para os padrões urbanos dos europeus, o Rio de Janeiro não possuía riquezas nem atrativos arquitetônicos. Relatos da época destacam que a cidade ficava espremida entre pântanos e morros e que suas ruas, construídas sem nenhum planejamento, eram escuras e malcheirosas. Não existiam fossas nem esgotos.

As melhores casas, localizadas no centro da cidade, foram requisitadas para que nelas fossem instalados os membros da corte. Em geral, eram sobrados de dois ou mais andares, cujo térreo servia de loja ou habitação para os escravizados, e o andar superior, de moradia para a família. As casas mais humildes tinham um só pavimento, chão de terra e paredes de pau a pique. Mesmo assim, possuíam ao menos um escravizado. Tanto as habitações mais simples como as melhores eram identificadas pelos nomes dos moradores, já que não existia numeração.

Nessa época, uma grande variedade de mercadorias costumava ser vendida de porta em porta: quitutes, verduras, frutas e papel de cheiro. Se as mulheres fossem escravizadas, seus ganhos eram dados às suas senhoras; se fossem alforriadas, a venda era uma forma de obterem algum sustento. Observe as portas e janelas que aparecem nas imagens abaixo. Elas eram feitas de gelosia, trama de madeira que impedia a passagem excessiva de luz e reduzia a visibilidade para os que passavam pelas ruas. Tal recurso era muito usado nas residências em ruas movimentadas.

▶ **Pau a pique:** técnica de construção que usa trama feita com madeira ou bambu entrelaçado e barro.

▶ **Papel de cheiro:** pequeno embrulho contendo folhas, cascas e raízes aromáticas para perfumar roupas guardadas em armários, baús e gavetas.

▷ Mulheres vendem seus produtos de porta em porta. Gravura publicada no livro *Viagem pitoresca e histórica ao Brasil*, de 1839, de Jean-Baptiste Debret, pintor francês que viveu no Brasil entre 1816 e 1831 e que representou em suas telas alguns costumes e paisagens da cidade do Rio de Janeiro.

◁ Escravizados, provavelmente alugados pelos seus senhores ao poder público fazem o calçamento de uma rua. Gravura publicada no livro *Viagem pitoresca e histórica ao Brasil*, de 1839, de Debret.

A independência da América portuguesa • **CAPÍTULO 7** 113

VIVENDO NO TEMPO de dom João

Em 1808, dom João transformou o Rio de Janeiro – capital da colônia desde 1763 – na capital de todo o Império Luso. Isso gerou uma série de mudanças na cidade e na vida cotidiana de seus habitantes.

O monarca instituiu órgãos públicos, como ministérios e tribunais, e fundou a Casa da Moeda e o Banco do Brasil. A reestruturação urbana e administrativa da colônia visava criar um amplo e poderoso aparelho burocrático que empregava as elites portuguesas (aristocracia, comerciantes, oficiais) e atraía as elites coloniais (latifundiários e grandes negociantes), interessadas na vida política da Corte.

Para reproduzir o ambiente cultural da metrópole na cidade, dom João ordenou a construção do Jardim Botânico, do Teatro Real, da Imprensa Real, da Academia Real Militar, da Academia Real de Belas-Artes, da Biblioteca Real (atualmente, Biblioteca Nacional), além das escolas de Medicina da Bahia e do Rio de Janeiro.

Além disso, incentivou a vinda de artistas e pesquisadores para o Brasil. Em 1816, chegou ao Rio um grupo de artistas que registrou a cultura colonial e também exerceu grande influência sobre ela. Faziam parte da chamada **Missão Artística Francesa** os pintores Jean-Baptiste Debret e Nicolas Antoine Taunay e os escultores Auguste Marie Taunay, Marc e Zéphirin Ferrez.

A cidade se expandiu e ganhou melhorias em seus espaços públicos, como chafarizes para o abastecimento de água e iluminação. Novos bairros foram criados para a construção de residências amplas e com jardins, ao estilo europeu.

Novos comportamentos ganharam importância no Rio de Janeiro, especialmente entre as elites, que modificaram seu vestuário e adotaram regras de etiqueta típicas de cortes europeias. As mudanças e a proximidade com o poder fizeram do Rio de Janeiro uma cidade cada vez mais cosmopolita.

> **Cosmopolita:** aberta a influências culturais dos grandes centros urbanos de outros países.

Entretanto, o trabalho escravizado, como vimos, permanecia. Os escravizados realizavam tarefas dentro das casas dos senhores e também nas ruas, vendendo as mais diversas mercadorias.

Rua do Piolho (atual rua da Carioca), no Rio de Janeiro, c. 1817, em aquarela de Thomas Ender.

Questões

De acordo com o texto, o Rio de Janeiro passou por muitas transformações durante o período em que a Corte portuguesa se instalou no Brasil.

1. Por que dom João realizou todas essas modificações na cidade? Elas beneficiavam toda a população do Rio de Janeiro? Justifique.
2. Como você acha que as pessoas reagiram a essas novidades?
3. Na sua opinião, por que a elite do Rio de Janeiro adotou um estilo de vida mais parecido com o das cortes europeias?
4. Atualmente, você sabe dizer quais foram as últimas obras públicas realizadas na sua cidade ou no seu bairro? Elas trouxeram algum benefício para a população? Qual(is)?
5. O que ainda falta ser melhorado? Cite alguns exemplos.

As guerras de dom João

Após instalar o governo no Rio de Janeiro, dom João decretou guerra à França e determinou a invasão da Guiana Francesa, que foi ocupada e só seria devolvida em 1817, em meio aos desdobramentos do Congresso de Viena.

Outra área de conflito militar foi a Banda Oriental do Rio da Prata, onde atualmente se encontra o Uruguai. Dom João planejava incorporar essa região ao Brasil seguindo os interesses de dona Carlota Joaquina, sua esposa e irmã de Fernando VII (rei espanhol deposto pelas tropas napoleônicas). Em 1821, a região foi incorporada ao Brasil como Província Cisplatina.

Em 1808, por meio de uma carta régia, dom João decretou a "guerra justa" contra os botocudos. Essa declaração de guerra foi estendida posteriormente a outros grupos indígenas. A medida favoreceu as investidas contra diversos desses povos, ampliando a violência da colonização e estimulando a tomada de terras dos nativos e a escravização dos derrotados.

Saiba mais

A Revolução Pernambucana de 1817

Insatisfeitas com as decisões tomadas no Rio de Janeiro, que em quase nada se diferenciavam das medidas impostas quando a sede do poder ficava em Portugal, as elites pernambucanas retomaram os ideais separatistas do período colonial, dando início a uma rebelião.

De um lado, grandes senhores rurais desejavam instalar um Estado independente e autogovernado, sem o controle centralizado dos portugueses sediados no Rio de Janeiro. De outro, indivíduos livres, pobres e não proprietários queriam pôr fim aos altos preços dos produtos, resultado dos monopólios comerciais portugueses nos portos nordestinos.

Dezenas de populares organizaram-se para libertar-se do domínio português e instalar o regime republicano no Recife. Entre os revoltosos, destacaram-se o comerciante Domingos José Martins e o padre João Ribeiro. Eles derrubaram o governador e fundaram um novo governo, decretando a extinção de impostos, a liberdade de imprensa e de religião e a igualdade entre os cidadãos. Devido à pressão de alguns proprietários, a escravidão foi mantida, embora a ala mais radical dos revoltosos exigisse sua extinção.

Mesmo com a adesão de Alagoas, Paraíba e Rio Grande do Norte, os revolucionários pernambucanos acabaram cercados e derrotados pelas tropas reais. Os líderes do movimento foram presos e executados. As elites locais, temerosas da atuação popular, aceitaram o domínio da Corte do Rio de Janeiro.

A Revolução ou Insurreição Pernambucana de 1817 teve a participação de grupos sociais com diferentes objetivos. Na imagem, *Bênção da bandeira de Pernambuco na Revolução de 1817*, pintura de Antônio Parreiras, do início do século XIX.

TRABALHANDO COM DOCUMENTOS

Texto 1

[...] os cabras, mulatos e crioulos andavam tão atrevidos que diziam que éramos todos iguais e não haviam de casar senão com brancas das melhores. Os boticários, cirurgiões e sangradores davam-se ares de importância e até os barbeiros recusavam-se a fazer a barba das pessoas, alegando que estavam "ocupados no serviço da pátria".

FAUSTO, Boris. *História do Brasil*. São Paulo: Edusp, 1994. p. 128.

Pátio do Terço, no Recife, Pernambuco, no início do século XIX. Autoria desconhecida.

Texto 2

[...] há sítios lindíssimos muito perto da cidade e onde moram muitas pessoas da sociedade, e por exemplo o que chama de baía de Botafogo é, sem exagero, comparável aos mais belos sítios da Itália ou da Suíça. Falta gente branca, luxo, boas estradas, enfim faltam muitas coisas que o tempo dará, mas não falta, como em Lisboa e seus arredores, água e verduras, pois mesmo nesta estação, a pior, temos tudo aqui tão verde como na Inglaterra.

NORTON, Luiz. *A corte de Portugal no Brasil*. 2. ed. Lisboa: Empr. Nacional de Publicidade, [s.d.]. p. 83.

1. O texto 1 é um trecho de uma carta escrita no Recife, em 1817, em que se comentam as atitudes de algumas pessoas no período em que ocorria a Revolução Pernambucana. Leia-o com atenção e responda às questões.

   a) Em sua opinião, a que grupo social pertence o autor da carta? Justifique sua resposta.

   b) A que grupos sociais você acha que pertencem os "cabras, mulatos e crioulos" citados na carta?

   c) Qual é o sentimento expresso pelo autor da carta?

2. O texto 2 é uma passagem de uma carta do conde de Palmela, escrita à sua esposa em 1821. Leia-a com atenção e responda às questões propostas.

   a) De que forma você definiria o ânimo do autor da carta em relação à cidade do Rio de Janeiro? Quais são os aspectos positivos que ele destaca?

   b) Pelo que já estudamos sobre a cidade, as condições de vida da população eram bastante precárias e, por toda parte, a escravidão se impunha. Na sua opinião, por que o autor da carta não se incomoda com esses aspectos?

2 A volta de dom João VI a Portugal

Com a derrota final de Napoleão, em 1815, não havia mais justificativa para a permanência da corte portuguesa no Brasil. Entretanto, dom João e seus súditos portugueses não demonstravam interesse em deixar a cidade do Rio de Janeiro.

Assim, em 1815, dom João elevou a colônia à categoria de Reino Unido a Portugal e Algarves (o Reino Unido de Portugal, Brasil e Algarves). Essa medida garantiu a legalidade da permanência do rei no território americano, segundo o Congresso de Viena. Contudo, provocou enorme insatisfação dos súditos portugueses, que se sentiam ameaçados por serem igualados aos ex-colonos.

Na ausência do monarca, Portugal era governado pelo comandante militar inglês Lord Beresford, que não conseguiu contornar as dificuldades do reino. Em 1820, a insatisfação dos portugueses provocou uma **Revolução Liberal** na cidade do Porto.

Após derrubarem o governo, os revoltosos instalaram uma junta governativa e convocaram as **Cortes Gerais Extraordinárias**, cuja tarefa era elaborar uma Constituição para Portugal. O movimento defendia a supremacia das cortes sobre a realeza, exigia o retorno de dom João VI a Portugal e o restabelecimento do controle administrativo sobre o território brasileiro. As cortes foram compostas de deputados representantes de todo o Império Português (africanos, asiáticos, americanos), prevalecendo, porém, os deputados de Portugal. Foram eleitos 67 deputados para representar o Brasil, mas apenas 46 seguiram para Portugal.

Para garantir sua coroa, o rei voltou a Portugal em 1821, deixando seu filho dom Pedro como príncipe regente do Brasil. Alguns cronistas da época afirmam que dom João VI, antes de partir, teria dito ao filho: "Pedro, se o Brasil se separar, antes seja para ti, que me hás de respeitar, do que para algum desses aventureiros".

A tentativa portuguesa de restabelecer a supremacia política e comercial sobre o Brasil provocou a insatisfação dos deputados brasileiros, acelerando o processo de independência política do país.

O retorno da família real a Portugal levou dom Pedro a assumir a posição de príncipe regente do Brasil. Na imagem, *Partida da Corte para Portugal*, pintura de 1821, de Jean-Baptiste Debret.

Reprodução/Fundação Biblioteca Nacional, Rio de Janeiro, RJ.

3 A regência de dom Pedro (1821-1822)

Sentindo-se ameaçadas, as elites do Brasil formaram o **Partido Brasileiro** e procuraram o apoio do regente para lutar contra as medidas das cortes em Portugal. Apesar do nome, a organização não possuía as características de um partido político moderno – era um agrupamento de pessoas que lutavam em defesa de interesses comuns. Seus principais líderes, membros da aristocracia agrária, foram **Gonçalves Ledo**, **Januário da Cunha Barbosa** e **José Bonifácio de Andrada e Silva**.

Temendo que dom Pedro regressasse para Portugal – fato que enfraqueceria a autonomia administrativa do Brasil –, os brasileiros recolheram aproximadamente 8 mil assinaturas, pedindo-lhe que permanecesse no país. Ao receber o abaixo-assinado, no dia 9 de janeiro de 1822, dom Pedro teria afirmado: "Como é para o bem de todos e felicidade geral da nação, estou pronto: diga ao povo que fico". O Dia do Fico, como ficou conhecido, foi decisivo para a emancipação brasileira que viria a seguir.

As tropas portuguesas, contrárias à decisão de dom Pedro, foram forçadas a abandonar o Rio de Janeiro. Pouco depois, os ministros, todos portugueses, demitiram-se. Dom Pedro organizou um novo gabinete, formado só por brasileiros e chefiado por José Bonifácio, um dos mais ativos defensores da independência.

Em junho do mesmo ano, dom Pedro convocou uma **Assembleia Constituinte**, acentuando os conflitos de interesses entre a Corte portuguesa e o governo regencial.

José Bonifácio de Andrada e Silva, pintura de Benedito Calixto, 1902.

▶ **Gabinete:** conjunto dos ministros de um governo, ministério.

▶ *Aclamação de dom Pedro como imperador do Brasil no Campo de Sant'Ana, no Rio de Janeiro.* Litografia aquarelada de Jean-Baptiste Debret de aproximadamente 1822.

A proclamação da independência

Em agosto de 1822, ordens de Lisboa exigiam que o regente retornasse a Portugal e que suas decisões fossem anuladas. Diante da gravidade de tais notícias, José Bonifácio enviou um oficial ao encontro de dom Pedro, que estava viajando. O príncipe regente foi encontrado na tarde do dia 7 de setembro, voltando de Santos, às margens do riacho Ipiranga, no planalto de São Paulo. Ao ler as notícias, dom Pedro proclamou a independência política do Brasil em relação a Portugal.

Em 12 de outubro de 1822, dom Pedro foi coroado imperador do Brasil, com o título de dom Pedro I. Teve, contudo, de enfrentar focos de resistência portuguesa, particularmente no Nordeste, assunto que veremos no capítulo 11.

Contando com a aprovação e a participação da elite agrária e de burocratas, a independência do Brasil não promoveu mudanças mais profundas na economia nem na sociedade brasileira.

A escravidão, base da produção agrícola voltada para a exportação, foi mantida. Permaneceram também os privilégios dos ingleses e seu predomínio econômico sobre o Brasil, que continuou a importar manufaturas e a obter empréstimos da Inglaterra.

Assim, embora tenha obtido sua independência política, o Brasil manteve sua dependência econômica – agora, da Inglaterra.

No Brasil, ao contrário do que aconteceu na América espanhola, não ocorreu a fragmentação do território da ex-colônia. O apoio da aristocracia à monarquia contribuiu para assegurar a unidade territorial do novo país.

Minha biblioteca

A independência do Brasil (1808-1828), de Márcia Berbel, Editora Saraiva, 2011. O livro apresenta uma interpretação sobre o processo de independência do Brasil com linguagem fácil e acessível.

A Proclamação da Independência, óleo sobre tela de François-René Moreaux, 1844.

Mapeando saberes

ATENÇÃO A ESTES ITENS

VINDA DA FAMÍLIA REAL (1808)
- Motivada pela invasão de Portugal pelas tropas de Napoleão.
- Contou com o auxílio da Inglaterra, interessada na ampliação de sua influência política e econômica na América do Sul.

RIO DE JANEIRO
- Tornou-se capital do Império Português.
- Passou por transformações urbanas e administrativas.
- Criação da Academia de Belas-Artes, da Academia Real Militar, do Jardim Botânico e do Teatro Real.

DOM JOÃO, PRÍNCIPE REGENTE DE PORTUGAL
- Atendeu aos interesses ingleses abrindo os portos e assinando os Tratados de 1810, que privilegiavam os produtos britânicos no mercado brasileiro.
- Possibilitou a introdução de manufaturas e da imprensa no Brasil, até então proibidas pela metrópole.
- Criou a Casa da Moeda e o Banco do Brasil.

REVOLUÇÃO LIBERAL DO PORTO (1820)
- Provocada pela insatisfação dos portugueses com o governo britânico ali instalado, pela permanência de dom João VI no Brasil e pela elevação da ex-colônia à condição de Reino Unido a Portugal e Algarves.
- Revoltosos convocaram as Cortes Gerais Extraordinárias para elaborar uma nova Constituição para Portugal.

RETORNO DE DOM JOÃO VI A PORTUGAL (1821)
- Atendeu ao interesse da classe mercantil metropolitana portuguesa, que desejava o restabelecimento da supremacia política e comercial sobre o Brasil.
- Desencadeou a formação do "Partido Brasileiro", que ganhou adesão de dom Pedro ao projeto de independência.

INDEPENDÊNCIA DO BRASIL (1822)
- Manteve a subordinação econômica, mas agora em relação à Inglaterra.
- Conservou e ampliou velhas instituições, como a escravidão e a economia agroexportadora.

POR QUÊ?

- O Período Joanino marcou a transição da situação de colônia para a de Estado soberano na história do Brasil. Nesse contexto, as limitações impostas pela Inglaterra, principalmente no comércio e no desenvolvimento industrial, explicam as condições de dependência que caracterizariam o novo país.

- O estudo da emancipação política do país permite compreender a especificidade do Brasil no conjunto americano e as razões pelas quais foi possível preservar a unidade do vasto território, bem como algumas instituições criadas na antiga colônia portuguesa, como a escravidão e o latifúndio monocultor-escravista.

ATIVIDADES

Retome

1. Explique a relação existente entre o Bloqueio Continental e a vinda da família real portuguesa para o Brasil.
2. Apesar de dom João permitir a instalação de indústrias no Brasil a partir de 1808, elas não se desenvolveram. Identifique por que isso ocorreu.
3. Cite as causas e os objetivos da Revolução Pernambucana de 1817.
4. Compare as lutas de independência na América espanhola e na América portuguesa.
5. A independência do Brasil beneficiou igualmente todas as camadas da sociedade brasileira? Explique.
6. Observe atentamente a charge abaixo, reflita sobre a resposta que a mãe deu ao menino e responda às questões.

Charge de Miguel Paiva, 1982.

Fonte: Acervo do cartunista.

a) Em 1822, o Brasil conquistou a independência política de Portugal, mas outras formas de dependência foram mantidas. De que maneira isso se deu?
b) Explique a ironia da charge.

Autoavaliação

1. Quais atividades você considerou mais fáceis e mais difíceis? Por quê?
2. Em quais atividades você utilizou o texto do capítulo como base para sua resposta?
3. Algum ponto do capítulo não ficou muito claro para você? Qual?
4. Você compreendeu o esquema *Mapeando saberes*? Explique.
5. Você saberia apontar exemplos da atualidade considerando o que aprendeu no item *Por quê?* do *Mapeando saberes*?
6. Como você avalia sua compreensão dos assuntos tratados neste capítulo?
   - **Excelente**: não tive nenhuma dificuldade.
   - **Boa**: tive algumas dificuldades, mas consegui resolvê-las.
   - **Regular**: foi difícil compreender certos conceitos e resolver as atividades.
   - **Ruim**: tive muitas dificuldades, tanto no conteúdo quanto na realização das atividades.

LENDO IMAGEM

Em 1783, pouco tempo antes de a família real portuguesa chegar ao Brasil, foi inaugurado o primeiro parque de lazer do Rio de Janeiro, o Passeio Público. Ele foi o primeiro projeto de urbanização da cidade, concebido e construído nos moldes europeus por Mestre Valentim da Fonseca e Silva. Essa construção envolveu grandes transformações na paisagem, como o aterro da lagoa do Boqueirão da Ajuda e o desmonte do morro das Mangueiras.

O parque servia na época apenas à aristocracia e à pequena elite mercantil. Na imagem a seguir, vemos a representação de uma parte do Passeio Público.

Terreno nivelado de ruas retas, seguindo o traçado geométrico do parque.

Duas torres marcavam a extremidade de um terraço (belvedere) de onde se tinha uma bela vista da Baía de Guanabara.

Esculturas em forma de pirâmide, de mármore branco (a segunda não aparece na imagem), foram as últimas peças feitas para o Passeio Público pelo Mestre Valentim, em 1806.

Homens e mulheres em trajes típicos da moda europeia do século XIX. O tipo de vestimenta indica que o parque era frequentado pelas elites da época.

Reprodução/Fundação Biblioteca Nacional, Rio de Janeiro, RJ.

Passeio Público, litografia de Alfred Martinet, de 1847. O Passeio Público contava com cerca de 33 mil m² de área. Em seu traçado geométrico (acima) predominavam ruas retas, pelas quais se podia caminhar, entre diversas espécies de árvores, desde os grandes portões de entrada até o terraço à beira-mar. O parque era um ponto de encontro e de lazer para a elite, onde também se realizavam grandes festas, contando à noite com iluminação artificial de lampiões de óleo de peixe.

Em 2004, a prefeitura do Rio de Janeiro realizou uma grande reforma no Passeio Público, que durou oito meses. Na fotografia a seguir, vemos uma parte do parque atualmente.

Área do Passeio Público do Rio de Janeiro após a reforma de 2004. No centro, entre as pirâmides, observa-se o chafariz construído no século XVIII. Devido à abertura da avenida Beira-Mar, o espaço perdeu o terraço (belvedere) que tinha vista para o mar. Foto de 2017.

Identifique o vestígio

1▸ Descreva a fotografia.

2▸ Quais elementos presentes na fotografia são do final do século XVIII e início do século XIX?

3▸ Quais elementos presentes na fotografia são mais recentes?

Analise a fotografia

4▸ Pela foto, qual é o atual estado de conservação do Passeio Público?

Compare diferentes contextos

5▸ Considerando o tempo que passou e as mudanças ocorridas na cidade do Rio de Janeiro, como você analisa a função do parque para a sociedade atual?

6▸ Observe os parques, os monumentos e os espaços públicos da sua cidade.

   a) Quais você destacaria?

   b) Que diferenças você identifica entre eles e a arquitetura do Passeio Público no Rio de Janeiro?

   c) Como se encontra a preservação atual desses espaços ou monumentos?

   d) Qual é a importância de preservarmos o patrimônio público?

LENDO IMAGEM 123

PROJETO 1º SEMESTRE Conclusão

Pesquisa
Mundo político: a crise do Antigo Regime e a política contemporânea

Execução

Com o objetivo de aprofundar a discussão sobre cidadania, leia o texto a seguir.

> Tornou-se costume desdobrar a cidadania em direitos civis, políticos e sociais. O cidadão pleno seria aquele que fosse titular dos três direitos. [...] Direitos civis são os direitos fundamentais à vida, à liberdade, à propriedade, à igualdade perante a lei. Eles se desdobram na garantia de ir e vir, de escolher trabalho, de manifestar pensamento, de organizar-se, de ter respeitada a inviolabilidade do lar e da correspondência, de não ser preso a não ser por autoridade competente e de acordo com as leis, de não ser condenado sem processo legal regular. São direitos cuja garantia se baseia na existência de uma justiça independente, eficiente, barata e acessível a todos. [...]
>
> É possível haver direitos civis sem direitos políticos. Estes se referem à participação do cidadão no governo da sociedade. Seu exercício é limitado a parcela da população e consiste na capacidade de fazer demonstrações políticas, de organizar partidos, de votar, de ser votado. Em geral, quando se fala de direitos políticos, é do direito do voto que se está falando.
>
> CARVALHO, José Murilo de. *Cidadania no Brasil*: o longo caminho. 9. ed. Rio de Janeiro: Civilização Brasileira, 2007. p. 9.

No Brasil, as mulheres só conquistaram o direito ao voto em 1932, com a aprovação do Código Eleitoral. Na imagem, mulher deposita seu voto na urna, nas eleições de 1934.

Após realizar a pesquisa sobre as transformações propiciadas pela Era das Revoluções referentes aos direitos civis e políticos, que, conceitualmente, correspondem ao que está no texto escrito por José Murilo de Carvalho, vocês deverão apresentar as conclusões de suas pesquisas para a comunidade escolar. Para isso, sugerimos as seguintes etapas:

1. Primeiro, apresentem para a turma as conclusões das pesquisas, retomando as quatro questões apresentadas no início do projeto e debatendo os resultados com os colegas.

2. Analisem com os demais grupos os aspectos comuns e aqueles nos quais houve discordâncias entre os grupos. Procurem dialogar e encontrar uma solução para as possíveis diferenças.

3. Montem murais pela escola para promover a conscientização das pessoas sobre a importância dos direitos civis e políticos conquistados ao longo daquele período histórico.

4. Nos murais, destaquem a questão da garantia dos direitos civis e políticos nos dias atuais, a sua importância para assegurar a cidadania e para a manutenção da democracia. É importante que toda a comunidade escolar tome consciência dessas questões. Incentivem os colegas de outras classes a observarem os murais e debaterem o assunto.

5. Apresentem, se possível, os resultados das pesquisas em um evento aberto da escola, como uma Feira Cultural, para que pais, familiares e amigos possam conhecer os resultados do trabalho desenvolvido por vocês. Essa possibilidade amplia o grupo de pessoas impactado pelo projeto, tornando-o mais significativo para a comunidade escolar.

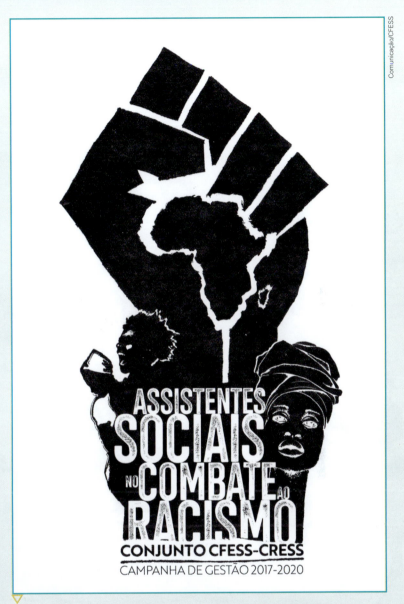

Cartaz do Conselho Federal de Serviço Social e do Conselho Regional de Serviço Social de São Paulo divulga campanha de combate ao racismo durante a gestão de 2017 a 2020.

Atividades

1. O que você aprendeu com a atividade de pesquisa?

2. Você diria que as sociedades do Antigo Regime são diferentes da sociedade em que você vive hoje? Em quais aspectos?

3. A partir daquilo que você pesquisou em grupo, pode-se considerar que os direitos civis e políticos foram conquistados de que forma?

4. Quais direitos estudados neste projeto você considera mais importantes? Por quê?

PROJETO 125

A Batalha de Gettysburg, importante combate da Guerra de Secessão dos Estados Unidos, ocorreu em 1863 na Pensilvânia e teve vitória das forças federais. Litografia produzida por Thure de Thulstrup em 1887.

UNIDADE 3
Centros de poder e dominação colonial da África e da Ásia

A Europa expandiu o seu poderio por todos os continentes, firmando-se, no século XIX, como centro industrial e capitalista do mundo. Nessa mesma época, os Estados Unidos da América emergiam como um novo eixo desenvolvimentista, impulsionados pelos desdobramentos da Guerra de Secessão. Também durante o século XIX ocorreram a divisão, a ocupação e a exploração de territórios na África e na Ásia pelas grandes potências. Esse processo, conhecido como imperialismo, será o foco do nosso estudo nesta unidade.

Observe a imagem e responda:

1. Qual é o significado da palavra "secessão"? Você sabe por que um conflito nos Estados Unidos recebeu o nome de Guerra de Secessão?

2. Quando você pensa na palavra "imperialismo", que ideia vem à sua cabeça? Na sua opinião, ainda existe imperialismo hoje?

CAPÍTULO 8
Os Estados Unidos no século XIX

A chamada *Marcha para o Oeste* nos Estados Unidos foi marcada pela expansão territorial em direção ao Pacífico, na segunda metade do século XIX. A litografia de Ernest Grislet, de aproximadamente 1870, representa um trem de passageiros atropelando bisões (frequentemente chamados de búfalos americanos) na linha ferroviária Kansas-Pacífico.

Nas décadas seguintes à independência norte-americana, ocorrida em 1776, os colonos avançaram sobre territórios vizinhos, tomando-os pela força das armas ou comprando-os das metrópoles europeias. Em menos de um século, transformaram-se numa potência continental, ocupando uma região que ia do oceano Atlântico ao Pacífico.

Na chamada **conquista do Oeste**, os colonizadores dizimaram os povos nativos. Estima-se que, no início do século XVII, a região hoje correspondente aos territórios dos Estados Unidos e do Canadá fosse ocupada por cerca de 10 milhões de indígenas. Nos primeiros anos do século XXI, esse número não chegava a 3 milhões.

Neste capítulo, vamos estudar esse momento da história dos Estados Unidos, que foi retratado muitas vezes de forma romântica nos filmes de faroeste, nos quais os corajosos *cowboys* partiam para regiões remotas e enfrentavam "tribos de índios selvagens". Os indígenas eram representados como um entrave à expansão da civilização e do suposto progresso trazidos pelo "homem branco".

> **Para começar**
>
> A imagem representa o processo de expansão dos Estados Unidos da América, que ocorreu no século XIX. Observe-a e responda às questões.
>
> 1. Aponte os contrastes representados na obra.
> 2. Esta obra estimulava ou desencorajava as pessoas a colonizar o oeste da América do Norte? Por quê?

1 A expansão e o Destino Manifesto

Os governantes dos Estados Unidos incentivaram a vinda de colonos para ocupar produtivamente as terras ao sul e ao oeste. Dessa forma, um intenso fluxo migratório vindo principalmente da Europa multiplicou rapidamente a população estadunidense: de 2,4 milhões em 1775, ela chegou a mais de 7 milhões em 1820, saltando para perto de 90 milhões em 1890.

Em 1803, o governo estadunidense estabelece seu domínio sobre a Louisiana, comprada da França; sobre a Flórida, em 1819, comprada da Espanha; sobre a região norte do México após vencê-lo na guerra em 1848; e, finalmente, sobre o Alasca, comprado da Rússia em 1867. O Havaí foi incorporado em 1959, tornando-se o 50º estado-membro dos Estados Unidos da América.

Outro estímulo para a ocupação dos territórios a oeste foi a descoberta de ouro na Califórnia, atraindo um imenso fluxo de população. Os pioneiros, além dos diversos incentivos governamentais, também contaram com a expansão das ferrovias, cuja rede saltou de 14 mil quilômetros em 1865 para 140 mil quilômetros em 1914.

A expansão territorial, o crescimento demográfico e o rápido desenvolvimento econômico dos Estados Unidos foram interpretados pelos estadunidenses como a prova de um destino glorioso, traçado por Deus. Essa crença, ainda muito presente naquela sociedade contemporânea, é conhecida como **Doutrina do Destino Manifesto**.

LINHA DO TEMPO

1776
Independência dos EUA

1823
Doutrina Monroe

1848
Guerra contra o México

1861 (até 1865)
Guerra de Secessão

1867
Compra do Alasca da Rússia

1901-1909
Theodore Roosevelt – *Big Stick*

Linha do tempo esquemática. O espaço entre as datas não é proporcional ao intervalo de tempo.

Progresso americano, gravura feita pelo artista John Gast por volta de 1872. Nela vemos uma representação do Destino Manifesto: ao centro, a Colúmbia – figura feminina que representava os Estados Unidos no século XIX – acompanha os colonizadores estadunidenses em direção ao oeste, prendendo cabos de telégrafo (sinal do "progresso") por onde passavam.

De olho na tela

A conquista do Oeste. Direção: John Ford, Henry Hathaway e George Marshall. Estados Unidos, 1962. Conta a história de três gerações de pioneiros na ocupação do oeste. Mostra a luta pela terra entre brancos e indígenas, a Guerra de Secessão e a construção das ferrovias.

Minha biblioteca

Enterrem meu coração na curva do rio, de Dee Brown, Editora L&PM, 2003. Com base em documentos e depoimentos de grandes chefes e guerreiros, o livro conta a destruição sistemática dos indígenas norte-americanos.

INFOGRÁFICO

A conquista do Oeste vista pelos indígenas

Durante o avanço dos conquistadores para o Oeste, muitos indígenas morreram em decorrência das doenças trazidas pelos europeus ou foram assassinados durante conflitos. Diversos grupos resistiram ao avanço do colonizador, realizando ataques-surpresa e emboscadas, que muitas vezes resultavam na morte dos inimigos. No entanto, a superioridade bélica dos colonizadores prevaleceu: no final do século XIX, grande parte dos povos nativos indígenas da América do Norte tinha sido extinta.

Os indígenas da América do Norte

Os povos indígenas da América do Norte se organizavam em pequenas aldeias ou em grupos nômades dedicados à pesca, à caça e à coleta. Nas grandes planícies do centro, onde estavam os sioux, os cheyennes e os comanches, prevalecia a caça, especialmente de bisões, bovinos selvagens que viviam em grandes manadas e dos quais se aproveitavam a carne, o couro e o esterco seco (usado como combustível para o fogo).

No contato inicial com o colonizador, os nativos incorporaram algumas de suas práticas, como a criação de ovelhas e cavalos, além do uso de armas de fogo e do álcool. Ainda assim, procuraram preservar sua cultura.

Chefe da etnia sioux. Foto de cerca de 1885.

A diminuição do território indígena nos Estados Unidos entre 1492 e 1977

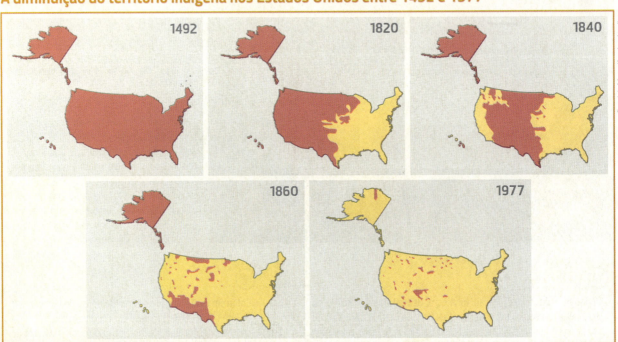

Fonte: elaborado com base em ATLAS da história do Mundo. São Paulo: Folha de S.Paulo, 1995. p. 160. Mapas ilustrativos sem escala.

130 UNIDADE 3 • Centros de poder e dominação colonial da África e da Ásia

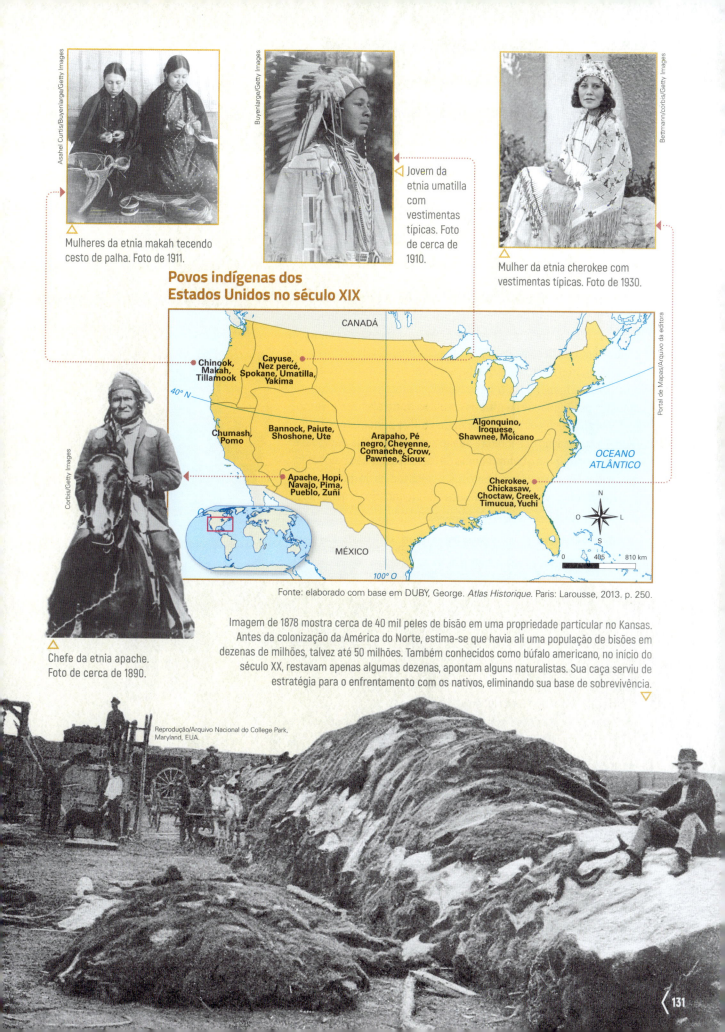

Mulheres da etnia makah tecendo cesto de palha. Foto de 1911.

Jovem da etnia umatilla com vestimentas típicas. Foto de cerca de 1910.

Mulher da etnia cherokee com vestimentas típicas. Foto de 1930.

Povos indígenas dos Estados Unidos no século XIX

Fonte: elaborado com base em DUBY, George. *Atlas Historique*. Paris: Larousse, 2013. p. 250.

Chefe da etnia apache. Foto de cerca de 1890.

Imagem de 1878 mostra cerca de 40 mil peles de bisão em uma propriedade particular no Kansas. Antes da colonização da América do Norte, estima-se que havia ali uma população de bisões em dezenas de milhões, talvez até 50 milhões. Também conhecidos como búfalo americano, no início do século XX, restavam apenas algumas dezenas, apontam alguns naturalistas. Sua caça serviu de estratégia para o enfrentamento com os nativos, eliminando sua base de sobrevivência.

131

TRABALHANDO COM DOCUMENTOS

Leia trechos do discurso proferido em 1891 por Thomas J. Morgan, um alto funcionário estadunidense para assuntos indígenas.

Americano indígena ou indígena americano?

[…] Nos últimos cem anos, o povo deste país despendeu enormes somas de dinheiro em guerras com os índios. […] A única solução possível para nossos problemas com os índios reside na adequada educação da nova geração. Enquanto os índios permanecerem estrangeiros entre nós, falando línguas estranhas, incapazes de se comunicarem conosco, a não ser através de mediação duvidosa e, frequentemente, tendenciosa de intérpretes, enquanto eles ignorarem nossos métodos, forem supersticiosos, fanáticos, eles permanecerão em desvantagem na luta pela vida. […] Uma educação que lhes dê domínio da língua inglesa, que treine suas mãos em tarefas úteis, que desperte neles a aspiração por condições civilizadas, que desenvolva neles uma consciência de poderem alcançar lugares honrosos e que faça nascer neles um patriotismo sincero e permanente, fará deles cidadãos americanos e acabará com as possibilidades de futuros conflitos entre eles e o governo. […] Nós não devemos nos esquecer que o alvo principal a ser atingido é a civilização dos índios e sua integração na vida nacional e que os agentes para o cumprimento de tal tarefa não são baionetas, mas livros. Uma escola fará muito mais pelos índios do que um forte. […] Afinal, objetivamos que os índios americanos se tornem, tão rapidamente quanto possível, americanos índios.

Thomas J. Morgan, Commissioner of Indian Affairs, 1891. DAVIE, Emily et al. Profile of America: an autobiography of the USA. New York: Thomas y Crowell, 1957. p. 97-99. In: Coletânea de documentos de História da América. São Paulo: CENP, 1983. p. 102-103.

Líder indígena apache norte-americano vestido com roupas ocidentais. Fotografia de cerca de 1903.

- **Despender:** gastar, consumir.
- **Baioneta:** tipo de espada curta que é acoplada ao cano de fuzil ou espingarda, usada por soldados no combate corpo a corpo.
- *Commissioner of Indian Affairs:* em inglês, "comissário para assuntos indígenas".

1. Como o autor do discurso se refere aos povos indígenas nos Estados Unidos, em 1891?
2. Considerando que os indígenas são nativos da América e os colonizadores chegaram ao continente a partir do século XV, você concorda com o argumento de que eles são estrangeiros no próprio território americano?
3. Qual foi a solução apontada por Morgan para a "questão indígena" nos Estados Unidos no fim do século XIX?
4. Por que, para o autor, seria importante integrar o indígena à sociedade americana?
5. Em sua opinião, qual é a intenção do autor ao afirmar que os povos indígenas nos Estados Unidos devem se tornar "americanos indígenas"?
6. Você concorda com a ideia de que exista um único modelo de civilização? Um único modelo de cultura? Justifique a sua resposta.

2 A Guerra Civil (1861-1865)

De olho na tela

Dança com lobos. Direção: Kevin Costner. Estados Unidos, 1990. No século XIX, enquanto ocorria a Guerra Civil Americana e a expansão do território estadunidense sobre as terras indígenas, um oficial do exército se envolve com indígenas da etnia sioux. A relação desfaz preconceitos e revela uma cultura rica e instigante.

A colonização dos Estados Unidos não se deu de maneira uniforme: enquanto o Norte desenvolvia uma economia baseada na manufatura e no comércio, a parte sul tinha uma economia agroexportadora e escravista. Após a independência, para proteger a produção industrial, os empresários do Norte pressionavam o governo para impor taxas elevadas aos gêneros importados. Isso, porém, prejudicava os fazendeiros dos estados sulistas, que eram obrigados a pagar mais pelos produtos manufaturados.

Na segunda metade do século XIX, as divergências políticas entre os estados sulistas (que apoiavam a escravatura e o livre comércio) e os nortistas (que apoiavam a abolição e o protecionismo) acabaram provocando uma guerra civil, também conhecida como **Guerra de Secessão**.

▶ **Secessão:** divisão, cisão.

O estopim do conflito foram as eleições presidenciais de 1860. A vitória de Abraham Lincoln, do Partido Republicano, representante dos interesses do norte industrialista, levou a Carolina do Sul a se separar dos Estados Unidos. A ela se juntaram mais dez estados sulistas, que formaram os **Estados Confederados da América**, com capital em Richmond, na Virgínia. Os demais estados formavam os **Estados da União**, como revela o mapa a seguir.

Observe, nesta imagem, como são caracterizados os dois grupos em conflito na Guerra de Secessão. É possível identificar quais são as forças dos Estados Confederados e as dos Estados do Norte? Representação da captura do Forte Fischer, evento ocorrido em 1865. Litografia de Louis Kurz e Alexander Allison, de 1890.

Guerra Civil nos Estados Unidos (1860)

Baixas estadunidenses
Guerra Civil (1861-1865): 618 000 mortos
1ª Guerra Mundial (1914-1918): 125 000 mortos
2ª Guerra Mundial (1939-1945): 322 000 mortos
Guerra da Coreia (1950-1953): 55 000 mortos
Guerra do Vietnã (1965-1975): 57 000 mortos

◀ A Guerra Civil, ou Guerra de Secessão, dividiu os Estados Unidos da América em Norte e Sul como blocos rivais, numa guerra sangrenta.

Fonte: elaborado com base em BARRACLOUGH, Geoffrey (Ed.). *Atlas da história do mundo*. São Paulo: Folha de S.Paulo/Times Books, 1995; EISENBERG, Peter L. *Guerra civil norte-americana*. 5. ed. São Paulo: Brasiliense, 1989. p. 8.

Em 1861, os unionistas declararam guerra aos confederados. Após quatro anos de violentos conflitos, que provocaram cerca de 620 mil mortes e uma grande destruição nos Estados Confederados, o Norte venceu o Sul graças à sua superioridade econômica e tecnológica. Em 1863, durante a guerra civil, o presidente Abraham Lincoln decretou o fim da escravidão nos Estados Unidos. Porém, cinco dias após a rendição dos sulistas, em 14 de abril de 1865, Lincoln, que havia sido reeleito presidente, foi assassinado. O evento desencadeou os conflitos envolvendo a questão racial que marcariam os Estados Unidos nas décadas seguintes.

> **De olho na tela**
>
> **12 anos de escravidão.** Direção: Steve McQueen. Estados Unidos, 2013. Baseado na biografia de Solomon Northup, nova-iorquino negro e livre, que foi capturado para ser vendido como escravizado no sul dos Estados Unidos.

3 Reconstrução radical (1865-1877)

Após o término da Guerra de Secessão, durante um curto período que ficou conhecido como **reconstrução radical**, grupos contrários à segregação racial procuraram construir uma nação mais democrática, com projetos de integração dos negros à sociedade estadunidense, por meio da educação, da distribuição de terra e da ampliação do direito ao voto. Em reação a essas medidas, sociedades secretas violentas e racistas, como os Cavaleiros da Camélia Branca e a Ku Klux Klan, passaram a atacar e atemorizar os libertos e quem apoiasse a equiparação civil entre brancos e negros.

Em 1877, Rutherford Hayes, candidato republicano à presidência estadunidense, comprometeu-se a retirar as tropas federais e a não intervir nas questões dos estados sulistas, para garantir que sua polêmica vitória eleitoral fosse reconhecida pelo Partido Democrata (representante dos interesses do sul). Conhecido como **Acordo de Hayes**, esse compromisso pôs fim aos direitos civis conquistados pelos negros em 1865.

A partir de então, proliferaram no sul os *black-codes* – códigos negros –, que impediam os ex-escravizados de exercer cargos públicos, de votar e de frequentar os mesmos espaços públicos que os brancos (transportes, escolas públicas, restaurantes e hospitais, por exemplo). Somente nas décadas de 1950 e 1960, com a luta pelos direitos civis, a segregação racial foi oficialmente abolida na sociedade estadunidense.

> **Segregação:** separação (exclusão) de um grupo racial que é julgado inferior e marginalizado no convívio com os considerados racialmente superiores.

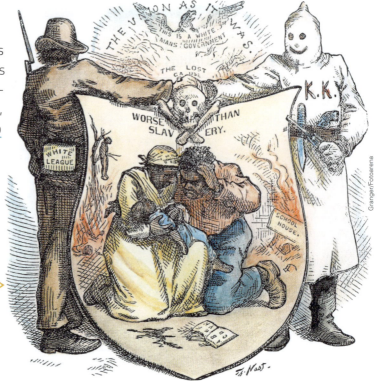

Nesta charge são representados integrantes da Ku Klux Klan (à direita) e da Camélia Branca (à esquerda). Ambos apoiam suas mãos sobre a cabeça de uma caveira, no centro, tendo mais abaixo um casal de negros de joelhos com uma escola em chamas ao fundo. Desenho de Thomas Nast, de 1874.

Desenvolvimento e prosperidade

Após a vitória dos *yankees* (nortistas) sobre os confederados, o desenvolvimento industrial do país se acelerou. A descoberta de enormes reservas de ferro, cobre e petróleo, somada à crescente produção industrial, à mecanização do campo e à expansão das estradas de ferro e dos portos, levou os Estados Unidos a liderar a produção mundial agrícola e industrial na última década do século XIX. Nessa época, um fluxo constante de imigrantes se dirigia aos Estados Unidos para "fazer a América".

Observe as pessoas representadas no interior da Castle Garden, local onde aportavam os imigrantes que chegavam a Nova York, nos Estados Unidos, entre 1855 e 1890. *Na terra da promessa*, óleo sobre tela de Charles Frederic Ulrich, de 1884.

Para continuar crescendo, porém, era preciso encontrar novos mercados, tanto dentro quanto fora do país. Essa necessidade impulsionou a atuação imperialista dos Estados Unidos sobre a América Latina e outros lugares do mundo. A dimensão continental do país foi muito útil nesse sentido, permitindo-lhe estabelecer relações comerciais tanto com o Ocidente, pelo oceano Atlântico, quanto com o Oriente, pelo Pacífico.

Observe o quadro do crescimento do PIB (Produto Interno Bruto), em porcentagem (%), das maiores economias entre 1870 e 1913.

Crescimento do PIB – em porcentagem (%)

Data / País	Reino Unido	Estados Unidos	Alemanha	França	Japão
1870-1913	1,9	3,9	2,8	1,6	2,4

Dados da OCDE, 2003. In: COLON, David. *Histoire 1re Collection*. Paris: Belin, 2011. p. 15.

CONEXÕES COM A GEOGRAFIA

Sob o olhar dos Estados Unidos

Atualmente, em pleno século XXI, não é exagero afirmar que a Doutrina do Destino Manifesto, muito difundida na década de 1840, ainda se faz presente na política econômica e militar estadunidense.

Conforme veremos, a Geografia pode nos ajudar a entender melhor a geopolítica atual dos Estados Unidos. O texto a seguir foi escrito pelo geógrafo Nelson Bacic Olic.

Nas relações de poder no mundo atual podem ser identificados três planos. No de âmbito militar, desde a desintegração da União Soviética (1991), os Estados Unidos se cristalizaram como o maior poder mundial.

Num segundo plano, o das relações econômicas, o mundo é realmente cada vez mais policêntrico. Neste plano os Estados Unidos não conseguem seus objetivos sem barganhar com outros importantes protagonistas, como a Europa, a China e outros. Mas isso não sinaliza uma rápida decadência norte-americana.

▶ **Policêntrico:** que tem mais de um centro.

O país ainda se mantém na vanguarda dos avanços e inovações em áreas estratégicas como ciência e tecnologia e seu peso na economia global ainda é enorme. [...]

Por fim, no plano das relações internacionais, ninguém está efetivamente na liderança, já que a única forma de lidar com problemas como terrorismo, tráfico de drogas, pandemias, proliferação nuclear ou mudanças climáticas é por meio da cooperação entre governos. É nesse âmbito que residem as maiores ameaças do mundo atual. Para fazer frente a esses desafios nenhum país tem a capacidade de resolvê-los de forma unilateral, mesmo com grande preponderância militar.

OLIC, Nelson Bacic. Novas potências redefinem a geografia econômica mundial. Revista *Pangea*, 8 nov. 2010. Disponível em: <www.clubemundo.com.br/pages/revistapangea/show_news.asp?n=391&ed=4>. Acesso em: 24 abr. 2018.

▶ O presidente dos Estados Unidos, Donald Trump, se encontra com o presidente da China, Xi Jinping, no Palácio do Povo, em Beijing, na China. Foto de 2017.

Desde o fim da Guerra Fria (1991), os Estados Unidos se consolidaram como a maior potência militar do mundo. Em 2017, os gastos militares mundiais somaram um total de 1,68 trilhão de dólares, sendo que os Estados Unidos gastaram 35% deste total. Observe no gráfico a seguir os quinze países com as maiores despesas militares, em bilhões de dólares, em 2017.

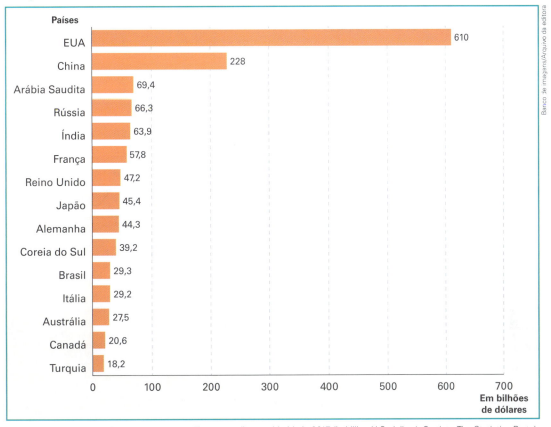

Fonte: THE 15 COUNTRIES with the highest military spending worldwide in 2017 (in billion U.S. dollars). Statista *The Statistics Portal*. Disponível em: <www.statista.com/statistics/262742/countries-with-the-highest-military-spending>. Acesso em: 30 jun. 2018.

1 ▸ Cite exemplos das relações de poder exercidas pelos Estados Unidos nos três âmbitos indicados no texto de Nelson Bacic Olic: militar, econômico e internacional.

2 ▸ Analise os dados do gráfico "Despesas militares no mundo (2017)" e responda às questões abaixo.

a) Quais são os três países com maiores gastos militares no mundo?

b) Qual é a diferença de gastos militares entre o primeiro e o segundo colocado?

c) Os dados do gráfico comprovam o argumento do geógrafo Nelson Bacic Olic no que diz respeito ao poder militar estadunidense? Justifique sua resposta.

Tropas chinesas se preparam para o desfile militar em Zhurihe, na China, em comemoração aos 90 Anos do Exército de Libertação do Povo Chinês. Foto de 2017.

Os Estados Unidos no século XIX • **CAPÍTULO 8**

4 O imperialismo estadunidense na América Latina

As principais intervenções estadunidenses na América Latina deram-se a partir de 1823, quando os Estados Unidos se opuseram à Santa Aliança por meio da **Doutrina Monroe**, sintetizada na frase "A América para os americanos" (reveja o Capítulo 4).

Décadas mais tarde, o presidente **Theodore Roosevelt** (1901-1909) aprovou um documento (o chamado **Corolário Roosevelt**) no qual se dispunha a intervir em países caso achasse que seus interesses estivessem ameaçados. Essa declaração, voltada especialmente para a América Latina, fez com que a atuação externa norte-americana ficasse conhecida como a política do *Big Stick* ("grande porrete"). O país demonstrava assim suas ambições de colocar toda a América sob sua influência (ampliação de mercados), situação que acabou por se efetivar no final do século XIX e durante o século XX.

Nesse período, os Estados Unidos realizaram diversas intervenções militares na região do Caribe, na América Central e nas ilhas do Pacífico. Essa ampliação de poder internacional levou-os, por exemplo, a apoiar a independência do Panamá em relação à Colômbia, em troca de um acordo (1903) pelo qual arrendaram a Zona do Canal do Panamá – única passagem existente na região ligando os oceanos Atlântico e Pacífico. Somente em 1999 ocorreria a devolução da autonomia do canal ao governo do Panamá.

▶ **Arrendar:** obter a cessão provisória de uso, mediante pagamento.

Canal do Panamá

Organizado pelos autores.

△ Observe no mapa detalhes do canal que liga os oceanos Atlântico e Pacífico.

THE WORLD'S CONSTABLE.

▷ Na charge, o gigante, personificado na figura do presidente Roosevelt, representa a grande potência mundial que se tornaram os Estados Unidos. Ele carrega um grande porrete, em referência à política do *Big Stick*. Ao seu redor, sob o porrete, estão representados os países americanos e, do outro lado, as potências europeias que também se encontravam abaixo do gigante. Charge de Louis Dalrymple, 1905.

Mapeando saberes

DA COLONIZAÇÃO AO DESTINO MANIFESTO
- "Marcha para o Oeste" (processo de expansão territorial dos Estados Unidos ao longo do século XIX: massacre dos povos nativos, compra de territórios e conquistas militares).
- Colonização do território por meio de incentivo à imigração europeia, descoberta de ouro e criação de leis que estimularam a colonização.
- O rápido crescimento territorial e econômico alimentou a Doutrina do Destino Manifesto.

ATENÇÃO A ESTES ITENS

A GUERRA CIVIL E OS DIREITOS ENTRE BRANCOS E NEGROS
- Guerra de Secessão (1861-1865): ocorreu por causa das divergências políticas e econômicas entre o sul e o norte dos Estados Unidos.
- Rompimento de laços políticos entre sul (economia agroexportadora, baseada no trabalho de escravizados) e norte (industrialista e protecionista) após a vitória de Abraham Lincoln nas eleições presidenciais de 1860.
- Para os escravizados, a Guerra de Secessão representou a conquista da liberdade. Por um curto período, os direitos de cidadania foram garantidos pela presença do exército nos estados do sul. No entanto, o presidente democrata Rutherford Hayes cederia às pressões da elite branca do sul para a retirada das tropas federais, fato que inviabilizou a garantia de igualdade de direitos entre negros e brancos.

DA EXPANSÃO INTERNA À EXTERNA
- Fim da Guerra de Secessão: prosperidade na economia dos Estados Unidos com base na exploração de reservas minerais e na produção industrial.
- Início da conquista dos mercados latino-americanos e intervenção nesses países (política do *Big Stick*).

POR QUÊ?

NEGROS E INDÍGENAS NOS ESTADOS UNIDOS
- Para os indígenas, os ideais que motivaram a independência e o expansionismo dos Estados Unidos significaram resistência e massacres.
- A questão racial nos Estados Unidos origina-se no século XIX, principalmente nos estados sulistas, onde os fazendeiros dependiam do trabalho de escravizados nas suas plantações.
- O fim da escravatura e a extensão dos direitos de cidadania aos ex-escravizados provocaram revolta na elite branca.
- A segregação e a perseguição aos negros marcariam as atuações de grupos extremistas, como a Ku Klux Klan e a Camélia Branca.

O PODERIO DOS ESTADOS UNIDOS NO SÉCULO XX
- Já no final do século XIX, os Estados Unidos apontavam como a principal força política e econômica do continente, minimizando gradualmente a influência europeia.
- O poderio estadunidense no século XX só foi possível devido às bagagens trazidas do século XIX, com seu crescimento territorial e econômico.
- O imperialismo dos Estados Unidos se fez com as conquistas dos territórios indígenas, com a incorporação de terras de outras nações e com a intervenção militar direta nos países da América Latina e Caribe.

ATIVIDADES

Retome

1. Sobre a expansão dos Estados Unidos, responda:
   a) Qual é o significado da Doutrina do Destino Manifesto?
   b) Explique as consequências da expansão territorial estadunidense no século XIX.

2. Explique quais foram os principais resultados da Guerra de Secessão para a economia dos Estados Unidos.

3. Identifique as características mais importantes do período da reconstrução radical (1865-1877) nos Estados Unidos.

4. Relacione a reconstrução econômica ocorrida depois da Guerra de Secessão ao crescimento interno dos Estados Unidos e à sua política imperialista no final do século XIX.

Pesquise

5. As fotos a seguir são de líderes do movimento negro estadunidense. Leia a legenda e faça o que é proposto.

Dois líderes do movimento negro estadunidense. Abaixo, à esquerda, Malcom X discursa nos Estados Unidos, em 1964. Acima, Martin Luther King Jr. acena para a multidão durante a Marcha de Washington, no Lincoln Memorial Center, em Washington D.C., em 28 de agosto de 1963. Essa manifestação contra a segregação racial reuniu mais de 250 mil pessoas; foi nessa ocasião que Luther King fez o famoso discurso iniciado pela frase "Eu tenho um sonho...".

- Divididos em grupos, façam uma pesquisa sobre a vida e a luta de um líder negro estadunidense. Vocês podem procurar mais informações sobre Malcom X, Martin Luther King, Rosa Parks, Angela Davis, o movimento dos Panteras Negras ou outras personalidades e grupos que foram importantes no contexto da luta pelos direitos civis dos negros nos Estados Unidos. Para iniciar sua pesquisa, sigam as etapas abaixo.

  a) Procurem em um dicionário ou na internet o significado de direitos civis para compreender melhor algumas das reivindicações dessas pessoas.

  b) Busquem informações sobre o indivíduo ou grupo que escolheram e identifiquem sua atuação no movimento negro estadunidense.

  c) Sintetizem os dados de sua pesquisa em um texto, que será compartilhado com o restante da sala.

- Você conhece grupos ou entidades que lutam pelos direitos dos negros no Brasil? Pesquise a respeito e registre o que descobriu.

Analise mapas

6. Observe os mapas e responda às questões com base nas informações do capítulo.

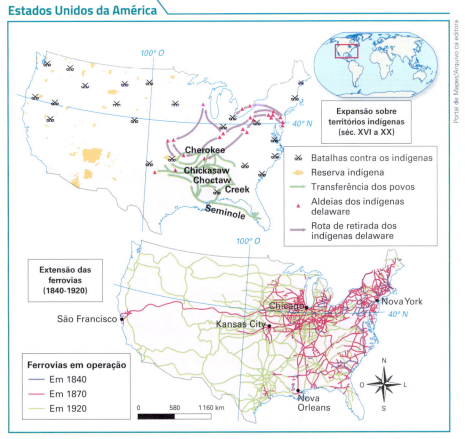

Fonte: elaborado com base em ATLAS da história do Mundo. 4. ed. São Paulo: Folha de S.Paulo/Times Books, 1995. p. 217-218.

a) Quais povos foram expulsos de seus territórios?

b) Compare a rota de retirada dos indígenas delaware com a localização das ferrovias. O que se pode observar? E o que isso indica?

c) Quais métodos de expansão das fronteiras ficam evidentes nos mapas?

7. Observe o mapa da Guerra Civil nos Estados Unidos, na página 133, e responda:

a) Quais estados se declararam separados da União?

b) Em que região dos Estados Unidos se concentram esses estados?

c) Agora analise, nesse mesmo mapa, o quadro de baixas estadunidenses nos diferentes conflitos em que os Estados Unidos estiveram envolvidos até os anos 1970. Compare esses dados com o número de mortos na Guerra de Secessão. Como você explicaria essa diferença?

Autoavaliação

1. Quais atividades você considerou mais fáceis e mais difíceis? Por quê?
2. Em quais atividades você utilizou o texto do capítulo como base para sua resposta?
3. Algum ponto do capítulo não ficou muito claro para você? Qual?
4. Você compreendeu o esquema *Mapeando saberes*? Explique.
5. Você saberia apontar exemplos da atualidade considerando o que aprendeu no item *Por quê?* do *Mapeando saberes*?
6. Como você avalia sua compreensão dos assuntos tratados neste capítulo?
   » **Excelente**: não tive nenhuma dificuldade.
   » **Boa**: tive algumas dificuldades, mas consegui resolvê-las.
   » **Regular**: foi difícil compreender certos conceitos e resolver as atividades.
   » **Ruim**: tive muitas dificuldades, tanto no conteúdo quanto na realização das atividades.

PROJETO 2º SEMESTRE

Produção de folhetos
As marcas da escravidão no Brasil de hoje

Neste semestre, a proposta de projeto é a produção de um folheto.

O projeto deste semestre envolve a produção de material informativo à comunidade sobre a trajetória da escravidão no Brasil, passando pelas dificuldades de inserção das comunidades afrodescendentes até as atuais práticas de trabalho escravo que ainda persistem em nosso país. Dessa forma, vocês vão mostrar às pessoas um pouco da trajetória da escravidão no Brasil, bem como ajudar a conscientizá-las sobre a importância da luta pela superação dos preconceitos e das formas de trabalho escravo ainda existentes.

A abolição da escravidão se deu, oficialmente, em 1888. Entretanto, a luta pela inclusão daqueles que foram escravizados e seus descendentes continuaram sendo uma das questões mais importantes da cidadania no Brasil. A escravidão, mesmo que residualmente, continua existindo no Brasil, e combatê-la é um dos aspectos mais importantes da inclusão social no contexto atual.

Volta à cidade de um proprietário de chácara, aquarela de Jean-Baptiste Debret de 1822. Dimensão: 16,2 cm × 24,5 cm.

Diante disso, o objetivo primordial é produzir um folheto informativo, com textos, fotos, tabelas e/ou gráficos que vocês considerem importantes para mostrar os caminhos da história da escravidão no Brasil independente, bem como a luta contra as atuais práticas de trabalho escravo.

O folheto deve ter ao menos três partes:

1. Um resumo da história da escravidão no Brasil.
2. Os problemas atuais que a escravidão nos deixou.
3. A luta contra o trabalho análogo à escravidão ainda existente no Brasil.

Usem as indicações das *Dicas de pesquisa* e produzam um folheto para conscientizar as pessoas sobre a necessidade de combater a escravidão e seu legado no Brasil.

Conhecendo o tema

A manutenção da escravidão após a independência do Brasil, e ao longo de praticamente todo o século XIX, preservou as estruturas sociais herdadas do período colonial, mantendo o regime de exploração máxima da população escravizada, impedindo que se desenvolvesse uma sociedade de cidadãos ativos e livres.

Com a consolidação desse modelo, o regime escravista se tornou a base fundamental do país ao longo de todo o período imperial, que se estende de 1822 até 1889.

Conforme explicam as historiadoras Lilia Schwarcz e Heloisa Starling:

[...] a escravidão se enraizou de tal forma no Brasil, que costumes e palavras ficaram por ela marcados. Se a casa-grande delimitava a fronteira entre a área social e de serviços, a mesma arquitetura simbólica permaneceria presente nas casas e edifícios, onde, até os dias que correm, elevador de serviço não é só para carga, mas também e, sobretudo, para os empregados que guardam a marca do passado africano na cor. Termos de época mantêm-se operantes, apesar de o significado original ter se perdido.

SCHWARCZ, Lilia M.; STARLING, Heloisa M. *Brasil*: uma biografia. São Paulo: Companhia das Letras, 2015. p. 92.

Mesmo a escravidão tendo acabado oficialmente em 1888, muitos elementos da sociedade escravista permaneceram e fazem parte do cotidiano do Brasil contemporâneo. Características do regime ainda persistem e são reproduzidas pela sociedade brasileira contemporânea, incluindo formas de trabalhos análogas à escravidão em diversas atividades produtivas no país.

Conforme esclarece a historiadora Emília Viotti da Costa:

> depois da abolição os libertos foram esquecidos. Com exceção de algumas poucas vozes, ninguém parecia pensar que era sua responsabilidade contribuir de alguma maneira para facilitar a transição do escravo para o cidadão. [...] O governo republicano que tomou o poder em 1889 excluiu os analfabetos do direito do voto, eliminando a maioria dos ex-escravos do eleitorado. Poucos foram os abolicionistas que, como o engenheiro negro André Rebouças, continuaram a afirmar que a tarefa deles ainda estava incompleta.
>
> COSTA, Emília Viotti da. *A abolição*. 8 ed. São Paulo: Ed. da Unesp, 2008. p. 137-138.

Assim, mesmo depois da abolição e, em muitos aspectos, até os dias atuais, os problemas resultantes da escravidão não foram resolvidos. Por isso, a importância de retomar a discussão em torno desse tema, impedindo assim que a memória construída em torno da escravidão perpetue o legado desse sistema.

Planejamento

Planejar esse trabalho é muito importante para que o resultado seja o esperado e atinja os objetivos. Dessa forma, sugerimos as seguintes etapas:

1. Organizem-se em grupos de seis alunos. Cada dupla pode ficar responsável por se aprofundar em uma das partes do folheto indicadas anteriormente.

2. Separem as indicações das *Dicas de pesquisa* e se aprofundem em outras fontes que encontrarem ou que o professor indicar.

3. A primeira parte deve abordar a história da escravidão no Brasil, destacando os aspectos característicos do Brasil independente, de 1822 a 1889. Nesse trecho do folheto mostre que a escravidão esteve presente no cotidiano, o que levou à formação de uma sociedade profundamente escravista, desigual e dependente desse sistema. Procure, também, mostrar o movimento abolicionista e o fim oficial da escravatura, em 1888.

4. A segunda parte deve evidenciar os elementos da escravidão presentes na sociedade brasileira atual. Reflitam, por exemplo, sobre a questão da divisão social no Brasil e sobre as dificuldades de acesso aos direitos por parte dos afrodescendentes, entre outros.

5. Por fim, a terceira parte do folheto deve apontar que a escravidão ainda existe no Brasil. Apresente o que atualmente é considerado trabalho escravo e de que forma deve-se combater essa prática.

6. Cada dupla vai desenvolver sua parte na produção do folheto discutindo com as outras duplas o andamento de cada parte. A intenção é que o trabalho mostre coerência ao relacionar os argumentos.

O encerramento deste projeto, que envolve a elaboração dos folhetos e sua distribuição, será aprofundado no capítulo 14. Entretanto, é importante que o grupo realize as atividades propostas no decorrer do semestre para evitar o acúmulo de tarefas e uma sobrecarga na reta final do projeto.

Dicas de pesquisa

Para facilitar a pesquisa, indicamos alguns *sites*, vídeos e livros que abordam o tema da escravidão no Brasil:

ABOLIÇÃO. Senado na História. TV Senado. Disponível em: <www.senado.leg.br/noticias/TV/Video.asp?v=170006>.

COSTA, Emília Viotti da. *A abolição*. 8. ed. São Paulo: Ed. da Unesp, 2008.

ENTENDA as novas regras que reduzem o combate ao trabalho escravo. Jornal *El País*, 20 out. 2017. Disponível em: <https://brasil.elpais.com/brasil/2017/10/19/politica/1508447540_501606.html>.

PRINCESA Isabel. Programa De lá para cá. *TV Brasil*. Disponível em: <www.youtube.com/watch?v=5KslYkwRw4Q>.

QUEIROZ, Suely R. R. de. *Escravidão negra no Brasil*. São Paulo: Ática, 1987. (Série Princípios).

RACISMO no Brasil: Preto no Branco. Programa Nem tudo é o que parece. TV Futura. Disponível em: <www.youtube.com/watch?v=vqZlriXBeEw>.

STF suspende portaria que muda lei do trabalho escravo. Revista *Exame*, 24 out. 2017. Disponível em: <https://exame.abril.com.br/brasil/stf-suspende-portaria-que-muda-lei-do-trabalho-escravo/>.

TRABALHO escravo. Programa Profissão Repórter. TV Globo. Disponível em: <www.youtube.com/watch?v=ds3NtVcWX58>.

TRABALHO em situação análoga à escravidão. BRASIL. Ministério do Trabalho. Governo Federal. Disponível em: <http://trabalho.gov.br/trabalhoescravonao/>.

TRABALHO forçado. Organização Internacional do Trabalho (OIT). Disponível em: <www.ilo.org/brasilia/temas/trabalho-escravo/lang--pt/index.htm>.

Acesso em: 17 out. 2018.

CAPÍTULO

9

A Europa no século XIX

Kai Pfaffenbach/Reuters/Fotoarena

Vista da arquibancada durante um dos jogos da Copa do Mundo de Futebol da Rússia. Foto de 2018.

No período colonial, como já vimos, os habitantes das terras que hoje formam o Brasil não se reconheciam como "brasileiros", mas sim como paulistas, pernambucanos, etc. Muitos sentiam-se mais próximos dos portugueses do que dos demais habitantes da colônia.

Algo semelhante acontecia entre os europeus até o século XIX. As pessoas construíam vínculos com a região em que nasciam ou viviam, e esta era a sua ideia de pátria. Embora todos pudessem ser súditos de um mesmo rei, não havia ainda um sentimento nacional. No entanto, no início do século XX, milhares de pessoas mobilizaram-se para defender a sua pátria numa guerra travada entre Estados nacionais – a Primeira Guerra Mundial (1914-1918). O que mudou em tão pouco tempo?

Neste capítulo, vamos entender esse processo, estudando um pouco do contexto histórico da Europa durante o século XIX.

> **Para começar**
>
> Observe a imagem e responda às questões.
>
> 1. Antes de ler a legenda, você saberia dizer de onde são as pessoas que estão na imagem? Por quê?
>
> 2. Existem símbolos que expressam sentimentos nacionais? Cite exemplos.

1 A emergência dos Estados nacionais

Crescimento urbano e construção de identidades

A Europa do século XIX assistiu a um enorme crescimento demográfico e acentuado êxodo rural, provocados pelo desenvolvimento industrial concentrado nos centros urbanos. Em 1850, 22 cidades europeias tinham mais de 100 mil habitantes; dez anos depois, já eram 45 cidades; e, em 1913, esse número havia saltado para 184. No início do século XX, mais da metade da população da Europa ocidental já vivia em centros urbanos, atraída pelas oportunidades de trabalho.

Um dos principais efeitos desse enorme deslocamento populacional foi a perda de uma **identidade comunitária e familiar**. Nas cidades, os migrantes viviam em um ambiente desconhecido, perdendo muitos dos seus antigos vínculos afetivos e familiares.

Essas mudanças impactaram profundamente seu cotidiano, levando-as a se sentir "desenraizadas". Esse processo teve pelo menos três grandes consequências. A primeira foi o fortalecimento da ideia de nacionalidade, ou seja, da sensação de pertencer a determinada coletividade, a uma **nação**, delimitada pela língua e por costumes em comum.

A segunda consequência foi a valorização do folclore e da cultura popular. Por meio do registro de canções, danças e outras práticas rurais que estavam desaparecendo, os artistas e intelectuais românticos procuravam compensar a perda dos laços comunitários e reconstruir a História, o idioma e os costumes do povo.

> **Romântico:** pertencente ao Romantismo, movimento artístico, político e filosófico surgido na Europa no final do século XVIII e ampliado no século XIX. Seus seguidores recusavam o racionalismo e a estética clássica, valorizando os sentimentos, a imaginação, a natureza, o passado e a nação.

Detalhe de uma foto do centro da cidade de Manchester, na Inglaterra, no século XIX. Observe essa paisagem urbana. Foto de aproximadamente 1880.

LINHA DO TEMPO

1815 — Congresso de Viena

1815-1914 — *Pax Britannica* (ING)

1834 — Criação do Zollverein (ALE)

1837-1901 — Era Vitoriana (ING)

1848 — Primavera dos Povos (FRA)

1859 — Cavour obteve da Áustria a Lombardia (ITA)

1860 — Garibaldi conquista o Reino das Duas Sicílias (ITA)

1866 — Guerra das Sete Semanas – conquista de Veneza (ITA)

1870 — Guerra Franco-Prussiana – conquista de Roma (ITA)

1871 — Comuna de Paris (FRA) / Fim da Guerra Franco-Prussiana – Tratado de Frankfurt (ALE)

1914 — Primeira Guerra Mundial

Até 1918 — Segundo *Reich* Alemão (ALE)

1929 — Tratado de Latrão – Vaticano (ITA)

ALE: Alemanha ING: Inglaterra
FRA: França ITA: Itália

Linha do tempo esquemática. O espaço entre as datas não é proporcional ao intervalo de tempo.

A terceira consequência foi o **crescimento dos movimentos sociais** e a **valorização dos ideais revolucionários** de liberdade, igualdade e fraternidade. A mobilização popular e as lutas operárias alarmavam os empresários e os governantes. Para freá-las, além da repressão, foram elaboradas diversas reformas, como a limitação das jornadas, a regulamentação do trabalho de mulheres e crianças, a ampliação do direito de voto, a aposentadoria e o acesso à educação. O principal objetivo dos reformistas era a manutenção da ordem – palavra que se tornou o lema dos grupos mais conservadores e autoritários da Europa (e também das Américas).

Pelle: o conquistador.
Direção: Bille August. Dinamarca, 1987. Retrata a luta de dois imigrantes suecos na Dinamarca na segunda metade do século XIX. O filme faz um belo retrato do cenário da época e das dificuldades vivenciadas pelos trabalhadores.

A Catedral de Salisbury vista do jardim do bispo, de John Constable, c. 1822. Óleo sobre tela. Os pintores românticos tinham grande apreço pelas paisagens. Em geral, retratavam uma natureza idealizada, contrapondo-a à paisagem urbana. Observe o contraste entre a construção, ao fundo, e os elementos naturais, em primeiro plano.

Construindo conceitos

Nação

O conceito de **nação** foi construído durante vários séculos. Segundo o historiador Eric Hobsbawm, o sentido da palavra **nação** foi registrado no dicionário da Real Academia espanhola apenas em 1884: "Um Estado ou corpo político que reconhece um centro de governo comum". [...] "o território constituído por este Estado e seus habitantes, considerados como um todo"[1]. De forma simplificada, apesar dessa íntima relação com Estado, este expressa o organismo político-administrativo sobre um território, com governo próprio. É aquele que administra uma **nação**. Já esta, refere-se à comunidade humana com história, cultura e valores próprios.

Se procurarmos o significado de **nação** em um dicionário atual, iremos encontrar as seguintes definições:
- Comunidade ou agrupamento político independente, com território demarcado, sendo suas instituições partilhadas pelos seus membros;
- Extensão territorial ocupada por essa comunidade; país de nascimento; pátria, país.

Observando as definições acima, não podemos nos esquecer que esse foi um conceito criado ao longo de séculos e ganhou força efetiva num determinado momento histórico: a Idade Contemporânea ocidental europeia.

O conceito de nação cria uma imagem de união entre povos com os mesmos costumes - cultura, língua, características gerais - e que vivem em um mesmo território, formando uma comunidade. Mas se examinarmos com atenção alguns exemplos, podemos perceber que uma nação não é tão homogênea quanto se sugere. Na maioria dos casos, grupos dominantes selecionaram na sua cultura alguns elementos nacionais que passaram a ser identificados como "legítimos". Dessa forma, outras línguas, culturas e costumes, que coexistiam num mesmo território, foram excluídos ou desvalorizados. No Brasil e nos Estados Unidos, por exemplo, não se reconheciam os indígenas e os afrodescendentes escravizados como parte da nação no século XIX e XX.

[1] HOBSBAWM, Eric. *Nações e nacionalismos desde 1780*. Rio de Janeiro: Paz e Terra, 1991. p. 27.

França: reação e revolução

Após a derrota final de Napoleão Bonaparte, em 1815, a monarquia francesa dos Bourbons foi restaurada, e Luís XVIII assumiu o trono. Ele governou até 1824, sendo substituído por seu irmão Carlos X, cujo governo caracterizou-se pela retomada do Antigo Regime, com o retorno dos privilégios do clero e da nobreza, deixando a burguesia marginalizada, além de suprimir a liberdade de imprensa e dissolver a Câmara de Deputados.

As ações de Carlos X estimularam o patriotismo dos franceses menos favorecidos, unindo burgueses e populares contra o monarca em um levante conhecido como **Revolução Liberal de 1830**. Após três dias de confrontos nas ruas de Paris, o rei foi deposto e fugiu para a Grã-Bretanha. Esse quadro de manifestações burguesas e populares, com ideias liberais que contestavam as decisões impostas no Congresso de Viena, espalhou-se pela Europa. O trono francês foi assumido por **Luís Filipe de Orleans**, que ficou conhecido como "o rei burguês". Restabelecia-se, assim, o regime monárquico liberal que assegurava a hegemonia burguesa na condução dos negócios do Estado.

Após a derrubada dos Bourbons, os trabalhadores urbanos e os camponeses continuavam a viver em condições sociais degradantes, o que suscitou inúmeras rebeliões. Nos chamados "banquetes" – reuniões populares com distribuição de comida e divulgação de ideais socialistas – as palavras de ordem eram "revolução" e "fim da monarquia". Quando o governo proibiu esses encontros, em 1848, eclodiu um novo levante. Luís Filipe abandonou o governo.

Chamada **Revolução de 1848**, essa revolta deu origem à **Segunda República Francesa** (a Primeira havia sido instaurada em 1792, durante a Revolução Francesa). Os revolucionários instituíram o voto universal masculino, a redução da jornada de trabalho e as **oficinas nacionais**, empresas estatais comandadas por operários, cujos salários eram proporcionais aos lucros.

Alguns grupos da sociedade francesa, especialmente a burguesia, não concordaram com as oficinas nacionais. Sucederam-se violentos conflitos armados, encerrados com a vitória dos burgueses e a realização de eleições gerais. O eleito foi **Luís Bonaparte**, sobrinho de Napoleão.

Diante da restauração do Antigo Regime, muitos nacionalistas buscaram resgatar os ideais da Revolução Francesa. Esta escultura de François Rude – *A Marselhesa* – foi feita entre 1833 e 1836 para homenagear os heróis de 1792 (ano da instauração da República). Note a bravura e o vigor da representação da Pátria – ao centro, com asas – convocando os cidadãos para a luta.

O governo de Napoleão III

O novo governante francês, Luís Bonaparte, buscou meios para restabelecer a grandeza da era napoleônica. Em 1851, Bonaparte transformou-se em ditador com um golpe de Estado e, no ano seguinte, repetiu a façanha do tio: realizou um plebiscito e, com o aval da população, transformou-se em **Napoleão III**, imperador da França.

O governo de Napoleão III caracterizou-se pela agressiva política externa, com pretensões imperialistas. Em 1870, declarou guerra à Prússia, que desejava formar um Estado alemão unificado. Suas tropas, porém, foram rapidamente derrotadas e o próprio Napoleão III, preso na batalha de Sedan, em 1870.

Com a derrota dos franceses na Guerra Franco-Prussiana, implantou-se no país a **Terceira República**, com sede em Versalhes. Porém, as dificuldades herdadas da guerra levaram os populares parisienses a se voltarem contra o governo, num movimento denominado **Comuna de Paris**. Os rebeldes assumiram o controle da cidade, que passou a ser governada de acordo com ideias socialistas.

A Comuna de Paris, contudo, não resistiu muito tempo. Em poucas semanas, a burguesia reunida em Versalhes reassumiu o poder, após massacrar parte da população parisiense.

Marianne com boné frígio. Alegoria revolucionária da República francesa, em 1848. Nas bandeiras e na auréola sobre a cabeça de Marianne (símbolo da República) está escrito: "República Francesa". No pedestal, "União e Força. Liberdade. Igualdade. Fraternidade".

A Comuna: Paris em chamas, gravura colorida de 1871. Autor desconhecido.

TRABALHANDO COM DOCUMENTOS

Eugène Delacroix (1798-1863) foi um grande representante da pintura romântica francesa. Sua tela aqui reproduzida, *A Liberdade guiando o povo*, foi feita em comemoração à Revolução Liberal de 1830, que reverteu a onda conservadora reacionária iniciada com o Congresso de Viena na Europa.

A Liberdade guiando o povo, 1830, óleo sobre tela de Eugène Delacroix, de 2,6 m × 3,25 m.

1 ▸ Descreva a cena representada na pintura.

2 ▸ Pensando no título dessa obra, o que a mulher à frente do grupo estaria representando? O que o quadro simboliza?

3 ▸ Você já estudou a Revolução Liberal de 1830. Contra quem lutavam os revolucionários representados nesta obra de Delacroix e o que eles defendiam?

A Europa no século XIX • **CAPÍTULO 9**

Outras revoluções

O êxito da Revolução de 1830 estimulou levantes na Europa, que contestavam as determinações do Congresso de Viena. Na Itália, Bélgica, Rússia, Alemanha, Espanha e em Portugal burgueses e populares organizaram-se em movimentos de inspiração liberal contra a ordem vigente.

Do mesmo modo, o exemplo da Revolução de 1848 foi seguido em diversas partes do mundo, num movimento denominado **Primavera dos Povos**. Sua principal característica era o forte conteúdo social, uma vez que contou com trabalhadores pobres (camponeses, operários, desempregados) lutando contra a ordem existente, exigindo reformas e combatendo as forças dominantes.

República Social-Democrática Universal, 1848. Litografia colorida de Frédéric Sorrieu (1807-1871) representando os movimentos da Primavera dos Povos.

Revoluções de 1848: Primavera dos Povos

Organizado pelos autores.

A unificação italiana

Do fim do Império Romano até o século XIX, a península itálica esteve dividida em vários reinos, cidades autônomas e domínio de Estados vizinhos. Desde o Congresso de Viena, grande parte do norte italiano estava sob o domínio do Império Austríaco, enquanto os Estados da região central da península pertenciam ao papado. Os Estados do sul constituíam o Reino das Duas Sicílias, controlado pela família francesa dos Bourbons, enquanto o Piemonte, ao norte, formava com a Ilha da Sardenha um reino independente e industrializado.

Contra essa fragmentação e dominação, cresceu um forte sentimento nacionalista entre a população. Chamado de *Risorgimento*, o movimento pela unificação pregava o "ressurgir" de uma Itália unida e forte. Com a Primavera dos Povos, em 1848, o processo de unificação da Itália intensificou-se ainda mais, destacando-se duas tendências principais: a republicana, liderada por **Giuseppe Mazzini** e **Giuseppe Garibaldi**; e a monarquista, liderada pelo **conde de Cavour**, ministro do Reino do Piemonte-Sardenha, governado pelo rei **Vítor Emanuel II**.

Coube a Giuseppe Garibaldi, comandando um exército conhecido como os **camisas vermelhas**, libertar o sul da península do controle dos Bourbons e diversas outras regiões. Com a ajuda da França de Napoleão III, o Piemonte-Sardenha de Vítor Emanuel anexou vários territórios ao norte. Mais tarde, em 1866, os comandados de Vítor Emanuel também conquistaram Veneza devido à Guerra da Prússia contra a Áustria na Guerra das Sete Semanas.

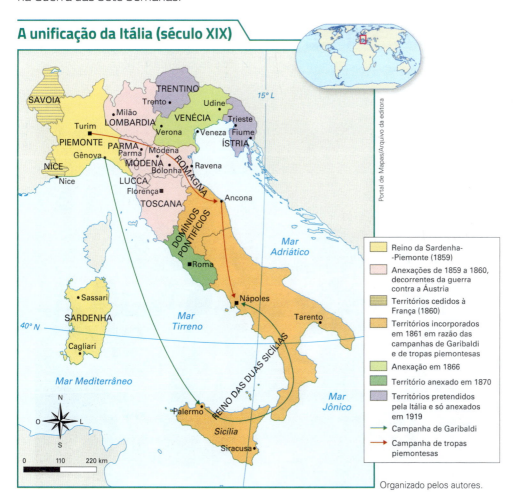

A unificação da Itália (século XIX)

Organizado pelos autores.

A Europa no século XIX • CAPÍTULO 9 • 151

O desejo de unificação levou os nacionalistas a invadir os domínios pontifícios, especialmente Roma. Contudo, Napoleão III ficou do lado do papa e reagiu ao movimento, fixando tropas em Roma contra os unificadores.

Em 1870, durante a Guerra Franco-Prussiana, os franceses retiraram seus soldados de Roma para enfrentar a Prússia. Aproveitando-se da fragilidade das forças papais, o exército unificador invadiu e conquistou Roma, transformando-a na capital do Estado italiano.

O papa Pio IX (1846-1878), entretanto, não aceitou a perda de Roma, dando origem à chamada **Questão Romana**. Essa divergência durou até 1929, quando o ditador italiano **Benito Mussolini** assinou o **Tratado de Latrão**, criando dentro de Roma o Estado autônomo do Vaticano.

> **De olho na tela**
>
> **O leopardo**. Direção: Luchino Visconti. França/Itália, 1963. Baseado na obra homônima de Tommaso di Lampedusa, apresenta os confrontos entre as classes sociais durante a unificação italiana.

▷ Nesta reprodução de pintura do século XIX, de autor desconhecido, um nacionalista escreve no muro "Viva Verdi", aparentemente homenageando o popular compositor de óperas italiano Giuseppe Verdi (1813-1901). A palavra Verdi, no entanto, escondia as iniciais de Vittorio Emmanuele Re d'Italia (*Vitor Emanuel Rei da Itália*).

◁ Um dos principais líderes da unificação, Garibaldi se tornou um herói nacional, cultuado pelos italianos. *Entrada triunfal de Garibaldi em Nápoles em 1860*, guache sobre papel de Antonio Licata, produzido no século XIX.

A unificação alemã

O Congresso de Viena pôs fim à Confederação do Reno, criada por Napoleão Bonaparte, e formou, na mesma região, a Confederação Germânica, composta de 39 Estados, incluindo parte do Reino da Prússia e parte do Império Austríaco.

O primeiro passo para a unificação da Alemanha foi dado em 1834, com a criação do *Zollverein*, uma união alfandegária entre os Estados da Confederação Germânica. Essa medida trouxe grandes vantagens econômicas para a industrializada Prússia, mas desagradou a Áustria, cuja economia ainda era predominantemente agrária.

A Confederação Germânica após 1815

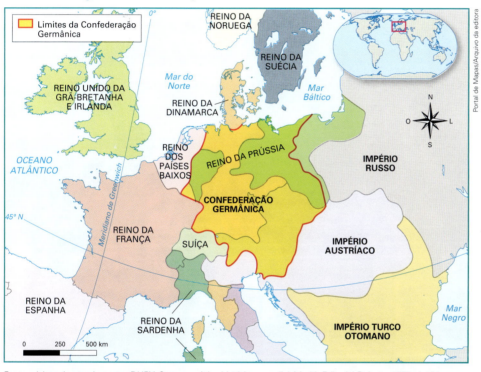

Fonte: elaborado com base em DUBY, Georges. *Atlas histórico mundial*. Madri: Editorial Debate, 1989. p. 104.

Em 1862, o rei da Prússia, Guilherme I, nomeou **Otto von Bismarck** para o cargo de chanceler, encarregando-o de unificar os Estados alemães sob o controle prussiano. Após aperfeiçoar o exército, Bismarck, em aliança com a Áustria, declarou guerra à Dinamarca, que controlava dois ducados de população germânica. Após ganhar a guerra, criou dificuldades para dividir os ducados com os austríacos, que declararam guerra à Prússia.

Otto von Bismarck, em foto de 1877.

A Europa no século XIX • **CAPÍTULO 9** **153**

Guerras contra a Áustria e a França

Em 1866, apoiados pelos Estados alemães do norte, os prussianos derrotaram a Áustria na **Guerra das Sete Semanas**, sendo obrigada a assinar um tratado de paz. Em 1870, diante da declaração de guerra da França, todos os Estados alemães se uniram para combater o expansionismo de Napoleão III. Vitoriosos, os prussianos unificaram a Alemanha sob seu domínio e obtiveram da França os territórios da Alsácia e Lorena, ricos em minério de ferro e carvão, fundamentais para o desenvolvimento industrial.

Com apoio de Bismarck, Guilherme I foi declarado imperador da Alemanha, dando início ao Segundo *Reich*.

Representação da coroação de Guilherme I como *kaiser* do Império Alemão, ocorrida em Versalhes, próximo de Paris, em 1871. Obra de Anton von Werner, de 1885.

▶ *Kaiser*: imperador, em alemão. Deriva do latim *caesar*, título recebido pelo imperador na Roma antiga.

Saiba mais

A palavra *Reich*, em alemão, quer dizer "Estado", e foi usada para denominar o Sacro Império Romano-Germânico (SIRG), também conhecido como **Primeiro *Reich***. Surgido em 962, como uma continuidade do Império Romano no Ocidente, o SIRG foi desmantelado durante as conquistas napoleônicas. O **Segundo *Reich***, criado por Bismarck, em 1871, se encerrou ao final da Primeira Guerra Mundial, em 1918, quando o regime alemão se tornou republicano. Após a ascensão de Hitler ao poder, em 1933, instaurou-se na Alemanha o **Terceiro *Reich***, que durou até 1945.

2 A Inglaterra vitoriana

Entre 1837 e 1901, o trono inglês foi ocupado pela **rainha Vitória**, período conhecido como **era vitoriana**. A Inglaterra manteve-se como a principal potência mundial, contando com um Estado de bases sólidas e uma poderosa marinha mercante.

Até 1914, com a eclosão da Primeira Guerra Mundial, a *Pax Britannica* vigorou em grande parte do mundo apesar das ambições expansionistas da Prússia e do revanchismo belicista dos franceses em relação aos alemães.

Durante esse período, o Estado britânico também teve de conter o movimento nacionalista irlandês. Dominada pela Inglaterra protestante, a Irlanda, de maioria católica, reivindicava sua autonomia.

O período vitoriano também foi marcado pela atuação das organizações operárias, que conquistaram uma legislação trabalhista e maior espaço na vida política inglesa.

> *Pax Britannica*: fase caracterizada pela hegemonia da Inglaterra (1815-1914), potência militar e econômica de predomínio mundial, com seu imenso império.

Ao longo do século XIX e início do XX, as trabalhadoras britânicas também lutavam para conquistar seu espaço. No início do século XX, em 1906, foi fundada a *National Federation of Women Workers* (Federação Nacional das Mulheres Trabalhadoras). Na foto, marcha da *National Federation of Women Workers*, em Londres, Inglaterra, 1911.

O capitalismo monopolista

Outra importante transformação na Inglaterra vitoriana ocorreu no campo da produção industrial. Até a primeira metade do século, o país dominava quase sozinho o mercado de produtos manufaturados. Seu maior desafio era produzir mercadorias com rapidez suficiente para atender aos compradores.

No entanto, após a Guerra Civil americana (1865), os Estados Unidos aumentaram as tarifas de importação de produtos manufaturados, assim como Rússia em 1877, Alemanha em 1879 e França em 1881. Todos esses países visavam proteger suas indústrias dos produtos britânicos, que, produzidos em larga escala e com avançada tecnologia, tinham custos de produção muito baixos.

O aumento da concorrência entre as indústrias de todo o mundo levou muitas empresas de um mesmo país a se fundir, sobretudo na Inglaterra e nos Estados Unidos. Essa união garantia capital para comprar máquinas mais eficientes e tecnologicamente mais avançadas e, assim, produzir em maior quantidade e num ritmo mais veloz, obtendo, na prática, o monopólio do mercado.

Após 1870, como desdobramento do desenvolvimento empresarial, o capitalismo da livre concorrência conviveu com a expansão do **capitalismo monopolista**. Nesse contexto, novas máquinas, matérias-primas, formas de administração e de gestão do trabalho levaram a produção a crescer ainda mais rapidamente, exigindo novos mercados consumidores ou produtores de matéria-prima. Para obter novos compradores e fornecedores, as potências avançaram na expansão imperialista, que será estudada no próximo capítulo.

▶ **Livre concorrência:** situação em que as empresas competem livremente entre si.

Após absorver as concorrentes, no início do século XX, a *Standard Oil*, de propriedade do magnata estadunidense John Davison, deteve o monopólio sobre a extração, o refino e a distribuição de petróleo e derivados em inúmeros países. Em 1911, o Poder Judiciário dos Estados Unidos determinou que tal monopólio fosse quebrado, por meio da criação de várias empresas menores. Na foto, refinaria de petróleo nº 1, em Cleveland, Estados Unidos, em 1889.
▽

Reprodução/Coleção particular

Mapeando saberes

IDENTIDADE EUROPEIA
- Século XIX: o crescimento demográfico na Europa provocou forte crise identitária nas populações, que perderam seus tradicionais vínculos comunitários.
- Nova população urbana começou a ter contato com os ideais nacionalistas, valorizados como símbolo da nova identidade europeia que se formava.

INGLATERRA
- *Pax Britannica*: consolidou o poder inglês sobre os outros países e conteve ambições imperialistas das demais nações europeias.
- Desenvolvimento tecnológico inglês e a busca pela conquista de mercados originaram a Segunda Revolução Industrial e o capitalismo monopolista.

FRANÇA
- Revolução de 1830: teor liberal.
- Revolução de 1848: teor socialista.
- Ambas as revoluções: grande adesão popular; conflitos sociais locais; oposição ao Antigo Regime, ao absolutismo e ao retorno dos privilégios das elites.
- Segunda República Francesa: em 1848, Luís Bonaparte, eleito por sufrágio universal, coroou-se imperador, com o título de Napoleão em 1852.

ATENÇÃO A ESTES ITENS

UNIFICAÇÕES
- Unificação italiana: realizada graças ao *Risorgimento*, no norte, e ao exército de Garibaldi, no sul da península Itálica.
- Segundo Império Alemão: os prussianos dividiam o controle do *Zollverein* com os austríacos e aproveitaram o contexto para formar um estado unificado territorialmente, sob a bandeira do Segundo *Reich*.

GUERRA FRANCO-PRUSSIANA (1870)
- Derrota da França na guerra facilitou as unificações italiana e alemã.
- França perdeu partes de seu território para a recém-fundada Alemanha.
- Socialistas franceses formaram barricadas para transformar a capital na sede da Comuna de Paris, que acabou destruída pelas forças republicanas.

POR QUÊ?

- O nacionalismo europeu do século XIX buscou naturalizar a ideia de pertencimento a um determinado território. As jovens nações trouxeram elementos culturais de um passado remoto para produzir uma identidade cultural homogênea. Reconstituir esse processo é fundamental para compreender o caráter histórico e recente do nacionalismo.

- As unificações, o desenvolvimento capitalista e as disputas imperialistas acabaram alimentando novas rivalidades que, como veremos, resultariam no primeiro conflito armado de dimensões globais no início do século XX.

A Europa no século XIX • CAPÍTULO 9

ATIVIDADES

Retome

1 ▸ Estabeleça uma relação entre o crescimento urbano e industrial do século XIX e o surgimento dos nacionalismos.

2 ▸ Explique, com suas palavras, o que você entendeu sobre o conceito de nação.

3 ▸ Cite as principais transformações da economia industrial ao longo do século XIX.

4 ▸ Quais foram os principais protagonistas no processo de unificação da Itália?

5 ▸ Descreva como se deu o processo de unificação da Alemanha.

6 ▸ Com base nos conteúdos deste capítulo e em seus conhecimentos, aponte exemplos do nacionalismo na História, antigos ou contemporâneos.

Analise e compare as fotografias

7 ▸ A foto 1 mostra uma rua da cidade de Paris, antes da reforma urbanística empreendida por Georges-Eugène Haussmann, prefeito parisiense durante o reinado de Napoleão III. A foto 2 retrata uma avenida parisiense após a reforma. Observe-as e faça o que se pede.

Rua Traversin, em Paris, 1860, antes da reforma.

Vista do Bois de Boulogne em 1880, exemplo das grandes avenidas da capital francesa. O projeto traçado para a capital francesa serviu de modelo para o planejamento e a reforma de outras cidades, como Buenos Aires, na Argentina, e Barcelona, na Espanha.

a) Descreva algumas características das ruas mostradas nas fotos.

b) Como estava disposto o traçado das ruas da cidade antes da reforma? E depois?

c) Comparando as imagens e baseando-se no conteúdo deste capítulo, que hipóteses você levantaria para explicar a alteração no traçado e na disposição das ruas de Paris?

Pesquise

8. O século XVIII foi marcado pela objetividade e pelo racionalismo pregados pelo Iluminismo. Em contraposição, já no final do século XVIII, surgiu o Romantismo, movimento que influenciou as artes, a política e a filosofia durante grande parte do século XIX. Leia o texto abaixo sobre o Romantismo e depois faça o que se pede.

A diversidade de obras, temas e orientações implicadas no termo leva a pensar em um complexo romântico, que inclui as diferentes artes e a filosofia. Isso porque, [...], o romantismo faz referência a uma visão de mundo mais ampla que se dissemina por toda a Europa, entre meados do século XVIII até fins do século XIX.

[...]

O cerne da visão romântica do mundo é o sujeito, suas paixões e traços de personalidade, que comandam a criação artística. A imaginação, o sonho e a evasão – no tempo (na Idade Média gótica) e no espaço (nos lugares exóticos, no Oriente, nas Américas); os mitos do herói e da nação; o acento na religiosidade; a consciência histórica; o culto ao folclore e à cor local são traços destacados da produção romântica, seja na literatura de Walter Scott, Chateaubriand, Victor Hugo e Goethe, seja na música de Beethoven, Weber e Schubert. Nas artes visuais, o nome do alemão Caspar David Friedrich (1774-1840) associa-se diretamente às formulações dos teóricos do romantismo. [...] As grandes extensões de mar, montanhas e planícies cobertas de nuvens e/ou neblina que se estendem ao infinito, as rochas e picos, e o homem solitário em atitude contemplativa, compõem a imagística do romantismo: a natureza como locus da experiência espiritual do indivíduo, a postura meditativa do sujeito, a solidão, a longa espera etc.

▶ **Cerne:** essência, questão central.
▶ **Evasão:** fuga.
▶ **Locus:** palavra latina que significa lugar.

ROMANTISMO. In: ENCICLOPÉDIA Itaú Cultural de Arte e Cultura Brasileiras. São Paulo: Itaú Cultural, 2018. Disponível em: <http://enciclopedia.itaucultural.org.br/termo3640/romantismo>. Acesso em: 22 jun. 2018. Verbete da Enciclopédia.

• Johann Wolfgang von Goethe (1749-1832) e Victor Hugo (1802-1885) foram dois expoentes da literatura romântica. Realize uma pesquisa em *sites* ou livros de História e Literatura sobre esses escritores. Depois, compartilhe os resultados com os colegas.

◁ Retrato de Goethe, de Karl Josef Stieler, de 1828.

Victor Hugo, em ▷ foto produzida aproximadamente em 1870.

Autoavaliação

1. Quais atividades você considerou mais fáceis e mais difíceis? Por quê?
2. Em quais atividades você utilizou o texto do capítulo como base para sua resposta?
3. Algum ponto do capítulo não ficou muito claro para você? Qual?
4. Você compreendeu o esquema *Mapeando saberes*? Explique.
5. Você saberia apontar exemplos da atualidade considerando o que aprendeu no item *Por quê?* do *Mapeando saberes*?
6. Como você avalia sua compreensão dos assuntos tratados neste capítulo?

» **Excelente:** não tive nenhuma dificuldade.
» **Boa:** tive algumas dificuldades, mas consegui resolvê-las.
» **Regular:** foi difícil compreender certos conceitos e resolver as atividades.
» **Ruim:** tive muitas dificuldades, tanto no conteúdo quanto na realização das atividades.

CAPÍTULO 10

O imperialismo na África e na Ásia

Reprodução/Biblioteca da Universidade de Cornell, EUA.

Mapa histórico do Império Britânico e seus domínios coloniais no século XIX, criado pelo ilustrador e pintor inglês Walter Crane, em 1886.

Para começar

Observe a imagem, atente-se à legenda e responda às questões.

1. Quando foi feita a imagem?
2. O que ela mostra? Descreva os elementos representados.

Na segunda metade do século XIX, as grandes empresas, oriundas do desenvolvimento industrial, precisavam ampliar suas buscas por matérias-primas e mercados consumidores. Contando com seus poderosos Estados Nacionais, lançaram-se sobre os países da África, da Ásia e das Américas, tidos como potenciais compradores de produtos industrializados e fornecedores de matérias-primas, além de serem atraentes mercados promissores para investimentos.

As disputas por colônias no século XIX, porém, ocorreram de forma diferente da colonização europeia da Idade Moderna, que fora estimulada pela obtenção de metais preciosos e gêneros então considerados exóticos, pelo tráfico de escravizados e dominação dos nativos sob a justificativa da cristianização indígena. Já na era contemporânea, as empresas contavam com o poderio de seus Estados nacionais, como grandes potências, numa prática conhecida como **imperialismo**, justificada pela ideia de "missão civilizadora" dos brancos europeus sobre os demais povos.

Neste capítulo, vamos estudar o processo europeu de conquista de novas colônias na África e na Ásia e suas consequências para esses continentes.

1 A legitimação das práticas imperialistas

Na segunda metade do século XIX, as grandes empresas capitalistas europeias precisavam conquistar novos mercados para assegurar seu lucro crescente.

Prevalecia também a ideia da "missão civilizadora" do branco europeu sobre os demais povos, considerados "inferiores", ideia que se fundamentava em teorias que surgiram nesse período, como o **darwinismo social**.

O darwinismo social consistia em uma interpretação das ideias de *A origem das espécies*, obra lançada em 1859 por Charles Darwin. Neste livro, Darwin estabelece a teoria da seleção natural (teoria da evolução), demonstrando que os seres vivos mais adaptados ao meio sobreviviam, enquanto os menos adaptados eram extintos.

Os adeptos do darwinismo social tentavam aplicar a teoria da seleção natural às sociedades humanas. Para eles, as civilizações em todo o mundo eram consideradas "superiores" ou "inferiores". Os brancos europeus fariam parte da parcela mais "evoluída" da humanidade, enquanto os africanos e os asiáticos, por exemplo, seriam povos "primitivos", menos "desenvolvidos".

Alegava-se que, ao serem colonizados, esses povos teriam acesso ao conhecimento e a inovações tecnológicas (máquina a vapor, energia elétrica) que lhes permitiriam progredir. A noção de progresso e civilização, nessa época, supunha que a História vivida pelos europeus era o modelo que deveria ser seguido por todos os povos do mundo.

LINHA DO TEMPO

1834-1837
Guerrilha dos Berberes

1840-1842
Guerra do Ópio – Abertura de Hong Kong

1857-1859
Guerra dos Sipaios

1859-1869
Canal de Suez (França/Egito)

1868 (até 1912)
Era Meiji

1875 (até 1904)
Canal de Suez (França/Inglaterra)

1876
Índia – parte do Império Britânico

1884-1885
Conferência de Berlim

1894
Japão declara guerra à China

1896
Rebelião Ashanti

1899-1902
Guerra dos Bôeres

1904
Questão Marroquina

1904-1905
Guerra Russo-Japonesa

1947
Independência da Índia

1997
Devolução de Hong Kong à China

▷ Publicada na capa do jornal francês *Le Petit Journal*, em 1911, a charge *A França trazendo a civilização, a riqueza e a paz ao Marrocos* representa com ironia a visão do colonizador em relação ao colonizado.

Linha do tempo esquemática. O espaço entre as datas não é proporcional ao intervalo de tempo.

O imperialismo na África e na Ásia • **CAPÍTULO 10** **161**

Construindo conceitos

Imperialismo

A palavra **império**, do latim *imperium*, significa "autoridade, comando, dominação". Na época romana mais antiga, o *imperium* incluía o direito do rei de recrutar cidadãos para guerra, impor ordens, comandar e mesmo de executar quem o desobedecesse. Passou a ser utilizado na Antiguidade para designar a extensão do Estado romano e das áreas conquistadas por ele. Já o termo **imperialismo**, dela derivado, é usado para nomear a ocupação e a dominação de um território. O termo, do século XIX, até hoje serve para caracterizar diversas formas de domínio: político, econômico, militar, cultural etc.

O imperialismo de fins do século XIX se baseava na disputa por novas colônias na Ásia, na África e na Oceania pelos países industrializados. Além disso, se fazia presente na América Latina, marcado principalmente pela dependência econômica, exercida pela Inglaterra e, depois, pelos Estados Unidos.

As justificativas do darwinismo social serviram para os europeus legitimarem o uso da força na dominação dos colonizados. Nesse período, a indústria bélica atingiu um alto grau tecnológico. Fuzis, metralhadoras, canhões, explosivos de grande capacidade destrutiva, navios de guerra mais velozes garantiam a superioridade militar das potências imperialistas. A nova expansão colonialista acabou submetendo mais da metade da Ásia e a quase totalidade dos territórios da África e da Oceania.

Mundo virtual

Coração das trevas, de Joseph Conrad, Editora Companhia de Bolso, 2008. Publicada em 1902, essa obra trata da desumanização e da violência impostas pelo colonialismo na África.

De olho na tela

A garota negra. Direção: Ousmane Sembène. Senegal, 1966. Conta a história de uma jovem senegalesa que vai trabalhar na França. O filme trata dos temas colonialismo e racismo.

O mundo em 1914

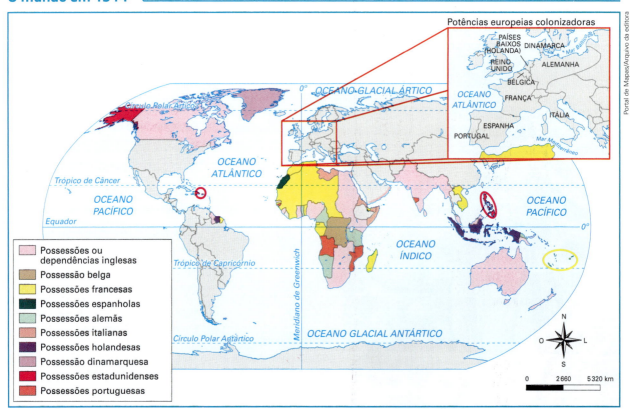

Fonte: elaborado com base em HAYWOOD, John. *Atlas histórico do mundo*. Colônia: Könemann, 2001. p. 176-177.

No mapa acima, vemos como estava dividido o mundo até 1914, após a chamada "corrida colonialista" para a África e a Ásia.

Saiba mais

A desumanização dos colonizados

Segundo a ideologia da "missão civilizadora", os colonizados eram vistos como "povos exóticos". Alguns representantes desses povos foram até mesmo exibidos em exposições chamadas de "zoológicos humanos".

Iniciadas no fim do século XIX, as exposições foram realizadas até o início do século XX e, na prática, expressavam a ideia de que era preciso desumanizar os colonizados para garantir que permanecessem "submissos" aos colonizadores.

Em Paris, por exemplo, até 1912, foram organizados cerca de trinta eventos desse tipo. Eram muito populares nas feiras mundiais, vistas por milhões de pessoas em diversas cidades, como Hamburgo (Alemanha), Londres (Inglaterra), Nova York (Estados Unidos), Moscou (Rússia), Barcelona (Espanha), entre outras.

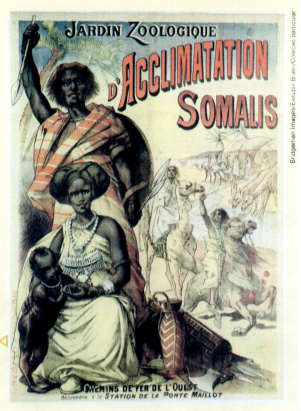

Cartaz do final do século XIX do Jardim Zoológico de Aclimatação, em Paris, França. O cartaz promove a exposição de uma aldeia africana dos somalis, montada dentro do parque.

Primeiras reações ao imperialismo

Não devemos olhar para o imperialismo apenas do ponto de vista dos colonizadores. É importante conhecer como os povos colonizados perceberam a dominação europeia do século XIX e reagiram a ela. Os europeus quase sempre buscavam o apoio da elite local, que recebia vantagens, como cargos, poderes e recursos, e agia como "intermediária" dos colonizadores em seus territórios.

Por outro lado, vários povos africanos e asiáticos resistiram às diversas formas de dominação, contestando as imposições ideológicas, políticas, econômicas e culturais forçadas por europeus e estadunidenses.

A resistência africana

No século XIX, os imperialistas precisavam da mão de obra local em seus empreendimentos africanos. Por isso, atuaram na criação de medidas contrárias ao tráfico de escravizados.

Para avaliar o impacto da escravização africana, calcula-se que no século XVI a população ao sul do deserto do Saara era de cerca de 600 milhões de habitantes; entre 1870 e 1890, essa população estava reduzida a 200 milhões; em 1930, o total era de cerca de 130 milhões de africanos.

Durante o século XIX, com a exploração territorial do continente africano, intensificaram-se os conflitos com os diferentes povos nativos, que resistiam fazendo desde queimadas e levantes até guerrilha aberta.

Veja abaixo alguns exemplos de resistência:
- **Guerrilha dos Berberes**: contra os 100 mil franceses invasores na Argélia, entre 1834-1837;
- **Rebelião Ashanti**: na Costa do Ouro, atual Gana, liderada pela rainha Yaa Asantewaa, terminou com milhares de mortos e presos, em 1896;
- **Diversas rebeliões islâmicas**: contra governos europeus e colonizadores, no final do século XIX e início do século XX.

Rei Ibrahim Njoya, governante de Bamum (região oeste de Camarões, na África), recebendo lealdade de um súdito, em imagem de 1914. Njoya governou entre 1883 e 1931, quando foi exilado por resistir ao domínio da França. Inventor e poeta, desenvolveu um sistema de escrita com pictogramas tradicionais da língua Bamum que era ensinado nas escolas, mas foi banido após a dominação francesa.

2 A partilha da África

Na primeira metade do século XIX, Inglaterra e França formaram novas colônias no continente africano. A partir da década de 1870, porém, com o crescimento da industrialização na Europa, nações como Alemanha, Itália e Bélgica também entraram na disputa por territórios africanos, suas matérias-primas e seus mercados.

Entre 1884 e 1885, para evitar futuros conflitos, as grandes potências se reuniram na **Conferência de Berlim** com o objetivo de dividir entre elas o continente africano. O mapa político da África foi então redesenhado pelos países imperialistas sem levar em consideração as diferenças culturais nem os interesses dos povos locais (veja o mapa da página seguinte).

Apesar do acordo obtido na conferência, seguiram-se novas disputas territoriais na África, destacando-se a **Guerra dos Bôeres** (1899-1902). Desde o século XVII, a região sul-africana era ocupada pelos holandeses. No Congresso de Viena (1815), a região do Cabo da Boa Esperança (Colônia do Cabo) passou para o domínio da Inglaterra. Isso obrigou os antigos colonos holandeses, chamados de bôeres ou africâners, a se retirar para o norte, onde fundaram as colônias de Orange e Transvaal (localize-as no mapa a seguir).

A África repartida e explorada no século XIX

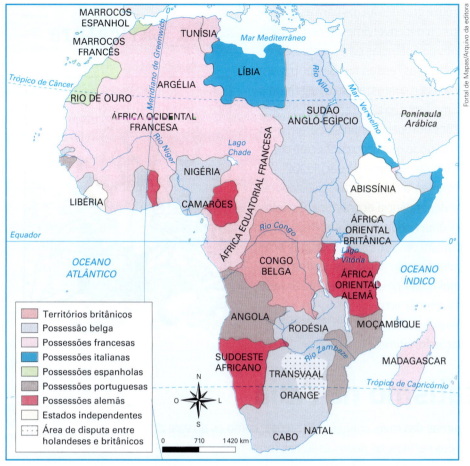

Fonte: elaborado com base em Atlas da história do mundo. São Paulo: *Folha de S.Paulo*, 1995. p. 236-237.

A exploração de ouro e diamantes nessas regiões motivou a disputa entre ingleses e holandeses pelo domínio sobre todo o sul do continente. Em 1895, a Inglaterra enviou tropas ao Transvaal, em apoio a um protesto de estrangeiros contra os altos impostos cobrados pelos holandeses. Em 1899, os holandeses revidaram, atacando territórios ingleses nas colônias do Cabo e Natal. O conflito só se encerrou em 1902, com a vitória da Inglaterra, que anexou as antigas colônias holandesas (Província do Cabo, Natal, Estado Livre de Orange e Transvaal) e, em 1910, fundou na região a União Sul-Africana.

No norte africano, a **Questão de Suez** também provocou desentendimentos entre os europeus. Visando encurtar as distâncias marítimas entre a Europa e a Ásia, Napoleão III financiou a construção do Canal de Suez, ligando o mar Vermelho ao Mediterrâneo. Concluída em 1869, a passagem ficou sob controle da França e do Egito.

Em 1875, porém, a Coroa inglesa comprou os direitos egípcios de exploração do canal, passando a administrá-lo com os franceses. Tal situação gerou diversos desentendimentos, solucionados em 1904 em um acordo: em troca do apoio britânico na conquista do Marrocos, a França abandonaria o Egito, deixando o canal para os ingleses.

Os alemães também desejavam conquistar o Marrocos e opuseram-se às ambições francesas, gerando um conflito conhecido como **Questão Marroquina** (1904), que foi uma das causas da Primeira Guerra Mundial.

Consequências do colonialismo africano

A colonização da África trouxe grandes lucros para as potências imperialistas, acelerando seu desenvolvimento econômico. Também estimulou as ambições de potências emergentes, como Alemanha e Itália. Recém-unificadas, essas nações entraram tardiamente na corrida imperialista e contestavam a hegemonia das potências tradicionais, como Inglaterra e França.

As disputas entre as nações europeias impulsionaram uma corrida armamentista, em um período que ficou conhecido como "Paz Armada" (do final do século XIX ao início do século XX).

Para as populações dominadas, a colonização "civilizadora" gerou rebeliões, repressões e dependência econômica. Os colonos europeus se fixavam nas áreas onde o solo era mais fértil, expulsando os nativos, e cobravam diversos impostos, que acabavam sendo pagos com trabalho forçado nas obras das ferrovias, plantações e mineração espalhadas pelo continente. Grande parte dos problemas sociais e econômicos que a África enfrenta atualmente se deve à espoliação de que sua população foi vítima.

> **Espoliar:** desapossar, usurpar, lesar.

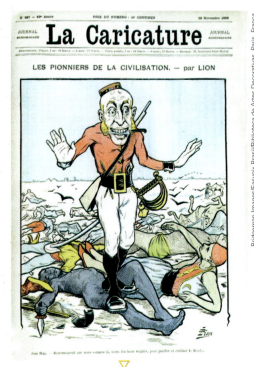

Os pioneiros da civilização, charge publicada em 1898 na capa do periódico francês *La Caricature*. Ela representa a Inglaterra, personificada por um soldado com uma faca nos dentes, andando entre corpos agonizantes ou mortos. O que a charge e seu título lhe sugerem?

3 O imperialismo na Ásia

A Ásia foi o berço de algumas das mais antigas civilizações, como as do vale do rio Indo e da China. Ao longo dos séculos, os povos asiáticos formaram grandes impérios e realizaram intenso comércio por terra e por mar. No século XV, por exemplo, os chineses dominavam importantes rotas comerciais do mundo, alcançando portos da Índia, da África e, possivelmente, da Austrália.

Ao longo da Idade Moderna, a atividade comercial asiática foi influenciada pela presença europeia e, no século XIX, esteve dominada pelos interesses das potências imperialistas. Nessa época, estima-se que os europeus concentravam mais de 70% de todo o comércio mundial, negociando suas manufaturas em troca de matérias-primas e produtos agrícolas de outras partes do mundo[1].

---
1 Segundo FONTANA, Josep. *Introducción al estudio de la Historia*. Barcelona: Crítica, 1999. p. 36.

Litografia colorida representando o empresário Charles Crocker (1822-1888) e os trabalhadores chineses imigrantes que construíram a primeira ferrovia transcontinental estadunidense, a *Central Pacific*, inaugurada em 1869.

Com o fim do tráfico de escravizados africanos, no século XIX, as potências imperialistas passaram a utilizar trabalhadores asiáticos como mão de obra, especialmente os chineses. Estima-se que no século XIX entre 12 milhões e 27 milhões de asiáticos deixaram seu continente para trabalhar em outras regiões, onde viviam em condições degradantes e submetidos a trabalhos forçados.

Índia: dominação e resistência

Após ser dominada por portugueses, holandeses e franceses, a **Índia** passou para o domínio da Inglaterra em 1763, com o final da Guerra dos Sete Anos. Nessa época, os indianos eram grandes produtores e exportadores de tecidos de algodão. A concorrência com os tecidos ingleses de qualidade inferior, porém mais baratos, provocou a ruína das manufaturas indianas, impondo ao país o papel de exportador de matéria-prima (fios de algodão) e importador do tecido pronto.

Em 1876, a Índia deixou de ser um protetorado e foi integrada ao Império Britânico, subordinando-se ao governo inglês. A rainha Vitória foi coroada imperatriz da Índia, sendo auxiliada no governo por um vice-rei indiano. Apesar de não ter sido aceito passivamente, o domínio inglês se estendeu até 1947.

Entre 1857 e 1859, soldados indianos que serviam à Inglaterra, chamados sipaios, iniciaram uma rebelião contra o imperialismo britânico na região. Os rebeldes se opunham aos pesados impostos, à mistura de castas nas tropas do exército e ao uso da gordura extraída dos bovinos (animais considerados sagrados no hinduísmo) para impermeabilização dos cartuchos. A **Guerra dos Sipaios**, como ficou conhecido o movimento, foi violentamente reprimida.

Em 1885, foi criado o Partido Nacional Indiano pela Autonomia, que lutava pela independência.

De olho na tela

Anna e o rei. Direção: Andy Tennant. Israel/Estados Unidos, 1999. O enredo explora as diferenças culturais do encontro entre uma professora inglesa e o rei do Sião (atual Tailândia).

> **Protetorado:** área considerada independente, mas sob a "proteção" de um país imperialista.

Prisioneiros indianos em Bengala, Índia, prestes a serem executados com tiros de canhão pela artilharia britânica, durante a Guerra dos Sipaios. Aquarela sobre papel de Orlando Norie, feita por volta de 1858.

TRABALHANDO COM DOCUMENTOS

Neste texto, escrito em meados do século XIX, uma inglesa descreve suas impressões de uma viagem à Índia. Leia-o com atenção e responda às questões.

Pouco antes de deixarmos a Índia, a estrada de ferro para Bombaim só estava construída num curto percurso para além de Tannah. Era a primeira estrada de ferro aberta na Índia. Pode-se bem imaginar o espanto e a excitação que causou nos nativos. [...] A construção de um templo novo e muito elegante havia sido começada muito antes de a estrada ter sido projetada e estava em vias de terminar quando ela foi inaugurada. Uma estrada de ferro e um templo hindu em justaposição – a obra dos governantes e a dos governados. Será que alguém pode imaginar duas construções mais opostas nos seus propósitos ou mais indicativas do caráter das duas raças? Os últimos triunfos da ciência lado a lado com as superstições de milhares de anos atrás.

FALKLAND, Lady. *Cartas de Chow Chow*. The Sahibs, 1848.

▶ **Justaposição:** sobreposição, colocar algo ao lado de outra coisa.

Jejuar e viver na mendicância é uma prática de milênios na Índia entre os faquires, tradição que se mantém até a atualidade. Acima, um faquir em posição típica, em 1954.

Trem em estrada de ferro nas planícies de Punjab, no norte da Índia, e a poucos quilômetros de Lahore, no Paquistão, que na época da foto fazia parte da Índia. No horizonte, é possível ver um antigo templo. Foto de 1880.

1▶ Como a autora inglesa interpreta a existência de estradas de ferro na Índia?

2▶ Como ela interpreta a construção de um templo pelos indianos?

3▶ Com base no texto, qual é a relação que podemos estabelecer entre tecnologia e imperialismo?

China: controle estrangeiro e a Guerra do Ópio

A **China** mantinha-se afastada das relações comerciais com o Ocidente. A abertura comercial chinesa foi conseguida graças a pressões estrangeiras e vários conflitos, especialmente após a **Guerra do Ópio** (1840-1842). Produzido na Índia, já sob o domínio inglês, o ópio era vendido aos chineses pela Companhia Britânica das Índias Orientais. Esse comércio, muito lucrativo para os ingleses, resultava em enormes prejuízos para a população chinesa, uma vez que o seu consumo provocava dependência e sérios problemas de saúde.

Em 1839, o governo chinês proibiu a comercialização da droga, apreendeu e destruiu carregamentos ingleses, o que fez a Inglaterra declarar guerra à China. Após três anos de combates, os chineses foram derrotados e obrigados a abrir vários dos seus portos ao comércio internacional. Também tiveram de entregar aos ingleses a ilha de Hong Kong, que só foi devolvida à China em 1997. A França, os Estados Unidos, o Japão e a Rússia também conseguiram se instalar na China com o apoio do poder imperial chinês e das elites aristocráticas.

A dominação estrangeira não foi facilmente aceita pela população chinesa, que se rebelou diversas vezes. Em 1851, liderados pelo cristão Hong Xiuquan, revoltosos tomaram a cidade de Nanquim, para nela fundar o "Reino Celeste da Grande Paz", uma comunidade igualitária baseada na coletivização da terra, na abolição da propriedade privada e na igualdade entre os sexos.

Esse movimento, chamado de **Revolta de *Taiping*** ("Grande Paz", em chinês), questionava o poder imperial e o domínio internacional na China. Os confrontos se encerraram em 1864, com a vitória das forças imperiais, uma das mais sangrentas revoltas da História.

Exércitos imperiais em luta com as tropas Taiping em Huizhou, na região de Cantão, na China. As tropas vestidas de azul representam os exércitos vitoriosos do império chinês da época. A obra faz parte de uma série de pinturas encomendadas pela corte, no final do século XIX, para comemorar a derrota de Taiping (autor desconhecido).

Album/Fotoarena/Coleção particular

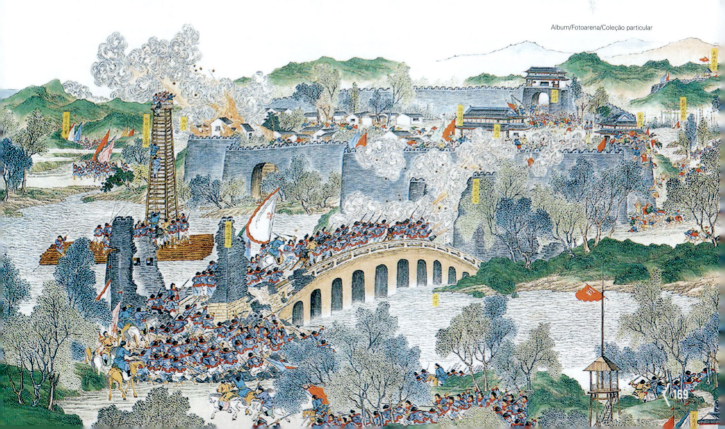

A Revolta dos Boxers

Em 1900, explodiu outro levante contra o domínio estrangeiro na China, liderado pela sociedade secreta "punhos fechados" (*boxers*). A rebelião ficou conhecida como **Revolta dos Boxers**.

A influência dos boxers teve início no norte da China e se expandiu para outras províncias. Eles aproveitaram o período de descontentamento de grande parte da população chinesa contra o domínio do país pelas potências estrangeiras. Os acordos travados após a Guerra do Ópio abriram os portos e estabeleceram taxas pequenas para a entrada de mercadorias importadas. Isso abalava a indústria chinesa – que não podia concorrer com os produtos estrangeiros – e gerava desemprego.

Os boxers faziam apresentações nas cidades e utilizavam técnicas de artes marciais para impressionar e convocar novos membros, principalmente entre os camponeses. Eles acreditavam na necessidade de destruir "os invasores", que seriam os culpados pelas dificuldades que a China enfrentava; entre elas, uma grande seca. Eliminando os estrangeiros – e com eles também o cristianismo, já que uma parte dos chineses se converteu a essa religião –, os problemas acabariam.

Os rebeldes conseguiram o apoio do governo e chegaram a Pequim, auxiliados pelo exército para lutar contra a invasão organizada pela França, Alemanha, Inglaterra, Japão, Rússia e Estados Unidos, entre outros países. A revolta foi sufocada pelas potências europeias, que conseguiram permanecer em território chinês. Mais um acordo desvantajoso para a China foi firmado em setembro de 1901, pondo fim ao conflito.

De olho na tela

55 dias em Pequim. Direção: Nicholas Ray, Guy Green, Andrew Marton. Estados Unidos, 1963. O filme trata da Revolta dos Boxers na China, em 1900, quando os estrangeiros que viviam em Pequim foram encurralados por rebeldes.

Soldados franceses em barricada em rua de Tianjin, na China, durante a Revolta dos Boxers (foto de 1900).

Japão: modernização e expansionismo

O **Japão** manteve-se isolado do Ocidente desde o século XVII, sob a liderança política de um chefe militar chamado *shogun* (ou xógum). Ele era representante da aristocracia dos grandes proprietários, os *daimios*, senhores poderosos que contavam com a proteção dos **samurais** (guerreiros profissionais).

Em meados do século XIX, com os portos fechados ao resto do mundo e com pouca atividade comercial, a organização social e política do Japão era muito semelhante à da Europa feudal. Com uma economia basicamente agrária, o país manteve-se isolado do Ocidente.

Em 1853, uma esquadra estadunidense impôs ao Japão a abertura de seus portos ao comércio internacional. Para escapar da completa subordinação às potências capitalistas, o imperador japonês Mutsuhito decidiu promover a rápida modernização do país. Concentrando todos os poderes em suas mãos, formou um exército nacional e tomou medidas para acabar com a estrutura aristocrática tradicional. Incentivou a industrialização por meio da construção de hidrelétricas, portos e ferrovias. Esse período de desenvolvimento ficou conhecido como a **Era Meiji** (em japonês, "governo esclarecido").

Em pouco tempo, a modernização e a ocidentalização do Japão possibilitaram que ele participasse das disputas coloniais na Ásia, especialmente na China. Entre 1904 e 1905, os japoneses disputaram com a Rússia o domínio sobre as regiões chinesas da Manchúria e da Coreia, no conflito conhecido como **Guerra Russo-Japonesa**.

A expansão japonesa continuou nas primeiras décadas do século XX, tomando grande parte da China em 1931. O Japão passou a disputar com os estadunidenses o domínio de ilhas do Pacífico às vésperas da Segunda Guerra Mundial.

Samurai em fotografia colorizada à mão. Japão, aproximadamente 1880.

A Batalha de Liaojang (1904) foi fundamental para o desenrolar da Guerra Russo-Japonesa (1904-1905). A dura vitória japonesa contribuiu para sua posterior vitória na Batalha de Mukden, ocorrida em 1905. Ilustração de 1904, de autor desconhecido.

Mapeando saberes

ATENÇÃO A ESTES ITENS

EXPANSÃO COLONIALISTA EUROPEIA (SÉCULO XIX) NA ÁFRICA

- Objetivo: conquistar novos mercados consumidores para suas indústrias e novos fornecedores de matérias-primas.
- Conferência de Berlim (1884-1885): realizada para evitar confronto e permitir às potências imperialistas partilhar o continente africano.
- Contestações e resistências africanas: guerrilha dos Berberes, Rebelião Ashanti, Guerra dos Bôeres e a Questão de Suez.

EXPANSÃO COLONIALISTA EUROPEIA (SÉCULO XIX) NA ÁSIA

- Índia: dominada pelo Império Britânico até 1947, quando se tornou independente.
- China: dominada por várias potências, tendo à frente o Império Britânico.
- Contestações e resistências ao imperialismo na Ásia: Guerra dos Sipaios, Guerra do Ópio, Revolta Taiping e Revolta dos Boxers.
- Japão (Era Meiji): modernização econômica e industrialização.

CARACTERÍSTICAS DO COLONIALISMO CONTEMPORÂNEO

- A expansão imperialista do século XIX difere da expansão colonialista dos séculos XV e XVI, que era voltada para a busca de metais preciosos e gêneros exóticos.
- Uma das justificativas do imperialismo do século XIX era a ideia da "missão civilizadora" na África e na Ásia, pois os colonizadores viam a Europa como modelo de progresso a ser seguido por todos os povos do mundo.
- O período entre o fim do século XIX e início do século XX ficou conhecido como "Paz Armada", em razão do impulso para a corrida armamentista. Isso ocorreu durante as disputas imperialistas entre as nações europeias na África e na Ásia.

POR QUÊ?

- O imperialismo do século XIX impulsionou disputas territoriais entre as potências colonizadoras.
- Além de dividirem a África e a Ásia em suas áreas de domínio, as potências fomentaram confrontos que contribuíram para desencadear a Primeira Guerra Mundial.
- Também estimularam o sentimento nacionalista nas lutas por independência e transformações no século seguinte.

- A África ainda carregava os efeitos desastrosos do tráfico de escravizados existente há séculos quando foi alvo do imperialismo no século XIX.
- Grande parte dos atuais problemas políticos e socioeconômicos da África se deve à espoliação sofrida por esse continente.

- Na Ásia, várias disputas regionais, rivalidades e as transformações seguintes carregaram fortes doses nacionalistas.
- Séculos de dominação e colonização deixaram efeitos sociais, políticos, econômicos e culturais que são entraves profundos para a melhoria das condições de vida dos países africanos.

UNIDADE 3 • Centros de poder e dominação colonial da África e da Ásia

ATIVIDADES

Retome

1. Qual é a relação entre a industrialização na segunda metade do século XIX e a expansão imperialista?

2. Compare o imperialismo do século XIX e o colonialismo dos séculos XV a XVIII, apontando as principais diferenças entre eles.

3. Preencha o quadro abaixo com as informações para cada um dos movimentos de contestação ao imperialismo estudados neste capítulo (Ópio, Boxers, Sipaios e Bôeres).

Movimento	Países envolvidos e data	Causa(s)	Consequência(s)
Guerra do Ópio			
Guerra dos Boxers			
Guerra dos Sipaios			
Guerra dos Bôeres			

4. Explique as consequências da expansão imperialista europeia do século XIX, sob a perspectiva das potências.

Conheça um texto historiográfico

5. Leia a visão de uma historiadora sobre a corrida colonial na África. Depois responda às questões.

O marco da corrida colonial foi a famosa Conferência de Berlim, reunida por Bismarck, o chanceler da Alemanha. O ato principal desta Conferência (26/2/1885) foi a carta de partilha amigável da África entre as nações europeias. A carta regulou a navegação e o comércio nas bacias do Congo e do Níger, decidindo que as prioridades seriam dadas aos estabelecimentos costeiros. Determinou ainda que toda nova extensão territorial deveria ser notificada às outras potências e que nenhuma anexação seria reconhecida se ela não se traduzisse em ocupação efetiva. A partir de então, a África deixou definitivamente de ser fornecedora de escravos. E o africano ganhou o privilégio de ser explorado na sua própria terra. As resistências africanas foram tratadas com violência e as indústrias europeias progrediram com o cacau, o amendoim, a bauxita, o manganês, o ouro e demais matérias-primas retiradas da África.

CANÊDO, Letícia Bicalho. *A descolonização da Ásia e da África*. 2. ed. São Paulo/Campinas: Atual/Unicamp, 1985. p. 14.

a) O que determinava a carta da Conferência de Berlim sobre a ocupação dos territórios africanos?

b) Por que a historiadora qualifica a partilha da África como "amigável"? Você concorda com essa qualificação? Comente sua resposta.

c) Explique a frase: "A partir de então, a África deixou definitivamente de ser fornecedora de escravos. E o africano ganhou o privilégio de ser explorado na sua própria terra".

Explore o mapa

6. Observe novamente o mapa *O mundo em 1914* e sua legenda, na página 162. Consulte um atlas atual e responda às questões.

a) Identifique os domínios de cada potência europeia na África até 1914. Depois indique a quais países do mundo atual eles correspondem.

b) Faça o mesmo com os domínios de cada potência na Ásia: identifique a quem os territórios pertenciam e indique a quais países eles correspondem atualmente.

c) Que regiões da América continental continuaram, no início do século XX, sem completa autonomia? A quais potências essas regiões estavam subordinadas?

Autoavaliação

1. Quais atividades você considerou mais fáceis e mais difíceis? Por quê?

2. Em quais atividades você utilizou o texto do capítulo como base para sua resposta?

3. Algum ponto do capítulo não ficou muito claro para você? Qual?

4. Você compreendeu o esquema *Mapeando saberes*? Explique.

5. Você saberia apontar exemplos da atualidade considerando o que aprendeu no item *Por quê?* do *Mapeando saberes*?

6. Como você avalia sua compreensão dos assuntos tratados neste capítulo?

» **Excelente**: não tive nenhuma dificuldade.
» **Boa**: tive algumas dificuldades, mas consegui resolvê-las.
» **Regular**: foi difícil compreender certos conceitos e resolver as atividades.
» **Ruim**: tive muitas dificuldades, tanto no conteúdo quanto na realização das atividades.

LENDO IMAGEM

A charge é um desenho caricatural, em geral de caráter político e que toma uma posição crítica em relação a personagens ou situações. Ela é muito usada na imprensa escrita e na internet. Na charge abaixo, de Henry Meyer, publicada no *Petit Journal*, vemos um chinês perplexo com a divisão de seu país em fatias por personagens que representam os países imperialistas.

Governante chinês que expressa grande aflição.

Reprodução/Coleção particular

Representação da República (França)

Kaiser Guilherme (Alemanha)

Czar Nicolau (Rússia)

Rainha Vitória (Inglaterra)

Samurai (Japão)

Charge de Henry Meyer, feita por volta de 1885 e publicada no *Petit Journal*, da França, mostra governantes de países imperialistas disputando a divisão do território chinês.

174 LENDO IMAGEM

Ao longo do processo imperialista, a Inglaterra manteve presença em todos os continentes. Na imagem abaixo, ela é representada como uma criatura de cartola e tentáculos de polvo. Cada tentáculo está pousado sobre um território em diferentes partes do mundo. O título da charge diz: "O peixe-demônio em águas egípcias".

THE DEVILFISH IN EGYPTIAN WATERS.

O peixe-demônio em águas egípcias, charge estadunidense de 1882 que mostra uma criatura com o rosto de John Bull, personagem que representa a Inglaterra, assim como o Tio Sam representa os Estados Unidos.

Identifique os elementos da charge

1▸ O que a charge estadunidense representa e quais são os seus principais elementos?

Analise as charges

2▸ Como a charge estadunidense representa a ação inglesa?

3▸ Tome o contexto das charges apresentadas, as críticas e o lugar de onde surgiram: elas negam a atuação imperialista ou também mostram outros interesses?

Compare as charges

4▸ Quais são as diferenças entre as duas charges apresentadas?

◁ Retrato de dom Pedro I, de Benedito Calixto, produzido em 1902. Óleo sobre tela, 140 cm × 100 cm.

◁ Retrato de dom Pedro II, de Vítor Meirelles, produzido em 1864. Óleo sobre tela, 252 cm × 165 cm.

Colheita de café no Vale do Paraíba do Rio de Janeiro, em 1882. Foto de Marc Ferrez. Os escravizados trabalhavam desde os 7 anos. Aos 12, seu preço dobrava, pois já podiam trabalhar mais; e aos 15 anos eram considerados adultos. Faziam parte das propriedades da fazenda.

UNIDADE 4

O Brasil monárquico: Primeiro e Segundo Reinado

Após a independência, dom Pedro I foi coroado imperador do Brasil. O monarca renunciou em 1831. Entre 1831 e 1840, o Brasil foi governado por regentes. O coroamento de dom Pedro II iniciou o Segundo Reinado. A monarquia no Brasil é o tema desta unidade.

Observe a imagem e responda:

1. O Brasil tornou-se independente de Portugal em 1822. O que você acha que mudou após a independência?

2. Dom Pedro I governou o país depois que a colônia se separou de Portugal. Seu filho, dom Pedro II, assumiu o trono em 1840. O que você sabe sobre eles?

CAPÍTULO 11
O Primeiro Reinado

Representação da Batalha do Jenipapo, por Artes Paz, obra do século XXI. A Batalha do Jenipapo foi travada no município de Campo Maior, às margens do rio Jenipapo, no Piauí, e durou aproximadamente cinco horas. Mesmo breve, é considerada uma das mais violentas lutas pela independência do Brasil.

Embora o Brasil tenha proclamado sua independência em 1822, muitas estruturas internas permaneceram idênticas às do Brasil colônia. Em vez de um governo totalmente autônomo em relação à antiga metrópole, o controle do país foi colocado a cargo de um príncipe português, dom Pedro I.

A escravidão e a economia agroexportadora baseada em grandes propriedades rurais, fortes elementos das desigualdades sociais, permaneceram intactas. Opinar e decidir sobre os rumos na construção do novo Estado independente coube tão somente às elites, continuando excluídos os povos indígenas, os ex-escravizados, os homens livres pobres e toda a população feminina. Alguns grupos resistiram ao modelo de Estado que estava sendo construído.

Neste capítulo, vamos estudar o cenário social, político e econômico do Primeiro Reinado, os desafios de dom Pedro I e as causas de sua abdicação.

▶ Para começar

Observe a imagem, leia a legenda e responda às questões.

1. Em que local do país ocorreu esse evento? Quais grupos da sociedade brasileira aparecem na obra e o que estão fazendo?

2. Muitas vezes lemos e escutamos que a independência do Brasil, diferentemente do restante da América, ocorreu de maneira pacífica. A cena representada reforça essa ideia ou a contraria? Por quê?

1 A construção do Estado nacional brasileiro

A independência do Brasil foi um processo diferente da independência dos países vizinhos. Alguns fatores evidenciam essa diferença: a independência foi proclamada por um príncipe da metrópole; foi mantida a monarquia no novo Estado (nos demais países da América prevaleceu o modelo republicano); foi preservada a unidade territorial da ex-colônia e mantida a escravidão. Na América espanhola, como vimos, a fragmentação originou diversos Estados independentes.

Nenhuma dessas características, contudo, foi obtida sem resistência. Mesmo a unidade política só foi de fato assegurada na segunda metade do século XIX, como veremos.

A expulsão das tropas portuguesas

Para garantir a independência do Brasil e manter sua unidade, dom Pedro precisou expulsar as tropas portuguesas que se opunham ao rompimento com a metrópole. Teve também de conter os separatistas de diversas províncias e controlar alguns grupos contrários ao regime monárquico.

O processo de independência do país, iniciado em 7 de setembro de 1822, não ficou restrito ao Rio de Janeiro – sede da Corte. Foi um movimento que mobilizou todo o Brasil, principalmente as províncias do Grão-Pará, Maranhão, Piauí, Ceará, Cisplatina e Bahia. Como não possuía um exército brasileiro organizado, o monarca contratou militares estrangeiros para enfrentar os portugueses. Entre os soldados mercenários contratados destacaram-se os ingleses Lord Cochrane, John Taylor e John Grenfell e o francês Pierre Labatut.

Em dezembro de 1822, antes mesmo de conter os revoltosos, dom Pedro foi coroado imperador, com o título de dom Pedro I, oficializando a monarquia brasileira.

LINHA DO TEMPO

1822
Proclamação da Independência

1823
Assembleia Constituinte

1824
Outorga da Constituição
Confederação do Equador

1825-1828
Guerra de Independência uruguaia

1831
Abdicação de dom Pedro I

Primeiro Reinado

Linha do tempo esquemática. O espaço entre as datas não é proporcional ao intervalo de tempo.

Coroação de dom Pedro I, imperador do Brasil, litografia a partir dos desenhos de Jean-Baptiste Debret, publicada em *Viagem pitoresca e histórica ao Brasil*, 1839.

A capitania da Bahia foi a que mais resistiu à independência, pois ali se concentrava a maior parte das tropas portuguesas. Para vencê-las, as forças comandadas por Labatut, e depois por Cochrane, contaram com a ajuda de proprietários locais, que improvisaram exércitos com membros da população, incluindo africanos escravizados, aos quais fora prometida a alforria. Após meses de confrontos, os portugueses foram expulsos em 2 de julho de 1823. Essa data é celebrada até hoje pelos baianos, que a consideram um marco da independência da Bahia. Quanto aos pobres livres e os escravizados que tinham ajudado a derrotar as tropas fiéis a Portugal, acabaram excluídos das decisões políticas regionais e da nova nação independente.

Minha biblioteca

O soldado que não era, de Joel Rufino dos Santos, Editora Moderna, 2003. A história de Maria Quitéria, que lutou vestida de homem pela independência do Brasil, na Bahia.

Saiba mais

Maria Quitéria de Jesus Medeiros foi uma militar brasileira, de origem humilde, que se tornou heroína da guerra de independência na Bahia. É considerada a primeira mulher a integrar uma unidade militar no Brasil. Em 1996, 143 anos após sua morte, foi homenageada pelo Exército Brasileiro, compondo o quadro de patronos da instituição.

Maria Quitéria. Detalhe de tela de Domenico Failutti, de 1920.

▶ **Patrono:** personalidade que defende uma causa. Nas Forças Armadas, é uma figura escolhida para defender uma unidade militar, devido a sua atuação.

No Piauí, um dos confrontos mais violentos, com mais de uma centena de mortos, foi a Batalha do Jenipapo (reveja a imagem da abertura do capítulo), ocorrida em 13 de março de 1823.

Nos meses seguintes, foram vencidas as tropas metropolitanas estabelecidas nas províncias do Maranhão, Grão-Pará e, finalmente, na Cisplatina, em novembro de 1823. Estava encaminhada, assim, a independência do Brasil sob o comando de dom Pedro I.

As províncias que abrigavam o maior número de militares portugueses foram as que mais resistiram à independência.

Fonte: elaborado com base em CAMPOS, Flavio de; DOLHNIKOFF, Miriam. *Atlas histórico do Brasil*. São Paulo: Scipione, 2002. p. 22.

180 UNIDADE 4 • O Brasil monárquico: Primeiro e Segundo Reinado

O reconhecimento da independência

Entre os primeiros países a reconhecer a independência do Brasil, destacaram-se os Estados Unidos e Daomé, reino da África que vendia africanos para escravização e desejava manter seus vínculos comerciais com o novo Império.

O reconhecimento da independência brasileira pelos Estados Unidos, em 26 de maio de 1824, inseriu-se no contexto da **Doutrina Monroe**, que se opunha à recolonização da América ibérica por conta do interesse em seus mercados consumidores.

A Inglaterra era aliada de Portugal, mas tinha interesses econômicos no Brasil e, assim, auxiliou nas negociações entre os dois países. Em agosto de 1825, em troca do pagamento de uma indenização de 2 milhões de libras esterlinas (emprestadas da Inglaterra), o Brasil teve sua soberania reconhecida pela Corte portuguesa e, pouco depois, por outros Estados europeus.

Em 1826, em reconhecimento ao apoio e ao empréstimo dos ingleses, os Tratados de 1810 foram renovados por mais 15 anos. A Inglaterra dominou o mercado brasileiro, pois a baixa tributação sobre as mercadorias inglesas dificultava o desenvolvimento de uma indústria local. O aumento das importações provocou crescente *deficit* na balança comercial brasileira, o que gerou a necessidade de novos empréstimos, ampliando a dívida e a dependência econômica do Brasil em relação à Inglaterra.

▶ ***Deficit* na balança comercial:** saldo negativo que mostra que o país está gastando mais com as importações do que ganhando com as exportações.

Região portuária da cidade do Rio de Janeiro, em pintura do século XIX, de autor desconhecido. Após a independência, o comércio marítimo entre Brasil e Inglaterra e o volume de empréstimos ingleses ao governo brasileiro se intensificaram, estabelecendo uma nova condição de dependência do Brasil diante de uma potência estrangeira.

A organização política do novo Estado

Para estruturar o novo Estado nacional brasileiro, era preciso criar as leis que o regeriam. Assim, em maio de 1823, foi formada uma **Assembleia Constituinte**, composta de 90 deputados: grandes proprietários, membros da Igreja, juristas e altos funcionários públicos.

Logo no início dos trabalhos, o deputado Antônio Carlos de Andrada, irmão de José Bonifácio, apresentou à Assembleia um projeto de Constituição no qual se destacavam dois princípios básicos:

- a subordinação do Poder Executivo e das Forças Armadas ao Poder Legislativo, de modo a impedir possíveis excessos do imperador;
- a adoção de eleições censitárias – eleitores e candidatos teriam de comprovar rendas elevadas, avaliadas segundo a quantidade de terras e posse de escravizados para participar do processo político, medida para garantir a manutenção do poder nas mãos dos ricos.

Para avaliar a riqueza das pessoas que participariam da vida política da nação, a renda de cada eleitor e candidato seria medida de acordo com o total da sua produção anual, calculado em quantidade de mandioca (alimento básico dos escravizados). Assim, rendas elevadas indicavam posse de grandes propriedades e de muitos escravizados. Por esse motivo, o projeto de Antônio Carlos foi apelidado de **Constituição da Mandioca**.

Em novembro de 1823, opondo-se à limitação de seu poder, dom Pedro I ordenou o fechamento da Assembleia Constituinte. Alguns deputados foram presos ou exilados, incluindo os irmãos Andrada. Essas medidas afastaram a elite agrária brasileira do imperador, que então se aproximou dos setores lusitanos que ainda desejavam restabelecer os antigos vínculos entre Portugal e Brasil.

Ilustração contemporânea, baseada no original do século XIX de José Wasth Rodrigues, que representa o fechamento da Assembleia Constituinte de 1823. O episódio ficou conhecido como a *Noite da Agonia*, denominação atribuída pelos deputados que ficaram em vigília no prédio da Assembleia até o ataque militar de dom Pedro I. Alguns deputados foram presos.

A Constituição Imperial

Após dissolver a Assembleia Constituinte, dom Pedro I nomeou um **Conselho de Estado**, formado por dez membros, para ajudá-lo a compor a Carta Constitucional. Em 25 de março de 1824, ele outorgou a primeira Constituição brasileira. Entre outras medidas, ela determinava:

- o estabelecimento de uma monarquia hereditária;
- a religião católica como a oficial do Brasil e a subordinação da Igreja ao controle do Estado;
- o estabelecimento de quatro poderes de Estado: **Executivo**, **Legislativo**, **Judiciário** e **Moderador** (veja o Esquema 1 na página seguinte);
- eleições censitárias e indiretas (veja o Esquema 2 na página seguinte).

Além de **impedir a participação política** da maioria da população, a Carta outorgada de 1824 (Constituição Imperial) **centralizava o governo** nas mãos do imperador. Este, por meio do Poder Moderador, tinha o direito de nomear ministros, dissolver a Assembleia Legislativa, controlar as Forças Armadas, nomear os presidentes das províncias, nomear juízes, etc.

> **Outorgar:** aprovar, conceder. Uma lei outorgada é de autoria exclusiva do chefe do Executivo.

Documento manuscrito com o juramento de dom Pedro I, imperador do Brasil, à Constituição de 1824.

Imagem da Constituição política do Império do Brasil, datada de 25 de janeiro de 1824.

> **Minha biblioteca**
>
> **O Império em construção: Primeiro Reinado e Regências**, de Maria de Lurdes Lyra, Editora Atual, 2001. O livro mostra as batalhas e divergências de interesses por trás da constituição do Estado nacional.

O Primeiro Reinado • CAPÍTULO 11

Esquema 1 – A organização dos poderes na Constituição de 1824

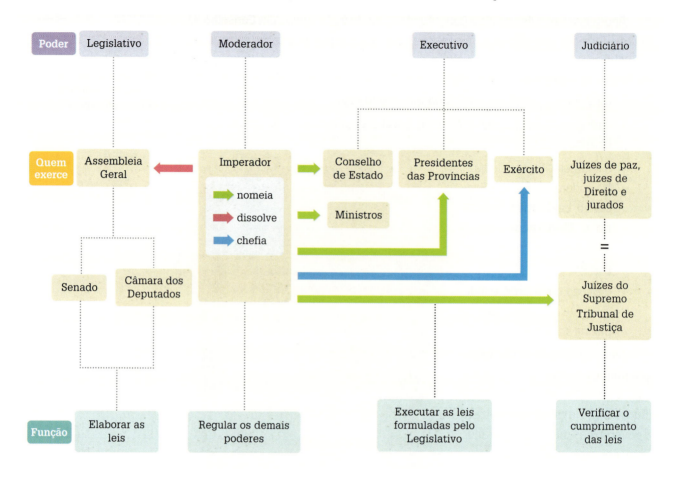

Esquema 2 – A organização das eleições na Constituição de 1824

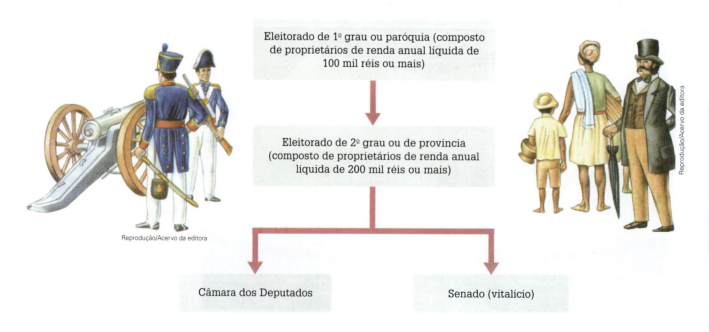

TRABALHANDO COM DOCUMENTOS

Observe a imagem abaixo. Trata-se da *Alegoria ao juramento da Constituição de 1824*, litografia gravada pelo artista italiano Giuseppe Gianni por volta de 1830. Estava acompanhada dos dizeres: "Salve! Querido brasileiro Dia 25 de março de 1824".

> **Litografia:** técnica de reprodução de textos ou desenhos.

1. A figura masculina na gravura é dom Pedro I. Como ele foi representado? Descreva seu aspecto físico, seus gestos e suas atitudes.
2. A figura feminina que dom Pedro I leva pelos braços representa o Brasil. Descreva-a.
3. À esquerda, vemos uma terceira figura emergindo do chão. Que figura é essa? O que ela está fazendo?
4. Como você interpreta a gravura, considerando seu título e suas características?

A Confederação do Equador

O autoritarismo de dom Pedro I provocou revoltas em várias províncias e desencadeou projetos políticos contrários a um poder tão centralizado.

No Nordeste, a insatisfação com a política do imperador se somou às dificuldades econômicas da região. A economia açucareira enfrentava forte concorrência do açúcar de cana cubano e do açúcar de beterraba europeu; enquanto a produção de algodão era ameaçada pela concorrência dos estadunidenses.

Em 1824, a província de Pernambuco se rebelou contra a nomeação de um novo presidente para a província no lugar de Pais de Andrade. O movimento se espalhou pelo Nordeste, obtendo adesões no Rio Grande do Norte, no Ceará, na Paraíba, e, depois, em Alagoas e Sergipe. Entre os principais líderes, destacavam-se Frei Caneca, contrário ao Estado imperial constituído, Cipriano Barata, que havia participado da Conjuração Baiana e da Revolução Pernambucana de 1817, e o próprio Pais de Andrade.

Os integrantes batizaram o movimento de **Confederação do Equador** devido à proximidade com a linha do equador. Os revoltosos decidiram extinguir o tráfico negreiro e estabelecer o recrutamento geral para enfrentar as tropas monárquicas. Um de seus participantes, o major Emiliano Mundurucu, redigiu um manifesto defendendo uma revolução de caráter radical, a exemplo da revolução haitiana. Contudo, isso atemorizava tanto os inimigos quanto os aliados da Confederação.

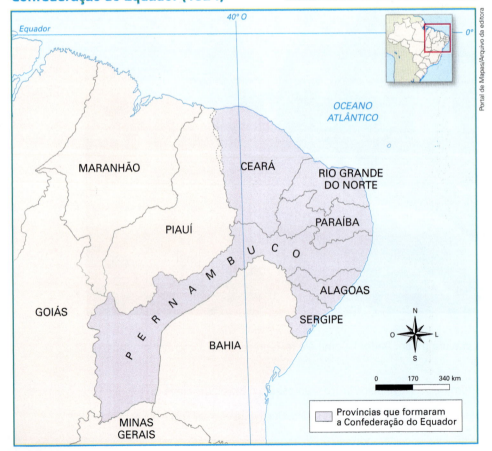

Confederação do Equador (1824)

Organizado pelos autores.

Para enfrentar os rebelados, o imperador enviou tropas sob o comando de Francisco de Lima e Silva e contratou navios ingleses comandados por Lord Cochrane. A revolta foi rapidamente derrotada pela violenta repressão por terra e mar. Dezesseis revoltosos foram condenados e executados, entre eles Frei Caneca, fuzilado em 1825.

Frei Caneca: Revolução de 1824, obra de Cícero Dias, de 1981. Frei Caneca foi condenado à forca, mas seus carrascos recusaram-se a enforcá-lo. O governo então ordenou seu fuzilamento, ocorrido em 1825.

2 O declínio do Primeiro Reinado

Até 1826, dom Pedro I governou sem o Legislativo, atraindo a oposição crescente das elites e das camadas médias. Mesmo após a eleição do Parlamento, ocorrida em 1826, muitos jornais passaram a combater o autoritarismo do imperador, entre eles *O Observador Constitucional*, do jornalista Líbero Badaró, e *Aurora Fluminense*, de Evaristo da Veiga.

O imperador aproximava-se cada vez mais de portugueses ligados à administração e ao comércio, muitos deles interessados na retomada da unidade com Portugal, aumentando mais ainda sua impopularidade. Esse desgaste somou-se aos contínuos *deficit* comerciais e aos crescentes empréstimos obtidos e intensificou-se com a Guerra da Cisplatina e a questão sucessória portuguesa.

A Guerra da Cisplatina

A província Cisplatina foi anexada ao Brasil por dom João, em 1821, com apoio das elites agrárias locais, que temiam perder seus privilégios. Mais tarde, porém, esses proprietários mudaram de posição, especialmente em virtude da concorrência com os estancieiros do Rio Grande do Sul nos negócios. Em 1825, o agravamento da oposição ao governo brasileiro deu início à guerra pela independência cisplatina.

Dom Pedro I sustentou o conflito por três anos, contraindo novos empréstimos e sofrendo sucessivas derrotas. Em 1828, a província confirmava sua independência e formava a República do Uruguai aumentando a impopularidade do imperador.

> **Minha biblioteca**
>
> **A Confederação do Equador**, de Glacira Lazzari Leite, Editora Ática, 1998. O livro relata a história da Confederação do Equador, movimento pernambucano que buscou romper com o governo imperial.

▶ **Estancieiro:** fazendeiro, dono de estância.

O Primeiro Reinado • **CAPÍTULO 11** 187

A crise sucessória portuguesa

A oposição ao monarca do Brasil ampliou-se em 1826, quando dom João VI morreu em Portugal. O fato de dom Pedro I ser o herdeiro do trono lusitano despertou o temor da anulação da independência. Pressionado por brasileiros e portugueses, dom Pedro I abdicou ao trono português em favor de sua filha dona Maria da Glória, de apenas 7 anos de idade. Decidiu-se que dom Miguel I, filho caçula de dom João VI, exerceria a regência até a maioridade de sua sobrinha.

Contudo, dom Miguel proclamou-se o novo rei de Portugal. Dom Pedro, então, declarou guerra ao irmão, a fim de recuperar o trono para a filha. Para isso, teve de organizar e financiar tropas, o que trouxe prejuízos financeiros ao Brasil e intensificou ainda mais sua impopularidade no país.

O confronto entre os dois filhos de dom João VI, dom Miguel I e dom Pedro I, foi interpretado como um conflito entre liberais (representados pelo homem de cartola atrás de dom Pedro) e absolutistas (representados pelo clérigo atrás de dom Miguel). Caricatura de Honoré Daumier, feita, provavelmente, entre 1831 e 1834.

A abdicação de dom Pedro I

Em 1830, o jornalista liberal Líbero Badaró, um dos principais críticos de dom Pedro I, foi assassinado em São Paulo por aliados políticos do imperador. Esse episódio desencadeou uma onda de manifestações contrárias ao governo de dom Pedro I.

Buscando controlar a situação, o monarca visitou Ouro Preto, então capital de Minas Gerais e foi duramente criticado pelos mineiros, que o receberam com faixas negras de luto.

Quando retornou ao Rio de Janeiro, seus partidários (portugueses, em sua maioria) organizaram uma recepção para contrapor a hostilidade dos mineiros. Tal atitude atraiu a oposição e começaram os conflitos de rua entre brasileiros e portugueses – armados com paus e garrafas –, acontecimento que ficou conhecido como a **Noite das Garrafadas** (13 de março de 1831).

Para resolver a crise, dom Pedro I chegou a nomear um ministério formado apenas por brasileiros, mas logo voltou atrás: dias depois, nomeou um novo gabinete composto por seus amigos pessoais, o chamado **ministério dos marqueses**.

Em 6 de abril, membros da elite brasileira, que contavam com o apoio do Exército e da população, exigiram a volta do ministério brasileiro. Pressionado, dom Pedro I abdicou do trono do Brasil e embarcou para Portugal em 7 de abril. Como sucessor, deixou seu filho de 5 anos, dom Pedro de Alcântara.

Após a abdicação, decidiu-se que, durante a menoridade de dom Pedro de Alcântara, o governo do Brasil seria exercido por uma regência, como determinava a Constituição de 1824. O futuro imperador ficaria sob os cuidados de tutores, ente eles José Bonifácio de Andrada.

Começou assim o conturbado **período regencial** no Brasil, durante o qual o controle político passou às mãos da aristocracia agrária.

> **Regência:** governo provisório instituído durante a ausência ou o impedimento do chefe de Estado.

Abdicação do primeiro imperador do Brasil, D. Pedro I, óleo sobre tela de 1911, de Aurélio de Figueiredo, representa o momento em que o imperador renuncia ao trono. Depois ele seguiria para Portugal, onde se tornaria rei com o nome de dom Pedro IV.

Mapeando saberes

ATENÇÃO A ESTES ITENS

O GOVERNO DE DOM PEDRO I

- Dom Pedro I se opôs à limitação do Poder Executivo por um Legislativo forte (projeto apresentado por Antônio Carlos de Andrada).
- Constituição de 1824: o imperador dissolveu a Assembleia Constituinte e outorgou a Carta Constitucional com quatro poderes, com destaque para o Poder Moderador, que lhe conferia autoridade absoluta na administração do império.
- Confederação do Equador: movimento de resistência ao poder absolutista do imperador, cujos líderes foram mortos pelo governo.
- Rejeição ao imperador: oposições encabeçadas por jornalistas e políticos como Líbero Badaró e Evaristo da Veiga.
- Perda da província Cisplatina, dificuldades financeiras e a crise sucessória do trono português após o falecimento de dom João VI aumentaram o desgaste político do imperador do Brasil.
- Abdicação de dom Pedro I em 7 de abril de 1831.

A CONSTRUÇÃO DO ESTADO NACIONAL

- Apenas uma minoria dos brasileiros teve acesso a direitos políticos após a independência; foram excluídos da cidadania brasileira mulheres, homens livres pobres, povos indígenas, africanos escravizados e ex-escravizados.
- Oposição ao governo de dom Pedro I: tropas fiéis a Portugal revoltaram-se e foram combatidas por exércitos de mercenários europeus contratados pelo governo.
- A unidade territorial do Brasil foi garantida pela força militar e pela manutenção de estruturas econômicas coloniais (a escravidão e o latifúndio agroexportador).
- Estados Unidos e o reino do Daomé, na África, legitimam internacionalmente o novo império.
- Portugal reconhece a independência mediante pagamento de 2 milhões de libras à Coroa portuguesa.

POR QUÊ?

- A proclamação da independência não foi um episódio isolado e completamente pacífico, uma vez que a autonomia nacional fora conquistada por meio de conflitos em diversas regiões do território brasileiro. Contudo, a emancipação nacional perante Portugal manteve as antigas estruturas coloniais, afastando a maior parte dos habitantes da participação política. Além disso, o Brasil assumiu uma série de dívidas com a Inglaterra.

- As dificuldades para a ampliação dos direitos de cidadania no Brasil remontam ao processo de independência. Ao preservar estruturas coloniais, como a escravidão e o latifúndio, a recém-criada monarquia brasileira criou uma categoria de "quase cidadãos", brasileiros excluídos e sem plenos direitos.

ATIVIDADES

Retome

1. Na sua opinião, a independência de 1822 garantiu a cidadania a todos os habitantes do Brasil? Justifique sua resposta.

2. Compare as independências dos países hispano-americanos com a do Brasil. Quais são as principais diferenças entre esses processos?

3. Cite os primeiros países a reconhecer a independência do Brasil. Quais eram seus interesses?

4. Cite alguns fatores que motivaram a abdicação de dom Pedro I.

5. Observe o Esquema 1 da página 184, que mostra a estrutura de poder prevista pela Constituição outorgada de 1824.

   a) Quantos poderes são representados no esquema? Quais são eles?

   b) Qual desses poderes não existe na divisão tripartite do Estado, sistematizada por Montesquieu? Qual era a função desse poder?

   c) Indique as funções que ficavam sob controle do imperador.

   d) Quais são as principais diferenças entre a divisão dos poderes descrita no Esquema 1, *A organização dos poderes na Constituição de 1824*, da página 184, e o atual sistema político brasileiro?

6. Observe o Esquema 2, *A organização das eleições na Constituição de 1824*, da página 184, e responda:

   a) Quem tinha direito de votar de acordo com a Constituição de 1824?

   b) As eleições eram feitas de maneira direta ou indireta? Justifique sua resposta.

   c) Quais são as principais diferenças entre o sistema eleitoral de 1824 e o atual?

Interprete o gráfico

7. Examine cuidadosamente os dados do gráfico e responda às questões.

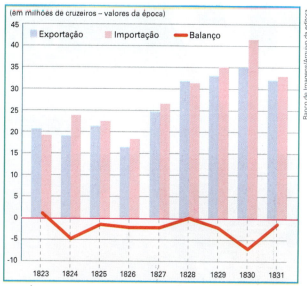

Comércio exterior brasileiro (1823-1831)

SODRÉ, Nelson Werneck. *História da burguesia brasileira*. Rio de Janeiro: Civilização Brasileira, 1967. p. 66.

a) O que indica a linha vermelha abaixo das barras?

b) Em quais anos o saldo do comércio exterior brasileiro foi positivo (ou seja, houve *superavit*)? E o que ocorreu nos demais anos?

c) De maneira geral, durante o Primeiro Reinado o país exportou ou importou mais?

d) De acordo com o que estudamos neste capítulo, como você explicaria a resposta dada à questão anterior?

Autoavaliação

1. Quais atividades você considerou mais fáceis e mais difíceis? Por quê?

2. Em quais atividades você utilizou o texto do capítulo como base para sua resposta?

3. Algum ponto do capítulo não ficou muito claro para você? Qual?

4. Você compreendeu o esquema *Mapeando saberes*? Explique.

5. Você saberia apontar exemplos da atualidade considerando o que aprendeu no item *Por quê?* do *Mapeando saberes*?

6. Como você avalia sua compreensão dos assuntos tratados neste capítulo?

   » **Excelente**: não tive nenhuma dificuldade.
   » **Boa**: tive algumas dificuldades, mas consegui resolvê-las.
   » **Regular**: foi difícil compreender certos conceitos e resolver as atividades.
   » **Ruim**: tive muitas dificuldades, tanto no conteúdo quanto na realização das atividades.

CAPÍTULO 12

O período regencial

Apresentação do Boi Garantido no Festival Folclórico de Parintins, realizado em Parintins, no Amazonas, em 2018. O festival acontece anualmente no mês de junho e a temática gira em torno de lendas e personagens folclóricos da cultura local. O tema da apresentação de 2018 do Boi Garantido foi *Auto da resistência cultural* e do Boi Caprichoso foi *Sabedoria popular: uma revolução ancestral*.

O período regencial iniciou-se em abril de 1831, quando dom Pedro I renunciou ao trono brasileiro em favor de seu filho de 5 anos, e durou até julho de 1840. Foi um período de acirradas disputas políticas, manifestações, confronto entre facções das elites senhoriais locais e regionais, bem como rebeliões de grupos mais pobres da população, tendo à frente quatro governos distintos em apenas nove anos.

Entre 1831 e 1835, o país foi governado por duas regências trina, a **Regência Trina Provisória** e a **Regência Trina Permanente**. Após esse período, foi estabelecida a **Regência Una**. Foram duas regências unas: a do padre Diogo Antônio Feijó e a de Araújo Lima. Em 1840, Pedro de Alcântara, sucessor de dom Pedro I, tornou-se imperador do Brasil, com apenas 14 anos.

Neste capítulo, você vai conhecer as características do período regencial no Brasil e os fatores que culminaram no chamado Golpe da Maioridade, que colocou dom Pedro II no controle do governo.

▶ **Para começar**

Observe a imagem, leia a legenda e responda às questões.

1. Em que região do Brasil foi feita essa foto? Que aspectos da cultura local ela revela?

2. O que todas as pessoas representadas na imagem têm em comum, a ponto de se identificarem como brasileiras?

1 A Regência Trina Permanente

Até que o sucessor de dom Pedro I atingisse a maioridade, a Constituição de 1824 determinava que a Assembleia deveria eleger três regentes para governar o país. Em abril de 1831, devido à ausência da maioria dos deputados no Rio de Janeiro, foi escolhida pelo Senado uma Regência Trina Provisória. Três meses depois, com o retorno dos deputados, foi escolhida a Regência Trina Permanente, composta pelo brigadeiro Francisco de Lima e Silva e pelos deputados Bráulio Muniz (representante das províncias do norte do Brasil) e Costa Carvalho (representando as províncias do sul).

Para comandar o Ministério da Justiça foi escolhido o padre Diogo Antônio Feijó. Em 1831, ele instituiu a **Guarda Nacional**, uma milícia comandada por brasileiros ricos, em geral proprietários rurais, e formada principalmente por empregados das suas fazendas. Seu objetivo era reprimir os diversos levantes que ocorriam em várias partes do país e ameaçavam a ordem existente.

Em 1832, o padre Feijó tentou dar um golpe e transformar-se em um regente com plenos poderes, mas não obteve sucesso. Pressionado pela oposição, foi obrigado a renunciar ao cargo de ministro da Justiça.

Autonomia ou centralização?

A abdicação do imperador dom Pedro I aprofundou as divergências entre os grupos de deputados, que tinham diferentes propostas políticas para o Brasil:

- **Restauradores** ou **caramurus**: eram comerciantes portugueses, liderados por José Bonifácio de Andrada, divulgavam suas ideias no jornal *O caramuru* e defendiam a volta de dom Pedro I ao governo do Brasil. O grupo durou até a morte de dom Pedro I, em 1834.
- **Liberais moderados**: grupo que reunia a aristocracia rural e tinha entre seus principais líderes o padre Feijó, o jornalista Evaristo da Veiga e o político Bernardo Pereira de Vasconcelos. Eles defendiam a manutenção da escravidão e da monarquia, por meio de um governo centralizado com sede no Rio de Janeiro.
- **Liberais exaltados**: liderados pelo major Miguel Frias e pelo jornalista Cipriano Barata, eram comerciantes, representantes das classes médias urbanas e membros do Exército. Defendiam a liberdade de imprensa e a descentralização do poder imperial, com autonomia das províncias.

LINHA DO TEMPO

Abril-junho de 1831
Regência Trina Provisória

1831-1835
Regência Trina Permanente

1835-1837
Regência Una de Feijó

1837-1840
Regência Una de Araújo Lima

1840-1889
Segundo Reinado

Período regencial

Linha do tempo esquemática. O espaço entre as datas não é proporcional ao intervalo de tempo.

Uniformes de soldado e tocador de clarim da Guarda Nacional representados em aquarela de 1850, de autoria de José Maria Costa.

O Ato Adicional de 1834

Em 1834, para atender os interesses tanto de exaltados quanto de moderados, foram adicionadas emendas à Constituição, numa medida conhecida como **Ato Adicional**. Veja a seguir algumas das emendas constitucionais:

- criação de **Assembleias Legislativas Provinciais**, eleitas por voto censitário, em substituição aos antigos conselhos gerais das províncias, nomeados pelo imperador. Com isso, cada província teria um Poder Legislativo próprio, com amplos poderes, adquirindo a liberdade administrativa defendida pelos exaltados.
- estabelecimento do **Município Neutro** do Rio de Janeiro, cujas autoridades seriam escolhidas pelo governo central. Essa medida reforçava o poder imperial, conforme defendiam os liberais moderados.
- instituição da **Regência Una**, eleita para um mandato de quatro anos pelas assembleias provinciais de todo o país. A medida concentrava o poder nas mãos de um regente, mas descentralizava sua eleição, aberta aos eleitores de todas as províncias.

2 A Regência Una

Em 1835, o padre Diogo Antônio Feijó foi eleito para o cargo de regente uno. Durante seu governo, os moderados dividiram-se em dois grupos: os **progressistas** (liberais pró-Feijó), favoráveis à manutenção das assembleias provinciais, e os **regressistas**, conservadores e defensores da centralização. Ao mesmo tempo, eclodiam rebeliões contra o poder central nas províncias.

Diante do crescimento da oposição, e sem conseguir conter a expansão das revoltas no Grão-Pará e no Rio Grande do Sul, Feijó renunciou ao cargo de regente em 1837. Seu lugar foi assumido provisoriamente pelo presidente da Câmara, o conservador pernambucano Araújo Lima, confirmado no cargo nas eleições de 1838.

O ministério nomeado por Araújo Lima foi responsável por importantes realizações, como a criação do Colégio Pedro II, do Arquivo Público Nacional e do Instituto Histórico e Geográfico Brasileiro. Considerando os levantes provinciais uma consequência do Ato Adicional de 1834, Araújo Lima alterou novamente a Constituição por meio de uma **Lei Interpretativa do Ato Adicional**, aprovada pelos deputados regressistas em maio de 1840. Com essa medida, o controle dos órgãos da Polícia e do Judiciário, antes nas mãos das assembleias provinciais, retornou ao poder central.

▷ Foto do Silogeu Brasileiro, datada do século XIX, no bairro da Lapa, no Rio de Janeiro, onde o Instituto Histórico e Geográfico Brasileiro (IHGB) funcionou por várias décadas, até 1972, quando o prédio foi demolido. Silogeu é um local onde se reúnem associações literárias e/ou científicas. O local ganhou este nome por abrigar, além do IHGB, a Academia de Medicina, o Instituto dos Advogados do Brasil e a Academia Brasileira de Letras.

O Golpe da Maioridade

Excluídos do governo, os progressistas passaram a defender a coroação antecipada de Pedro de Alcântara – com apenas 14 anos em 1840. Esses progressistas formaram o Clube da Maioridade. Segundo eles, a presença do imperador daria fim às revoltas regionais e afastaria o fantasma da fragmentação territorial. Segundo a Constituição, porém, o príncipe só poderia assumir o trono ao atingir a maioridade, com 18 anos.

Em junho de 1840, foi aprovada a lei que antecipava a maioridade de dom Pedro de Alcântara que, dias depois, assumiu o trono como dom Pedro II, nomeando um ministério liberal. A cerimônia da coroação oficial ocorreu no ano seguinte. Encerrava-se, assim, o turbulento período regencial.

3 As rebeliões regenciais

Em meio à instabilidade política do período regencial, eclodiram rebeliões em diversas províncias do Império. Os rebeldes se levantavam por variados motivos: reação à política oligárquica das elites agrárias, críticas à excessiva carga de impostos ou à situação de miséria da maioria da população, reivindicação de maior acesso à vida política e também contra a escravidão. O mapa abaixo localiza algumas dessas revoltas, que serão estudadas a seguir.

Retrato de dom Pedro de Alcântara, aos 12 anos de idade, antes de ser coroado e tornar-se dom Pedro II. Obra de Félix Émile Taunay, 1837.

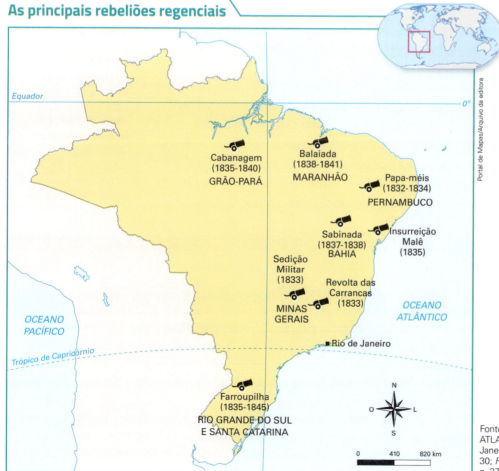

As principais rebeliões regenciais

Fonte: elaborado com base em ATLAS histórico escolar. Rio de Janeiro: MEC/Fename, 1979. p. 30; *Revista Nossa História*, ano 4, n. 37, nov. 2006.

O período regencial • **CAPÍTULO 12** 〈 **195**

A Revolta Rural dos Papa-méis

Entre 1832 e 1834, insatisfeitos com os rumos do governo regencial, proprietários de terra do Recife iniciaram uma revolta pedindo a volta de dom Pedro I. Seu descontentamento devia-se, também, ao retorno de participantes derrotados na Confederação do Equador ao governo provincial.

Para enfrentar o governo, os rebeldes armaram a população local, inclusive indígenas e quilombolas do interior – os chamados **papa-méis**, em referência à sua principal fonte de alimentação, o mel silvestre. Por causa de suas moradias, os papa-méis também ficaram conhecidos como cabanos. Os proprietários foram rapidamente derrotados pelo governo, mas os papa-méis armados resistiram, refugiando-se nas matas entre Alagoas e Pernambuco.

Após violentos combates, que duraram dois anos, os rebeldes foram derrotados pelo presidente da província. Sua luta, porém, serviu de exemplo para outros grupos rebeldes.

A Insurreição Malê

A resistência negra e indígena à escravidão foi constante. Ela ocorria por meio de fugas e formação de quilombos, entre outras formas de rebelião. Após a independência, graças à instabilidade política do Império e ao aumento do tráfico negreiro, as insurreições dos africanos escravizados se espalharam ainda mais pelo país.

Só na região do Recôncavo Baiano, eclodiram cerca de vinte revoltas de escravizados entre 1800 e 1835. Dentre elas, a Insurreição Malê (ou Revolta dos Malês), ocorrida em Salvador em 1835, é considerada por muitos estudiosos a revolta mais organizada e planejada do período.

Vindos do noroeste africano, os **malês** eram africanos muçulmanos de várias etnias (nagôs, mandingas, jejes, etc.). Ao contrário dos colonizadores, dos quais muitos eram analfabetos, vários deles sabiam ler e escrever em árabe. Isso lhes trazia uma grande vantagem, permitindo-lhes planejar o levante sem serem descobertos.

No entanto, o movimento foi denunciado. Reunidos na casa de um dos líderes, os rebeldes foram surpreendidos por um grupo de soldados, o que deu início a uma série de confrontos armados. Em meio às lutas, diversos escravizados não muçulmanos acabaram aderindo à revolta, que se encerrou no mesmo dia com a derrota dos rebelados. Cerca de cem pessoas foram mortas e centenas foram deportadas para a África.

 Mundo virtual

Projeto A Cor da Cultura. Site com a história de homens e mulheres negros, líderes de diversos movimentos e manifestações que ocorreram no Brasil. Indicamos a seção sobre Luísa Mahin, uma das líderes da Insurreição Malê. Disponível em: <http://antigo.acordacultura.org.br/herois/heroi/luizamahin>. Acesso em: 12 maio 2018.

 Saiba mais

Os malês

Os africanos muçulmanos da Bahia eram conhecidos por malês, palavra que se aproxima de *imàle*, que quer dizer "muçulmano" em ioruba. Assim, de malês eram chamados quaisquer muçulmanos, fossem eles hauçás, nagôs, tapas ou jejes.

Os malês utilizavam amuletos, patuás ou bolsas de mandingas. Esses amuletos eram muito comuns na África ocidental e considerados verdadeiros talismãs, protegendo os africanos contra ataques em guerras, viagens e espíritos do mal. No Brasil, eram feitos, em geral, de uma oração colada dentro de pequenas bolsinhas de couro. A eles podiam-se acrescentar búzios, algodão, ervas e areia.

Os malês tinham também como símbolo o abadá – uma espécie de camisola grande de cor branca, provavelmente de origem hauçá, utilizada na Bahia apenas nas cerimônias rituais –, além de barretes (chapéus), turbantes e anéis de ferro. [...]

MATTOS, Regiane Augusto de. *História e cultura afro-brasileira*. São Paulo: Contexto, 2007. p. 155-156.

A Sabinada

Entre 1837 e 1838, membros das camadas médias baianas organizaram um levante separatista em Salvador liderados por Francisco Sabino, médico e professor da Escola de Medicina. Os rebeldes (funcionários públicos, militares, comerciantes, etc.) desejavam manter a autonomia provincial obtida com o Ato Adicional de 1834, opondo-se ao retorno da centralização política desejada pelas elites do Rio de Janeiro.

Os revoltosos proclamaram a **República Bahiense**, que duraria até que Pedro de Alcântara atingisse a maioridade. O movimento também prometeu libertar os africanos escravizados que lutassem a seu lado. Em resposta, as autoridades regenciais enviaram tropas para cercar Salvador e, com a ajuda dos senhores de engenho, venceram os revoltosos em março de 1838. Ao longo dos combates, cerca de 2 mil pessoas foram mortas, incluindo os principais líderes, e milhares foram presas.

A Balaiada

No início do século XIX, a província do Maranhão vivia uma grave crise econômica, somada a outros fatores de insatisfação, como os impostos elevados, as disputas pelo controle do poder entre as elites locais e a miséria da maioria da população.

Em 1838, grupos liberais contrários à dominação tanto dos grandes proprietários rurais quanto dos comerciantes lusitanos iniciaram uma revolta. Ela se ampliou, atraindo a participação das camadas mais pobres e dos escravizados. Entre seus líderes, destacaram-se o vaqueiro Raimundo Gomes, apelidado de Cara Preta; o fabricante de cestos Manuel dos Anjos Ferreira, conhecido como Balaio (de onde surgiu o nome da revolta); e o negro Cosme Bento, líder de 3 mil escravizados.

Fachada do Memorial da Balaiada, em Caxias, Maranhão, em 2016. O memorial abriga um museu e um centro de documentação, que conserva materiais referentes à Balaiada e a seus principais líderes: Cosme Bento das Chagas (O Líder Negro), Raimundo Gomes Vieira (O Cara Preta) e Manuel Francisco dos Anjos Ferreira (O Balaio).

Os rebeldes chegaram a tomar a Vila de Caxias, um importante centro urbano do Maranhão, ameaçando dominar também a capital, São Luís. A pacificação da região só foi conseguida com a anistia aos revoltosos, que se renderam em 1840. Os negros rebeldes voltaram a ser escravizados, e Cosme Bento foi enforcado em 1842.

> **Mundo virtual**
>
> **Memorial da Balaiada (Caxias/Maranhão).** Centro educativo e cultural com exposição de materiais referentes à Guerra da Balaiada e a seus líderes: Cosme Bento das Chagas, Raimundo Gomes Vieira e Manuel Francisco dos Anjos Ferreira. Disponível em: <www.secti.ma.gov.br/memorial-da-balaiada>. Acesso em: 15 jul. 2018.

A Cabanagem

Em 1835, teve início uma luta entre comerciantes e proprietários de terra do Grão-Pará. Em meio aos conflitos, a população ribeirinha, que vivia em cabanas e era composta de indígenas, mestiços e negros, revoltou-se contra os membros das elites. Visando melhores condições de vida, os rebeldes tomaram a cidade de Belém, proclamando uma República independente na província do Grão-Pará.

O primeiro governo rebelde foi encabeçado pelo fazendeiro Félix Antônio Malcher, que logo tentou desbancar as lideranças populares. Após confrontos armados entre os revoltosos, Malcher foi derrotado e morto. O segundo governo formou-se sob o comando do cabano Francisco Vinagre, que teve de enfrentar os bombardeios dos navios de guerra enviados pelo governo imperial.

Derrotado, Francisco Vinagre foi preso, e Belém voltou ao domínio do Império. Algum tempo depois, os cabanos retomaram as armas sob a liderança do irmão de Francisco, Antônio Vinagre, e de Eduardo Angelim.

Mais uma vez, a capital da província foi conquistada pelos revoltosos, com a instauração de um terceiro governo rebelde. Durante os conflitos, escravizados eram libertados e os ricos proprietários sofriam linchamentos.

Assalto dos cabanos ao trem, aquarela do italiano Alfredo Norfini, de 1867, representando a tomada do Trem de Guerra (nome, na época, do depósito de armamentos) pelos cabanos em Belém. O episódio, ocorrido em 1835, foi marcante pelo grande número de mortos.

Em 1840, o movimento foi sufocado pelas tropas governamentais. Durante a revolta morreram cerca de 30 mil pessoas, o equivalente a mais de um quinto da população da província.

A Revolução Farroupilha

Desde a independência, os estancieiros do Rio Grande do Sul reivindicavam maior autonomia provincial e o fim dos altos impostos sobre o charque gaúcho, que não tinha condições de competir com o da região platina. Além disso, vários desses proprietários promoviam intenso contrabando de animais com o Uruguai, onde também possuíam terras e gado. A tentativa, por parte do governo regencial, de limitar essas transações estimulou sua revolta, que eclodiu em 1835.

Depois de alguns confrontos localizados, a rebelião ganhou força quando as tropas de Bento Gonçalves, o principal líder do movimento, tomaram a cidade de Porto Alegre, depondo o presidente da província. Um ano depois, os revoltosos proclamaram a **República Rio-Grandense**, com sede na Vila Piratini.

> **Mundo virtual**
>
> **Jogo da Cabanagem.** Jogo sobre a Cabanagem, elaborado pelo Laboratório de Realidade Virtual da Universidade Federal do Pará. É necessário fazer o *download* do jogo. Disponível em: <www.larv.ufpa.br/?r=jogo_cabanagem>. Acesso em: 5 maio 2018.

Charque: carne de vaca salgada; carne-seca; jabá.

Em 1839, os farrapos conseguiram estender o movimento até Santa Catarina. Ali, com o auxílio de Davi Canabarro e do italiano Giuseppe Garibaldi (personagem de destaque na unificação italiana), fundaram a **República Juliana**, na cidade de Laguna. Esta, no entanto, durou apenas quatro meses, sendo extinta pelas tropas legalistas.

Os revoltosos elaboraram uma Constituição que garantia a liberdade de imprensa, de indústria e de comércio e instituía o ensino primário gratuito. Adotava a divisão dos três poderes políticos (Executivo, Legislativo e Judiciário), com predomínio do Senado. Apesar de seu caráter liberal, a Constituição mantinha a escravidão, o voto censitário e o catolicismo como religião oficial.

A partir de 1842, já durante o Segundo Reinado, o movimento entrou em declínio, especialmente diante da repressão empreendida pelo governo central, comandada pelo Barão de Caxias. As sucessivas vitórias das tropas imperiais levaram à rendição dos rebeldes em 1845, assinando a chamada **Paz de Ponche Verde**. Com ela, conseguiu-se anistia geral aos revoltosos, incorporação dos oficiais farroupilhas ao Exército imperial, devolução das terras ocupadas aos antigos proprietários, taxação de 25% sobre o charque platino e libertação dos escravizados que lutaram na revolução.

> **Farrapos:** segundo alguns historiadores, o apelido de "farroupilha" foi dado ao movimento por seus adversários, numa referência ao fato de muitos liberais exaltados serem indivíduos sem posses, às vezes maltrapilhos, esfarrapados. No entanto, com exceção das tropas, os dirigentes da revolta eram membros da elite dos estancieiros e defendiam interesses dos grandes criadores de gado da província.

De olho na tela

O tempo e o vento. Direção: Jayme Monjardim. Brasil, 2013. Por meio da história de uma rivalidade familiar, o filme aborda a formação do estado do Rio Grande do Sul e a disputa do território.

Minha biblioteca

A Guerra dos Farrapos, de André Diniz, Editora Escala Educacional, 2008. A Revolução Farroupilha é apresentada na forma de história em quadrinhos.

Reprodução/Museu Antônio Parreiras, Niterói, RJ.

Proclamação da República Piratini, obra de Antônio Parreiras, 1915. República Piratini é outro nome pelo qual a República Rio-Grandense era conhecida.

O período regencial • **CAPÍTULO 12** 199

TRABALHANDO COM DOCUMENTOS

Observe com atenção as pinturas a seguir.

Batalha dos Farrapos, de José Wasth Rodrigues, de 1937.

1. Identifique o nome da pintura acima (1), seu autor e descreva a cena retratada.

Proclamação da República Rio-Grandense, pintura de Antônio Parreiras, de 1912-1914.

2. Descreva a cena da pintura 2. Que impressão ela transmite a você?

3. Em sua opinião, os artistas pretendiam passar a mesma ideia sobre a Revolução Farroupilha? Compare como cada um deles representou esse acontecimento.

UNIDADE 4 • O Brasil monárquico: Primeiro e Segundo Reinado

4 As políticas indigenistas do fim do período colonial à regência

Desde o início da colonização da América portuguesa, os indígenas foram tratados de acordo com a situação e os interesses dos europeus. Além do extermínio e do cativeiro, com o início do povoamento, a metrópole investiu na formação das missões jesuíticas. Elas deveriam agrupar os indígenas, educá-los e catequizá-los, com o objetivo de "integrar" essas populações à sociedade, dentro dos padrões europeus e do contexto da colonização.

A partir da chegada da Corte, no início do século XIX, as aldeias próximas às cidades viram o interesse dos colonizadores em avançar em suas terras, devido à expansão populacional e à necessidade de ligar a nova capital do Rio de Janeiro com outras regiões.

Já nas áreas mais remotas, as "alianças" com os indígenas eram importantes, pois garantiam a ocupação daqueles territórios por "súditos" da América portuguesa. Isso incluía assegurar-lhes terras e tratá-los de forma mais branda.

Muitas leis, em teoria, proibiam a escravização dos nativos – mas elas também confirmavam as guerras justas, ou seja, permitiam seu aprisionamento se esses povos atacassem ou impedissem a circulação dos colonos, se não participassem das batalhas quando fossem convocados pelas autoridades coloniais, se impedissem a catequização ou, de algum modo, ameaçassem os colonizadores. Assim, as leis davam margem para diversas interpretações, o que fazia com que os indígenas continuassem sendo capturados, vendidos e utilizados como mão de obra.

Isso fica claro na declaração do então príncipe regente, dom João, escrita em 1809, que justificava a guerra justa declarada aos botocudos:

> Não é conforme aos meus princípios religiosos e políticos o querer estabelecer minha autoridade [...] por meio de mortandades e crueldades contra os índios, extirpando as suas raças, que antes desejo adiantar, por meio da religião e civilização, [...] e que só desejo usar da força com aqueles que ofendem os meus vassalos, e que resistem aos brandos meios de civilização que lhes mando oferecer.
>
> Declaração de 1/4/1809. Apud CUNHA, Manuela Carneiro da. Política Indigenista no Século XIX. In: CUNHA, Manuela Carneiro da (Coord.). *História dos índios no Brasil*. São Paulo: Companhia das Letras, 1992. p. 152.

Botocudos, buris, pataxós e macharis, litografia colorida de aproximadamente 1834, de Charles Étienne Pierre Motte.

De acordo com dom João, os indígenas desconheciam os valores da "civilização", trazida pelos europeus. Dessa forma, a presença e atuação dos colonizadores se tornavam essenciais para retirá-los da "barbárie". Os povos nativos deviam, portanto, contar sempre com a "proteção" e "assistência" do governo. Mas foi durante o período imperial, em 1831, que a ideia de **tutela indígena** chegou ao ápice: esses povos foram, *grosso modo*, comparados a órfãos, que precisavam de juízes especiais para cuidar e administrar seus bens.

Essa prática de considerar indígenas órfãos foi reafirmada em outras legislações, ainda no período regencial e prosseguiu no Império[1].

---

[1] GRUPIONI, Luís Donizete Benzi; SILVA, Aracy Lopes da (Org.). *A temática indígena na escola*: novos subsídios para professores de 1º e 2º graus. Brasília: MEC/Mari/Unesco, 1995. p. 97.

Mapeando saberes

REGÊNCIA TRINA PROVISÓRIA (1835); REGÊNCIA TRINA PERMANENTE (1831-1835) E REGÊNCIAS UNAS (1835-1840)

- Após a abdicação de dom Pedro I, seu herdeiro, Pedro de Alcântara, de apenas 5 anos de idade, não poderia assumir o trono, o que levou o Império a ser governado por regentes.
- Principais mudanças político-administrativas do período regencial:
  - Criação da Guarda Nacional, milícia mantida pelos grandes proprietários e o Ato Adicional de 1834.
- Assembleias Provinciais: instituídas para atender os liberais exaltados, favoráveis à autonomia provincial.
- Regência Una: implantada para atender os liberais moderados, favoráveis à centralização do poder.
- Exaltados e moderados se reorganizaram em progressistas e regressistas.

ATENÇÃO A ESTES ITENS

REBELIÕES REGENCIAIS

- Ao longo do período regencial, muitas províncias se rebelaram contra o centro do poder político (no Rio de Janeiro) e, em alguns casos, declararam-se independentes do Brasil.
- Bahia: escravizados malês colocaram em execução um plano de revolução em Salvador em 1835.
- Maranhão: Raimundo Gomes, Manuel "Balaio" e o negro Cosme lideraram um exército de escravizados fugidos e homens livres pobres contra o governo central, entre 1838 e 1842.
- Sul do Brasil: estancieiros se rebelaram contra o centro do Império e estabeleceram a República Rio-Grandense (no Rio Grande do Sul) e a República Juliana (em Santa Catarina). Reivindicavam soberania econômica, por meio da proteção ao produto nacional, a supremacia do Poder Legislativo e investimento no ensino.

CONSEQUÊNCIAS DAS REVOLTAS

- Envolvendo escravizados, trabalhadores livres pobres ou grandes proprietários de terra, essas revoltas ameaçaram a unidade territorial brasileira e revelaram aos regentes a complexidade e multiplicidade de demandas das províncias.
- Golpe da Maioridade: ocorreu como consequência das revoltas e levou dom Pedro II, com apenas 14 anos de idade, ao trono.

POR QUÊ?

DIVERSIDADE E UNIDADE

- A diversidade de projetos políticos e sociais para a nação alimentou separatismos e rebeliões locais contra o poder central.
- No processo histórico de cada província do Império, percebemos a articulação que resultou na unidade territorial brasileira.

"INIMIGO INTERNO"

- "Balaios" e escravizados que lutaram no Maranhão foram punidos com pena capital.
- Separatistas do Sul (estancieiros) foram anistiados e tiveram suas demandas atendidas pela Coroa imperial.
- Diferença no tratamento dos revoltosos conduz à ideia de "inimigo interno", denominação para designar os brasileiros pobres que lutavam por seus direitos.

GRUPOS SOCIAIS E INTERESSES DIFERENTES

- Quilombolas, indígenas e a população pobre tinham outro projeto social e demandavam melhores condições de vida.
- As insatisfações desses grupos se uniram às dos proprietários de terras e comerciantes em momentos de crise econômica.
- O governo reprimia violentamente a maioria das revoltas e manifestações.

ATIVIDADES

Retome

1. Explique como pode ser dividido o período regencial brasileiro.

2. Sobre as correntes políticas existentes durante o período regencial, responda:

    a) indique quais eram essas correntes políticas e o que elas defendiam.

    b) aponte o período da fase regencial em que predominaram as medidas progressistas.

    c) indique o período em que as medidas regressistas tiveram êxito.

3. Explique com suas palavras os motivos que levaram ao Golpe da Maioridade.

4. Cite duas revoltas regenciais e explique quais eram suas reivindicações.

5. Indique as principais políticas indigenistas adotadas no Brasil do final do período colonial até as regências.

Interprete um texto historiográfico

6. Leia o texto abaixo, extraído de um livro do antropólogo brasileiro Darcy Ribeiro, e depois responda às questões.

    Às vezes se diz que nossa característica essencial é a cordialidade, que faria de nós um povo por excelência gentil e pacífico. Será assim? A feia verdade é que os conflitos de toda a ordem dilaceraram a história brasileira: étnicos, sociais, econômicos, religiosos, raciais, etc. [...].

    O importante, aqui, é a predominância que marca e caracteriza cada conflito concreto. Assim, a luta dos cabanos, embora contendo tensões inter-raciais (brancos *versus* caboclos) ou classistas (senhores *versus* serviçais), era, em essência, um conflito interétnico, porque ali uma etnia disputava a hegemonia, querendo dar sua imagem étnica à sociedade. [...]

    ▶ **Dilacerar:** rasgar em pedaços; despedaçar com violência.
    ▶ **Interétnico:** entre grupos de etnias diferentes.

    RIBEIRO, Darcy. *O povo brasileiro*: a evolução e o sentido do Brasil. São Paulo: Companhia das Letras, 1995. p. 167.

    a) Qual é a posição do antropólogo Darcy Ribeiro a respeito da ideia de "cordialidade" do povo brasileiro?

    b) Você concorda com os argumentos utilizados pelo autor? Justifique sua resposta.

Analise um jornal de época

7. A imagem abaixo é uma reprodução da primeira página do jornal goiano *A Matutina Meiapontense*, datado de 2 de novembro de 1833. Foi o primeiro periódico de Goiás; seu número de estreia é de 5 de março de 1830. Observe-o atentamente e depois responda às questões.

Reprodução/Coleção particular

Os reis só são legítimos quando governam pela Constituição.

O direito de resistência é um direito público de todo povo livre.

a) Que informações é possível extrair das manchetes em relação à opção política de sua linha editorial?

b) É possível associá-las a alguns dos grupos políticos que atuaram no Primeiro Reinado?

c) Em sua cidade existem jornais locais? Como eles se posicionam diante do poder local?

Autoavaliação

1. Quais atividades você considerou mais fáceis e mais difíceis? Por quê?

2. Em quais atividades você utilizou o texto do capítulo como base para sua resposta?

3. Algum ponto do capítulo não ficou muito claro para você? Qual?

4. Você compreendeu o esquema *Mapeando saberes*? Explique.

5. Você saberia apontar exemplos da atualidade considerando o que aprendeu no item *Por quê?* do *Mapeando saberes*?

6. Como você avalia sua compreensão dos assuntos tratados neste capítulo?

    » **Excelente**: não tive nenhuma dificuldade.
    » **Boa**: tive algumas dificuldades, mas consegui resolvê-las.
    » **Regular**: foi difícil compreender certos conceitos e resolver as atividades.
    » **Ruim**: tive muitas dificuldades, tanto no conteúdo quanto na realização das atividades.

ATIVIDADES 203

CAPÍTULO

13 Segundo Reinado: economia e sociedade

Homens e mulheres escravizados trabalhando em uma fazenda de café na região do Vale do Paraíba em 1882. Foto de Marc Ferrez.

Dom Pedro II chegou ao poder com apenas 14 anos de idade e manteve-se como imperador do Brasil durante quase meio século. Nesse período, conteve os desejos separatistas do período regencial e fortaleceu o poder imperial.

Um dos principais fatores que contribuíram para um reinado tão longo foi a prosperidade econômica, com destaque para a produção cafeeira, que logo tornou-se produto de exportação e assumiu a liderança na economia brasileira.

Neste capítulo, vamos percorrer o reinado de dom Pedro II e verificar que o fim do tráfico de escravizados para o Brasil trouxe consequências para a economia interna e externa, estimulando a vinda de imigrantes europeus para o país e novas formas de trabalho. Estudaremos também os diversos papéis desempenhados pelas mulheres e seu resultado na dinâmica da sociedade brasileira durante o Segundo Império.

> **Para começar**
>
> Observe a imagem, leia a legenda e responda às questões.
>
> 1. A qual época esta imagem pertence?
> 2. O que fazem e quem são os personagens nesta imagem?

1 O império do café

No século XVIII, o café era cultivado na província do Rio de Janeiro para consumo local. Após 1820, a produção cresceu progressivamente, destinando-se aos mercados dos Estados Unidos e da Europa. Já na década de 1830, era o principal produto de exportação da economia brasileira.

O gráfico abaixo apresenta a evolução da exportação dos principais produtos agrícolas brasileiros do século XIX. A facilidade com que o café se adaptou em terras brasileiras e a crescente demanda do produto propiciaram o deslocamento das plantações em direção a áreas mais férteis.

LINHA DO TEMPO

Principais produtos agrícolas de exportação (1821 a 1880)
Porcentagem sobre o valor total da exportação

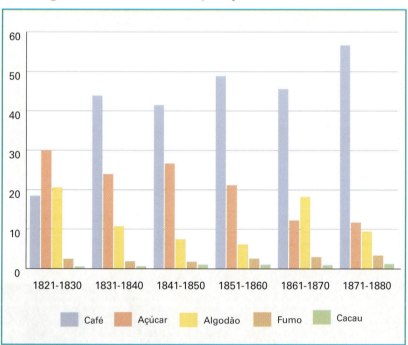

FAUSTO, Boris. *História do Brasil*. 10. ed. São Paulo: Edusp/FDE, 2002. p. 191.

+ Saiba mais

O café é uma planta originária da África. Durante séculos, foi cultivado pelos árabes – daí seu nome científico, *Coffea arabica*. No século XVIII, a produção de café atingiu as Antilhas. Chegou ao Brasil por volta de 1727, trazido ao Pará por Francisco de Mello Palheta.

▷ Pé de café em São Francisco da Glória (MG). Foto de 2018.

± 1760 — Café no Rio de Janeiro

1822 — Proclamação da Independência

± 1825 — Café já chegara a São Paulo

A partir de 1830 — Liderança do café nas exportações

Primeiro Reinado

1831 — Abdicação de dom Pedro I

Regências

1840 — Golpe da Maioridade

1844 — Tarifa Alves Branco

1845 — Decreto Bill Aberdeen

1847 — Sistema de parceria – imigração

1850 — Lei Eusébio de Queirós e Lei de Terras

Segundo Reinado

Linha do tempo esquemática. O espaço entre as datas não é proporcional ao intervalo de tempo.

Segundo Reinado: economia e sociedade • **CAPÍTULO 13**

Depois do Vale do Paraíba fluminense, o café ganhou as terras do Vale do Paraíba paulista. A partir da segunda metade do século XIX, expandiu-se para o interior de São Paulo, chegando a Campinas e Ribeirão Preto. Mais tarde, alcançou o sul de Minas Gerais e o norte do Paraná. Observe o mapa a seguir.

A expansão do café

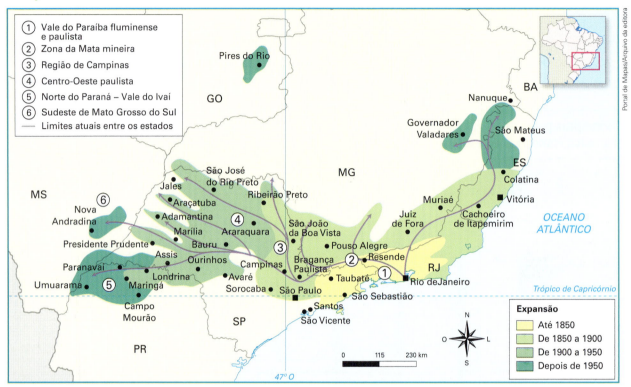

Fonte: elaborado com base em CAMPOS, Flavio de; DOLHNIKOFF, Miriam. *Atlas*: história do Brasil. São Paulo: Scipione, 2002. p. 24.

Escravizados em fazenda de café em São Paulo, em 1885.

INFOGRÁFICO

A cidade e os cafeicultores

Com o desenvolvimento da cafeicultura, o Sudeste consolidou-se como centro econômico do país, o que levou os cafeicultores – chamados de "barões do café" – a ganhar importância na vida econômica e política do Segundo Reinado.

Estrutura

O crescimento dos negócios ligados ao café promoveu o desenvolvimento das cidades. Seus moradores passaram a demandar novos serviços urbanos, como sistemas de iluminação, abastecimento de água, saneamento, transportes, etc.
Tais serviços, contudo, se restringiam aos bairros nobres ou centrais e não atendiam a toda a população. Do mesmo modo, o saneamento não atendia a todos. As poucas escolas e faculdades construídas eram destinadas apenas às elites.

Na foto de 1890, vemos um rico fazendeiro de café, Martinho Prado Jr., com sua família.

Vista do casarão de número 1919, na avenida Paulista, em São Paulo (SP). Construído em 1905 por um dos barões do café, Joaquim Franco de Melo, é uma das poucas construções remanescentes da época. Foto de 2018.

Avenida Paulista, São Paulo (SP), cerca de 1902. Idealizada como um loteamento de alto padrão pelo engenheiro Joaquim Eugênio de Lima, a avenida Paulista, inaugurada em 1891, tornou-se o endereço das famílias de imigrantes bem-sucedidos na primeira metade do século XX.

Preservação

A maioria dos belos palacetes erguidos na avenida Paulista no final do século XIX e início do século XX foi derrubada nas últimas décadas, abrindo espaço para grandes construções que atualmente abrigam instituições financeiras e comerciais. Permanecem hoje menos de cinco casarões, e a avenida, símbolo da cidade de São Paulo, em nada mais lembra os tempos dos antigos barões do café.

Casarões

Ao contrário dos antigos proprietários rurais, que moravam em suas fazendas, os barões do café adotaram a vida urbana, construindo grandes casarões nos arredores das cidades cafeeiras. Isso porque o desenvolvimento dos meios de comunicação (telégrafo e telefone) e dos transportes (estradas de ferro, portos) lhes permitiu controlar suas fazendas a distância. Morando nas cidades, eles ficavam mais próximos da vida política e podiam diversificar suas atividades.

2 A Era Mauá: um surto industrial

A independência do Brasil não alterou o predomínio da Inglaterra na economia do país. No início do Segundo Reinado, porém, o crescimento das exportações de café transformou os Estados Unidos no principal comprador do produto, superando a Inglaterra. Além disso, Alemanha e França passaram a nos fornecer seus produtos, o que garantia alguma autonomia em relação à tradicional dominação inglesa.

Em 1842, terminou a vigência do tratado de comércio com a Inglaterra. O governo brasileiro, enfrentando dificuldades financeiras, não o renovou. Ao contrário: para aumentar a arrecadação pública, o governo decretou, em 1844, a **Tarifa Alves Branco** (nome do ministro que assinou o decreto). Essa medida elevou para até 60% a taxa sobre os artigos importados, o que estimulou o desenvolvimento da produção interna.

Além disso, com a extinção do tráfico negreiro, em 1850, parte do dinheiro antes gasto no comércio de africanos escravizados foi direcionado para a indústria.

Foi nesse contexto que se destacou a figura do barão de Mauá (Irineu Evangelista de Sousa), um dos maiores empresários brasileiros do Império. Além de possuir um estaleiro e diversas indústrias, ele investiu em casas de comércio (MacGregor e Cia. e Casa Mauá e Cia.), em financeiras (Banco Mauá) e em empresas de energia (Companhia de Gás do Rio de Janeiro) e transportes (Companhia de Bondes do Jardim Botânico, Companhia de Navegação a Vapor do Rio Amazonas; Estrada de Ferro Mauá; Companhia de Rebocadores a Vapor do Rio Grande do Sul). Além de empreendimentos particulares, Mauá também se associou ao governo na construção de estradas e ferrovias e na instalação, em 1874, de um cabo submarino que permitia a comunicação telegráfica direta entre Brasil e Europa. Entretanto, em 1878, em virtude da falta de apoio governamental, em parte por causa de suas posições liberais e abolicionistas, da contínua concorrência estrangeira e de pressões financeiras nacionais e internacionais, o barão de Mauá faliu.

Minha biblioteca

Escravidão e modernização no Brasil do século XIX, de Artur José Renda Vitorino, Editora Atual, 2008. Esse livro mostra as modificações no Brasil durante o século XIX, assinalando o processo de modernização do país que convivia com a escravidão.

De olho na tela

Mauá: o imperador e o rei. Direção: Sérgio Rezende. Brasil, 1999. Relata a trajetória do empreendedor e pioneiro da industrialização no Brasil, Irineu Evangelista de Sousa, o barão de Mauá.

Trecho da estrada de ferro São Paulo Railway, que ligava a cidade de Jundiaí, no interior de São Paulo, à cidade portuária de Santos. Essa estrada era a principal via de escoamento de café com destino ao mercado internacional. O barão de Mauá impulsionou a construção dessa ferrovia. Fotografia de Militão Augusto de Azevedo, c. 1864.

3 O fim do tráfico negreiro

Desde o início do século XIX, os ingleses, que haviam liderado o comércio de africanos escravizados no século anterior, extinguiram o tráfico negreiro e começaram a pressionar os países escravistas a seguir seu exemplo.

No Brasil, essas pressões já eram presentes em 1822. Em troca do reconhecimento da independência pelo governo inglês, dom Pedro I comprometeu-se a abolir o tráfico. Após a abdicação, uma lei regencial assinada em 7 de novembro de 1831 renovou esse compromisso de tornar livres todos os africanos escravizados a partir de então. A medida, contudo, não se efetivou na prática, o que originou uma expressão conhecida ainda hoje: "para inglês ver", com o sentido de que a lei só existia no papel.

Saiba mais

Embora muitos ingleses defendessem a abolição da escravidão por razões humanitárias, a principal motivação para o fim do tráfico era de ordem econômica. Alegava-se, por exemplo, que o capital empregado no comércio de escravizados poderia favorecer a indústria britânica. Além disso, os ingleses também precisavam de mão de obra para seus empreendimentos no continente africano. Nesse período as nações imperialistas europeias, principalmente Inglaterra e França, disputavam domínios na África e na Ásia.

As dificuldades diplomáticas entre Brasil e Inglaterra agravaram-se quando o governo brasileiro estabeleceu a **Tarifa Alves Branco**, em 1844, aumentando os impostos sobre as importações. A resposta inglesa foi o decreto da **Bill Aberdeen** (1845), lei que autorizava a Marinha inglesa a prender qualquer navio negreiro que cruzasse o Atlântico, não importando sua nacionalidade, e a julgar os traficantes segundo as leis inglesas.

Diante de tamanha pressão, o Parlamento brasileiro votou a favor da abolição do tráfico em 1850, com a **Lei Eusébio de Queirós**. A medida provocou sérias dificuldades à cafeicultura no Brasil, motivando ações para o abastecimento de mão de obra (veja o gráfico abaixo).

Diante de tais problemas, os fazendeiros paulistas passaram a comprar escravizados de outras regiões, especialmente do Nordeste, no chamado **tráfico interprovincial**. No entanto, além dos preços elevados por causa da intensa procura, os escravizados do Nordeste não foram suficientes para suprir a demanda das lavouras de café.

Vale ressaltar que quando pensamos em escravidão africana, geralmente a associamos à produção do açúcar, passando pelo ouro e terminando no café. No entanto, ela também esteve presente em áreas de plantação de algodão (especialmente no Maranhão), além das que cultivavam arroz, fumo e outros produtos agrícolas.

Minha biblioteca

O trabalho nas fazendas de café, de Ana Luiza Martins, Editora Atual, 1994. A obra mostra o cotidiano do pesado trabalho escravizado nas fazendas do Vale do Paraíba durante o Império, utilizando fotos e relatos de fazendeiros e viajantes.

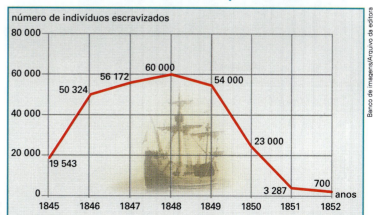

Queda do tráfico de escravizados para o Brasil

número de indivíduos escravizados

- 1845: 19 543
- 1846: 50 324
- 1847: 56 172
- 1848: 60 000
- 1849: 54 000
- 1850: 23 000
- 1851: 3 287
- 1852: 700

Fonte: elaborado com base em HOLANDA, Sérgio Buarque de. *Raízes do Brasil*. Rio de Janeiro: José Olympio, 1956. p. 92.

TRABALHANDO COM DOCUMENTOS

A escravidão africana que começou no Brasil com o açúcar, seguiu pela mineração e chegou ao café foi presente ainda na produção de outros produtos agrícolas, como arroz, fumo, algodão e cacau. E não se restringiu ao campo, sendo bastante intensa nas cidades. "Por aqui se instalaram as principais cidades escravistas atlânticas. [... que...] conheceram o impacto urbano da escravidão, entre as décadas finais do século XVIII e a primeira metade do XIX, século este que ficou caracterizado por uma escravidão urbana.[1]"

Observe atentamente as imagens abaixo, de aproximadamente 1860. Trata-se de uma ama de leite e a criança a quem amamentou. Há ainda um anúncio publicado num jornal do Rio de Janeiro no ano de 1862.

[1] GOMES, Flávio; SCHWARCZ, Lilia M. *Dicionário da escravidão e liberdade*. São Paulo: Cia das Letras, 2018.

Anúncio de 1862, publicado no jornal *Diário do Commercio*.

Retrato de Augusto Gomes Leal e sua ama de leite Mônica. Fotografia de Joaquim Ferreira Vilela (1860-1865), Recife, Pernambuco.

1▸ Como a escravizada se apresenta na foto? Descreva suas roupas, sua postura e suas feições.

2▸ Qual parece ser a relação do menino com a ama?

3▸ É possível dizer que esse tipo de relação ainda existe no Brasil? Justifique sua resposta.

4▸ Observando o anúncio, o que se pode concluir sobre como alguns dos proprietários de escravizadas agiam quando uma delas dava à luz uma criança?

As novas formas de trabalho

Uma das soluções encontradas pelos fazendeiros e governantes para atender a necessidade de mão de obra na lavoura foi estimular a vinda de trabalhadores estrangeiros para o Brasil.

Em 1847, o senador Nicolau de Campos Vergueiro adotou, em sua fazenda de Ibicaba, na província de São Paulo, o **sistema de parceria**: o custo da viagem e do transporte dos imigrantes europeus até as fazendas era adiantado pelo empresário, devendo ser reembolsado mais tarde pelos trabalhadores. Além disso, os gastos com a instalação e a manutenção dos estrangeiros também eram descontados de seus salários.

A remuneração dos trabalhadores era baixíssima, de modo que eles nunca conseguiam pagar suas dívidas. Além disso, o tratamento que recebiam nas fazendas não era muito diferente daquele dado aos escravizados. A vida era difícil para os trabalhadores nas fazendas e para os habitantes da capital do Império, o Rio de Janeiro, devido a epidemias de febre amarela e cólera.

As queixas dos imigrantes eram tantas que o governo de seus países de origem proibiu a emigração para o Brasil. No final dos anos 1850, esse sistema entrou em crise. Diante da pressão dos cafeicultores, o governo decidiu implantar a **imigração subvencionada**. Neste sistema, caberia ao governo contratar imigrantes na Europa e custear sua viagem.

Após chegar ao porto, os imigrantes passavam pela Inspetoria de Imigração e eram encaminhados a uma hospedaria, especialmente a de São Paulo. Alguns dias depois, eram enviados às fazendas, onde trabalhavam no sistema de **colonato**. Nesse sistema, o colono e sua família eram contratados para cuidar de certo número de pés de café – a empreitada –, recebendo uma remuneração básica pelo cultivo e um pagamento extra pela colheita.

Vivendo na fazenda (por vezes, suas residências eram as antigas senzalas), eles também podiam cultivar gêneros de subsistência (milho, mandioca, feijão, etc.). Em alguns casos, os colonos dividiam esses produtos com os proprietários ou vendiam parte da colheita.

 De olho na tela

O quatrilho. Direção: Fábio Barreto. Brasil, 1995. Ao contar a história de dois casais, o filme aborda a vida de imigrantes italianos no sul do país, no fim do século XIX.

Gaijin: caminhos da liberdade. Direção: Tizuka Yamazaki. Brasil, 1980. Trata da vivência dos primeiros imigrantes japoneses e seu relacionamento com os nordestinos e italianos.

Fotografia de Guilherme Gaensly retrata grupo de imigrantes italianos no pátio central da Hospedaria dos Imigrantes, em São Paulo, aproximadamente em 1890.

Como vimos no Capítulo 9, na segunda metade do século XIX intensificaram-se as lutas pela unificação nos atuais territórios da Itália e da Alemanha. Fugindo da guerra, italianos e alemães formaram os maiores grupos populacionais que migraram ao Brasil. Em geral, eles iam para as províncias de São Paulo, Santa Catarina e Rio Grande do Sul.

A imigração assumiu caráter distinto nas várias províncias brasileiras. Em São Paulo, os imigrantes se dirigiam, principalmente, para as fazendas de café. Já nas províncias do Espírito Santo, Paraná, Santa Catarina e Rio Grande do Sul, muitos deles fundavam colônias e se transformavam em pequenos proprietários, trabalhando em seus próprios lotes.

A Lei de Terras de 1850

Desde a época das sesmarias, no início da colonização, todas as terras da América portuguesa eram da Coroa e só poderiam ser doadas por ela. Para garantir sua posse, os sesmeiros deveriam ocupá-las produtivamente e protegê-las.

A partir de 1850, com a promulgação da **Lei de Terras**, o direito à posse só se tornou possível pela compra, e garantido por um documento emitido por um juiz. O Estado passou a vender as glebas e a retomar as terras não legalizadas, em geral pequenas propriedades ocupadas por negros, mulatos e pobres.

Para as populações indígenas, a consequência da lei foi o confisco de seus territórios para realização de leilões de venda, ficando preservadas as terras apenas dos grupos mais resistentes e os que viviam em regiões distantes e de difícil acesso.

A lei também dificultou a compra de terras pelos imigrantes, que só poderiam fazê-lo após três anos do desembarque no Brasil. Havia ainda um tamanho mínimo de gleba que podia ser adquirido, e o pagamento não podia ser parcelado. A terra passou a ser vista como mercadoria.

Só foram beneficiados os grandes fazendeiros, que acabaram ampliando suas já imensas propriedades. A grande maioria da população não tinha acesso à terra, ampliando assim a mão de obra disponível desse período.

> **Sesmaria:** lote de terra da América portuguesa que os reis de Portugal e seus representantes locais cediam a interessados em cultivá-lo.
>
> **Gleba:** terreno próprio para cultivo.

Imigrantes italianos na colheita de café em fazenda no interior de São Paulo, por volta de 1902. Foto de Guilherme Gaensly.

Guilherme Gaensly/Fundação Biblioteca Nacional, Rio de Janeiro, RJ.

4 As mulheres no período imperial

Durante muito tempo acreditou-se que as mulheres no Brasil Imperial (1822-1889) tinham uma vida restrita ao ambiente doméstico. No entanto, pesquisas recentes mostram que elas assumiram muitos outros papéis, dependendo de sua condição social (ricas ou pobres), de sua cor (brancas, pardas ou negras) e de seu estatuto jurídico (livres, libertas ou escravizadas).

Para as mulheres livres, brancas e ricas, a mobilidade no espaço público era limitada. Elas só saíam às ruas acompanhadas e em poucas ocasiões: para visitar parentes, assistir a missas e, ocasionalmente, frequentar óperas e outros espetáculos. Porém, diferentemente das mulheres de elite do período colonial (séculos XVII e XVIII), as da elite do Império tiveram mais acesso à educação.

As mulheres livres e pobres, que não podiam pagar escolas ou professores, raramente eram alfabetizadas. Geralmente trabalhavam como doceiras, costureiras, lavadeiras, lavradoras, tecelãs – profissões que lhes permitiam ganhar algum dinheiro. Algumas possuíam um ou dois escravizados, que podiam ser utilizados como vendedores de seus produtos ou alugados para terceiros.

Embora as mulheres fossem educadas para se submeter aos maridos, muitas chefiaram seus lares durante o século XIX. Na província de São Paulo, em 1872, cerca de 40% dos domicílios eram comandados por mulheres solteiras, viúvas ou casadas com maridos ausentes por longos períodos ou desaparecidos.

No outro extremo dessa sociedade, estavam as mulheres escravizadas. Nas fazendas, elas podiam ser mucamas, amas de leite, cozinheiras, engomadeiras, lavadeiras, etc. ou trabalhar na roça. Nas cidades, vendiam quitutes, frutas, bebidas e outros produtos. Com isso, transitavam pelo ambiente urbano com muito mais frequência do que as mulheres brancas e ricas.

No Brasil do século XIX, a mulher não podia votar nem ser votada, por ser considerada "incapaz" de tomar decisões importantes (assim como as crianças, os indígenas e os escravizados). No entanto, considerando que a prática política vai muito além das eleições e da ocupação dos cargos públicos, podemos afirmar que muitas mulheres atuaram politicamente em momentos decisivos da história do Império. Um exemplo foi sua participação no movimento abolicionista, nas décadas de 1870 e 1880. Nos eventos culturais que promoviam a causa antiescravista, cantoras, atrizes, compositoras, poetisas e espectadoras ajudaram a arrecadar fundos para a libertação de escravizados, colaborando para o fim do regime escravista.

Leolinda Daltro, nascida no século XIX, foi uma das primeiras mulheres a ter participação na política brasileira. Foi a fundadora do Partido Republicano Feminino. Foto de 1917, no Rio de Janeiro.

Escravizados descansam após o trabalho em fazenda no interior do Brasil. Gravura colorizada, de 1861, a partir de fotografia de Victor Frond.

CONEXÕES COM A ARTE

Música: o surgimento do choro no Segundo Reinado

As décadas finais do Segundo Reinado não foram marcadas apenas pelas agitações políticas e sociais. A vida cultural das grandes cidades brasileiras, especialmente do Rio de Janeiro, também sofreu profundas transformações. Naquela época, hábitos e entretenimentos importados da Europa se fundiam com a cultura local, dando origem a criações muito particulares.

Uma dessas criações foi o choro, considerado hoje o primeiro estilo musical tipicamente brasileiro. A palavra surgiu por volta de 1880 para designar o estilo ritmado e sentimental composto pelos grupos musicais que tocavam em bailes, festas familiares e outros eventos que ocorriam na Cidade Nova e nos subúrbios cariocas. Formados em geral por flautas, cavaquinho e violão, esses conjuntos inicialmente tocavam valsas, tangos, polcas e *schottisch* (mais tarde aportuguesado como xótis), gêneros musicais importados da Europa e muito apreciados pelas elites cariocas.

▶ **Cidade Nova:** bairro popular surgido no século XIX, situado entre a região central e o norte do Rio de Janeiro.

Embora tenha sido produzida em 1905, já no início da República, a aquarela acima, chamada *Baile de pobre*, do caricaturista K. Lixto (Calixto Cordeiro), dá uma ideia de como deveriam ter sido os bailes regados à música do choro do Segundo Reinado.

Nos salões da alta sociedade, essas músicas eram dançadas à moda europeia; já nos bailes populares, frequentados por pequenos funcionários públicos e trabalhadores urbanos, elas ganharam novos significados. Mais tarde, as composições também começaram a diferir dos padrões musicais conhecidos, ganhando mais improviso, habilidade e identidade. Os músicos de choro (também chamados "chorões"), muito influenciados pelos ritmos de origem africana, logo desenvolveram um modo particular de tocar. As melodias adquiriam um "balanço" característico e exigiam danças muito mais animadas para acompanhar o ritmo.

Com o tempo, o nome "choro" deixou de indicar o grupo musical para se referir às próprias músicas, rebatizadas de polca-choro, valsa-choro, tango-choro, até que o choro se tornou um gênero independente. Diversos músicos brasileiros passaram a compor canções nesse gênero no final do Império, como Joaquim Antônio da Silva Callado (1848-1880), Chiquinha Gonzaga (1847-1935), Ernesto Nazareth (1863-1934) e tantos outros. Eles foram responsáveis por fazer a ponte entre a música escutada pelas elites e os batuques praticados pelos negros escravizados e alforriados, "abrasileirando" os bailes de tradições europeias.

Joaquim Antônio da Silva Callado, considerado o "pai do choro", em ilustração de Angelo Agostini de 1880.

Mundo virtual

Chiquinha Gonzaga. *Site* oficial da compositora e maestrina Chiquinha Gonzaga. Disponível em: <http://chiquinhagonzaga.com/wp>. Acesso em: 10 maio 2018.

Chiquinha Gonzaga em foto do século XIX.

Mundo virtual

Ernesto Nazareth. *Site* produzido em 2013 em homenagem aos 150 anos de nascimento do compositor. Traz fotos, discografia completa do artista, biografia e linha do tempo detalhada de sua carreira, entre outros. Disponível em: <http://www.ernestonazareth150anos.com.br>. Acesso em: 17 set. 2018.

Imagem de Ernesto Nazareth do ano 1932.

Com o auxílio do professor, procure na internet gravações em piano solo das composições *Você bem sabe* e *Escorregando*, de Nazareth. Ouça-as atentamente e responda às atividades a seguir.

1▸ Mesmo sem saber as datas de composição, é possível deduzir qual canção foi composta primeiro? Justifique sua resposta.

2▸ Preste atenção ao acompanhamento rítmico de cada uma das composições. Tente reproduzi-los com palmas. Na sua opinião, qual deles tem mais "balanço"?

3▸ Esse ritmo "balançado" (ou sincopado) é encontrado, com pequenas variações, em diversos gêneros de dança latino-americanos, como o tango argentino, a *habanera* cubana, o merengue dominicano, a milonga uruguaia, etc. Levante hipóteses para explicar essa semelhança.

Segundo Reinado: economia e sociedade • **CAPÍTULO 13** • **215**

Mapeando saberes

ATENÇÃO A ESTES ITENS

ESTABILIDADE NO SEGUNDO REINADO

- A prosperidade econômica alcançada pela produção cafeeira, especialmente a partir de 1840, foi uma das razões da estabilidade política do Segundo Reinado.
- Apoiando-se no incentivo à exportação do café e no Poder Moderador, dom Pedro II conseguiu manter-se por 49 anos no trono do Império.

FIM DO TRÁFICO DE ESCRAVIZADOS

- Desde 1822, a Inglaterra vinha pressionando o país para abolir o tráfico de escravizados, o que ocorreu em 1850, com a Lei Eusébio de Queirós.
- Para suprir a demanda de mão de obra das lavouras de café, recorreu-se ao tráfico interprovincial de escravizados, ao sistema de parceria e à imigração subvencionada de trabalhadores europeus.

ECONOMIA CAFEEIRA

- A expansão da cafeicultura ao longo do Vale do Rio Paraíba do Sul transformou o Sudeste no centro econômico do Império.
- A concentração de capitais originários das exportações do café possibilitou o investimento na melhoria das estruturas urbanas (saneamento, iluminação, pavimentação), das comunicações (telégrafo, telefone) e dos transportes (estradas de ferro, portos).
- Em meados do século XIX, a criação da Tarifa Alves Branco e a abolição do tráfico atlântico de escravizados permitiram o investimento no comércio e em pequenas indústrias.

NOVAS FORMAS DE TRABALHO

- Com o fim do tráfico, a substituição da mão de obra escravizada pelo trabalho livre tornou-se inevitável.
- Lei de Terras (1850):
  - serviu para impedir que os futuros trabalhadores livres e os ex-escravizados se tornassem pequenos proprietários.
  - determinava que a posse da terra, até então garantida por doações, só seria possível pela compra.
  - sem dinheiro para adquirir propriedades, os trabalhadores pobres foram obrigados a trabalhar para os grandes proprietários.

POR QUÊ?

- O tráfico de africanos escravizados foi proibido no Brasil em 1850 por pressão da Inglaterra, que então intensificava suas ações imperialistas no continente africano.

- As negociações e os embates em torno dessa medida revelaram os limites da soberania do Império brasileiro, submisso aos interesses ingleses.

- A Lei de Terras de 1850 impediu que boa parte dos trabalhadores rurais brasileiros (livres, libertos ou imigrantes) tivesse acesso à terra.
- A concentração de terras nas mãos de um pequeno número de pessoas se perpetua até hoje no país: 1% dos proprietários detêm 46% das terras cultiváveis.

UNIDADE 4 • O Brasil monárquico: Primeiro e Segundo Reinado

ATIVIDADES

Retome

1. Descreva as mudanças que a cafeicultura trouxe para a sociedade e para o cotidiano das regiões produtoras.

2. Comente com suas palavras qual é o significado da expressão "para inglês ver", relacionando-a ao contexto das relações entre Brasil e Inglaterra.

3. Explique de que maneira a Lei Eusébio de Queirós contrariava os interesses dos cafeicultores.

4. Cite e explique os dois sistemas de imigração utilizados no Brasil durante o Segundo Reinado.

5. Como a Tarifa Alves Branco auxiliou no surgimento das indústrias nacionais?

Analise os gráficos

6. Reexamine o gráfico *Principais produtos agrícolas de exportação (1821 a 1880)*, da página 205. Cite o período e os produtos que foram ultrapassados pelas exportações do café ao longo do Império e explique como se deu esse processo.

7. Reveja abaixo o gráfico *Queda do tráfico de escravizados para o Brasil*, da página 209, e responda.

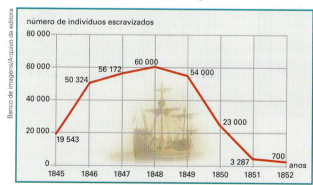

Queda do tráfico de escravizados para o Brasil

Fonte: elaborado com base em HOLANDA, Sérgio Buarque de. *Raízes do Brasil*. Rio de Janeiro: José Olympio, 1956. p. 92.

a) O que indica a linha vermelha do gráfico e como se explica seu ápice?

b) Identifique o momento da queda brusca desta linha e explique o que ocorreu ao tráfico de escravizados neste período.

Interprete o cartaz

8. Para incentivar a emigração para o Brasil, propagandas como esta foram divulgadas entre a população da Itália. Com base no que você estudou no capítulo, responda: Quais aspectos do Brasil são utilizados no cartaz para atrair os imigrantes italianos? Considerando o sistema de colonato e a Lei de Terras, você acha que as promessas aos imigrantes, feitas no cartaz, foram cumpridas? Justifique.

No cartaz, lê-se: "Venham construir seus sonhos com a família. Um país de oportunidade. Clima tropical e abundância. Riquezas minerais. No Brasil vocês poderão ter seu castelo. O governo dá terras e utensílios a todos.".

Reprodução/Coleção particular

Autoavaliação

1. Quais atividades você considerou mais fáceis e mais difíceis? Por quê?

2. Em quais atividades você utilizou o texto do capítulo como base para sua resposta?

3. Algum ponto do capítulo não ficou muito claro para você? Qual?

4. Você compreendeu o esquema *Mapeando saberes*? Explique.

5. Você saberia apontar exemplos da atualidade considerando o que aprendeu no item *Por quê?* do *Mapeando saberes*?

6. Como você avalia sua compreensão dos assuntos tratados neste capítulo?

   » **Excelente**: não tive nenhuma dificuldade.
   » **Boa**: tive algumas dificuldades, mas consegui resolvê-las.
   » **Regular**: foi difícil compreender certos conceitos e resolver as atividades.
   » **Ruim**: tive muitas dificuldades, tanto no conteúdo quanto na realização das atividades.

CAPÍTULO 14
A política no Segundo Reinado

Na charge de Cândido Aragonez de Faria (1849-1911), publicada em 1878, dom Pedro II aparece controlando o "carrossel" político de sua época.

Os 49 anos de dom Pedro II no governo brasileiro foram marcados por mudanças significativas na história do país. Uma característica política do Segundo Reinado foi a constante disputa entre o Partido Liberal e o Partido Conservador.

O jovem imperador precisou administrar, já em seus primeiros anos de governo, alguns levantes internos, como a Revolução Farroupilha e a Revolução Praieira.

Neste capítulo, vamos estudar as características da política do Segundo Reinado e os conflitos internos e externos da época, importantes transformações na sociedade brasileira que sedimentaram o caminho para o fim da monarquia no Brasil em 1889.

> **Para começar**
>
> Observe a charge. Com humor e ironia, ela representa uma cena da política durante o governo de dom Pedro II. Leia sua legenda e responda às questões.
>
> 1. Quais são os personagens retratados na charge?
> 2. Na sua opinião, qual é a crítica que o artista quis transmitir na charge?

1 Disputa entre liberais e conservadores

Ainda na época regencial, os liberais moderados dividiram-se em regressistas e progressistas. O primeiro grupo deu origem ao **Partido Conservador**; o segundo, ao **Partido Liberal**. Ambos defendiam a manutenção do monopólio da terra e da escravidão. Discordavam apenas quanto à centralização (ou não) do poder. Em 1840, usando de fraudes e violência, os liberais garantiram a vitória nas chamadas **eleições do cacete**. Instalados no governo, porém, eles não conseguiram controlar a Revolução Farroupilha, que ainda se desenvolvia no Rio Grande do Sul e prosseguiu até 1845.

LINHA DO TEMPO

1840
Golpe da Maioridade e eleições do cacete

1842
Revoltas Liberais

1847
Criação do cargo de presidente do Conselho de Ministros

1848
Revolução Praieira

1850-1851
Intervenção contra Manuel Oribe (Uruguai)

1852
Intervenção contra Juan Manuel Rosas (Argentina)

1864 (até 1865)
Intervenção contra Atanásio Cruz Aguirre (Uruguai)

1864-1870
Guerra do Paraguai

1868
Revezamento entre liberais e conservadores

Segundo Reinado

Ilustração de Ângelo Agostini publicada em *O Cabrião*, semanário paulistano que circulou entre 1866 e 1867. A charge satiriza as fraudes eleitorais durante o Segundo Reinado. Repare nas armas atrás do homem.

Em 1841, dom Pedro II nomeou um ministério conservador e foram realizadas novas eleições, vencendo os políticos da linha conservadora. Empossados, eles adotaram medidas centralizadoras, como o controle da polícia e do Judiciário nas várias províncias.

Descontentes, os liberais de São Paulo e Minas Gerais desencadearam uma onda de levantes armados contra o governo central. As chamadas **Revoltas Liberais** de 1842 foram sufocadas pelas tropas imperiais.

Em 1847, para solucionar a crise política, dom Pedro II instaurou o parlamentarismo no Brasil, com a criação do cargo de **presidente do Conselho de Ministros**, uma espécie de primeiro-ministro. Este, porém, era indicado pelo imperador por meio do Poder Moderador (criado pela Constituição de 1824), sem consulta ao Parlamento.

Linha do tempo esquemática. O espaço entre as datas não é proporcional ao intervalo de tempo.

Caso houvesse divergência entre o presidente do Conselho e o Parlamento, o imperador ou dissolvia a Câmara e convocava nova eleição, ou demitia o presidente do Conselho de Ministros (chefe de Governo). Devido a esse caráter centralizador de subordinação do Parlamento ao poder imperial, o regime foi apelidado de **parlamentarismo às avessas**.

As tensões entre liberais e conservadores, no entanto, continuaram. Para amenizá-las, Hermeto Carneiro Leão, o Marquês de Paraná, compôs um gabinete formado por liberais e conservadores, chamado de **Ministério da Conciliação**, em 1853.

A relativa tranquilidade política obtida com a conciliação estendeu-se até 1868, quando se reiniciou o revezamento de liberais e conservadores no poder, quadro que predominou até o final do Império.

Imagem do imperador dom Pedro II e dos políticos integrantes do Ministério da Conciliação. Litogravura de Sébastien Auguste Sisson, de 1853.

Saiba mais

Parlamentarismo é o sistema de governo no qual o primeiro-ministro, escolhido pelo Parlamento ou Congresso, é o chefe do poder Executivo. Na Inglaterra, onde se originou esse regime político, o partido que detinha a maioria no Parlamento indicava o chefe de Governo. No século XX, tal forma de governar sofreu aprimoramentos democráticos e passou a ser adotada em vários países do mundo.

Minha biblioteca

As barbas do imperador: D. Pedro II, a história de um monarca em quadrinhos, de Lilia Moritz Schwarcz e Spacca. Editora Quadrinhos na Cia., 2014. Biografia de dom Pedro II contada em forma de história em quadrinhos.

2 A Revolução Praieira

Ao longo do Segundo Reinado, a instabilidade verificada nas províncias na época regencial foi sendo neutralizada. Em 1841, foram derrotados os balaios no Maranhão; os levantes liberais de São Paulo e Minas Gerais foram reprimidos em 1842; e, em 1845, a Revolução Farroupilha do Rio Grande do Sul chegava ao fim. Em 1848, eclodiu na província de Pernambuco a **Revolução Praieira**, assim chamada porque o principal jornal divulgador dos ideais dos revoltosos, o *Diário Novo*, tinha sede na Rua da Praia, em Recife.

O levante iniciou-se quando alguns membros da nova elite pernambucana, ligada ao Partido Liberal, opuseram-se ao monopólio político da oligarquia mais antiga, vinculada ao Partido Conservador. Embora os revoltosos recusassem medidas radicais, como a abolição da escravidão, o movimento ganhou, inesperadamente, a adesão de boa parte da população do Recife, insatisfeita com as condições de pobreza em que vivia. Nessa época, terras, engenhos e governo estavam sob o domínio de algumas poucas famílias pernambucanas, como os Cavalcanti e os Rego Barros. O descontentamento da população com esse fato aparecia em trovas populares como esta:

> Quem viver em Pernambuco,
> Há de estar desenganado;
> Ou há de ser Cavalcanti,
> Ou há de ser cavalgado.
>
> (Domínio público.)

Os rebeldes publicaram no *Diário Novo* o "Manifesto ao mundo", documento influenciado pelas reivindicações que marcaram a Primavera dos Povos na Europa em 1848 (veja no Capítulo 9), clamando por voto livre e universal, liberdade de imprensa e garantia de trabalho. Também desejavam a nacionalização do comércio e o fim da escravidão.

A rebelião foi derrotada pelas tropas governamentais em 1850 e dois anos depois toda a região estava "pacificada". Com a promessa de anistia do governo, o principal líder do movimento, Pedro Ivo Veloso da Silveira, decidiu se entregar, mas foi preso e transferido para a Fortaleza da Laje, no Rio de Janeiro. Pouco tempo depois, conseguiu fugir e embarcar num navio com destino à Europa, mas faleceu durante a viagem e seu corpo foi atirado ao mar quando o navio passava ao largo de Pernambuco.

Outros líderes praieiros, pertencentes à aristocracia, foram condenados à prisão perpétua no arquipélago de Fernando de Noronha. Contudo, dois anos depois, quando a situação já estava mais calma, eles receberam anistia.

▷ *Praça da Boa Vista* (1863), desenho de Shlappriz e litografia de F. H. Carl, representando um pequeno recorte do Recife do século XIX.

TRABALHANDO COM DOCUMENTOS

O documento a seguir foi escrito por Antônio Pedro de Figueiredo, jornalista e editor da revista *O Progresso*, publicada entre os anos de 1846 e 1848, em Recife. Nesse texto, Figueiredo faz duras críticas à situação política e social de Pernambuco.

Hoje mais de 3/4 da população da nova província se acha concentrada à beira do mar e numa profundeza de 10 a 15 léguas; mas lá, quase com poucas exceções, todas as terras pertencem a um pequeno número de grandes proprietários que delas mal cultivam uma mínima parte e recusam a vender o resto. Daí vem que 200 ou 300 000 dos nossos concidadãos, mais porventura, vivem em terras de que podem ser despedidos dentro de poucas horas; humildes vassalos do proprietário, cujos ódios, partido político e companhia, são obrigados a esposar. Neste fato da grande propriedade territorial, nesses novos latifundia, deparamos nós a base desta feudalidade que mantém diretamente, sob jugo terrível, metade da população da província, e oprime a outra metade por meio de imenso poder que lhe dá esta massa de vassalos obedientes [...]. Reconhecemos, numa palavra, que a divisão do nosso solo em grandes propriedades era a fonte da maior parte dos nossos males.

FIGUEIREDO, Antônio Pedro de. Revista *O Progresso*, Recife, 1846-1848. QUINTAS, Amaro. Nordeste. *História geral da civilização brasileira*. São Paulo: Difusão Europeia do Livro, 1978. t. II. v. 4, p. 229.

▶ **Porventura:** por acaso, por hipótese.
▶ **Esposar:** defender; adotar.
▶ **Latifundia:** plural de *latifundium*, palavra latina que quer dizer "grande propriedade" (de terra).
▶ **Jugo:** opressão.

A charge produzida em 1985 pelo artista Floreal Andrade trata do tema do latifúndio de maneira crítica e irônica.

Fonte: Acervo do cartunista.

1▶ Que acontecimento importante na província de Pernambuco foi contemporâneo à publicação desse artigo?

2▶ Qual é a principal crítica que Antônio Pedro de Figueiredo faz em relação à distribuição de terras na província de Pernambuco?

3▶ Reflita sobre a questão da distribuição de terras no Brasil hoje. Existe alguma semelhança com a situação descrita por Antônio Pedro na província pernambucana no final da primeira metade do século XIX? Justifique sua resposta.

4▶ O autor sugere que a maioria da população de Pernambuco estava numa relação de "vassalagem" com os proprietários de terra.

a) Com que outro período da História ele está comparando o Brasil imperial?

b) Que juízo de valor está implícito nessa comparação?

5▶ Qual é a posição do autor da charge sobre a questão dos latifúndios no Brasil recente? Você concorda? Justifique sua resposta.

3 As guerras na bacia do Prata

Como não existiam grandes estradas no sul da América, os rios da bacia do Prata tinham enorme importância comercial. O rio Paraná, por exemplo, era o melhor caminho para levar grandes cargas até Mato Grosso.

Isso acentuava as disputas territoriais na região platina, que existiam desde a época colonial, mas atingiram seu ponto mais crítico no século XIX. Nessa época, o Brasil disputou o controle da área com o Uruguai, a Argentina e o Paraguai, em cinco conflitos armados (veja o mapa e o quadro a seguir).

> **Platino:** relativo ao rio da Prata; região platina refere-se à região do rio da Prata, na fronteira entre Uruguai e Argentina, onde desembocam os rios Uruguai e Paraná.

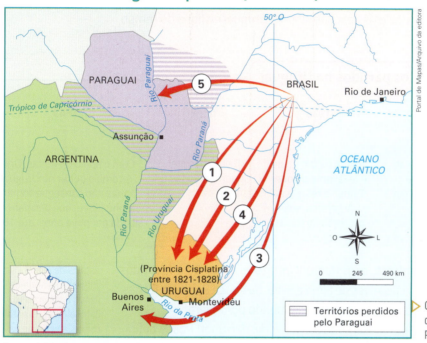

O mapa mostra os países que fazem parte da bacia do Prata e seus principais rios.

Fonte: elaborado com base em CAMPOS, Flavio de; DOLHNIKOFF, Miriam. *Atlas História do Brasil*. São Paulo: Scipione, 2002. p. 31.

Guerras platinas	Data	Aliados e adversários
① Cisplatina	1825-1828	Brasil × Argentina, Uruguai
② Contra Oribe	1850-1851	Brasil + *colorados* × Argentina + *blancos*
③ Contra Rosas	1852	Brasil × Argentina
④ Contra Aguirre	1864-1865	Brasil + Argentina + *colorados* × *blancos*
⑤ Do Paraguai	1864-1870	Tríplice Aliança (Brasil, Argentina e Uruguai) × Paraguai

O Uruguai (província Cisplatina) foi integrado ao Brasil em 1822, após a Independência. Como vimos no Capítulo 11, a partir de 1825, dom Pedro I insistiu numa guerra que só terminou com a independência do Uruguai em 1828, encerrando a primeira guerra platina do século XIX.

Na segunda metade do século XIX, outros confrontos armados ocorreram na região.

Brasil contra Oribe e Rosas

Desde a independência do Uruguai, em 1828, o governo do país era disputado por dois partidos políticos: o *Blanco* e o *Colorado*.

O *Blanco* representava os grandes proprietários de terra e criadores de gado. Era liderado por **Manuel Oribe** e apoiado pelo governador da província de Buenos Aires e presidente argentino, **Juan Manuel Rosas**. Rosas desejava recriar o antigo Vice-Reinado do Prata, unificando os países hispânicos da região.

O *Colorado* era formado pelos comerciantes uruguaios e liderado por **José Fructuoso Rivera**. Contava com o apoio aberto das autoridades brasileiras e de **Justo José de Urquiza**, que, além de governador das províncias argentinas de Corrientes e Entre Rios, era opositor de Rosas em seu projeto unificador do Prata.

Veja a alternância de poder entre os dois partidos no Uruguai na linha do tempo abaixo.

Alternância de poder entre os partidos no Uruguai

- **1830** – Rivera é eleito o primeiro presidente do Uruguai.
- **1834** – Oribe vence as eleições e substitui Rivera.
- **1838** – Rivera dá um golpe e reassume o poder. Oribe se refugia na Argentina, sob proteção de Rosas.
- **1839** – Rivera declara guerra a Rosas.
- **1843** – Com o apoio de Rosas, Oribe retoma o poder no Uruguai, mas não consegue tomar Montevidéu, que permanece sitiada por nove anos, até 1852.

Representação artística, sem escala.

Em 1851, após anos de conflitos, dom Pedro II interveio na região a favor dos *colorados*: ordenou que o coronel Luís Alves de Lima e Silva, na época Barão de Caxias, ocupasse Montevidéu e depusesse Oribe, que foi substituído por Rivera.

No ano seguinte, apoiado pelo Brasil, Urquiza (*colorado*) derrubou Rosas definitivamente na Argentina. Os *blancos*, contudo, logo voltariam ao poder no Uruguai.

Batalha de Monte Caseros, litografia colorida de Carlos Penuti e J. Alejandro Bernheim representando o combate ocorrido na Argentina, em 1852, e que foi decisivo na Guerra do Prata.
▽

Album/Fotoarena/Museu Histórico Nacional Casa de Rivera, Montevidéu, Uruguai.

Brasil contra Aguirre

Nos anos 1860, as disputas políticas no Uruguai se acirraram novamente. Nessa época, o país era governado pelo *blanco* **Atanásio Cruz Aguirre**, com o apoio do governante paraguaio **Francisco Solano López**, criador de uma respeitável marinha fluvial e de um poderoso exército em seu país.

Em 1864, as tropas imperiais brasileiras derrubaram Aguirre e empossaram o líder *colorado* **Venâncio Flores**. Usaram como justificativa para o golpe a recusa do presidente Aguirre em indenizar os fazendeiros gaúchos pelos prejuízos causados com os ataques de uruguaios às suas fazendas durante o conflito contra Oribe e Rosas. Em resposta a essa intervenção militar no Uruguai, o governo paraguaio rompeu relações com o Império brasileiro.

4 A Guerra do Paraguai

A Guerra do Paraguai (1864-1870) foi o maior conflito do Segundo Reinado e envolveu, além do próprio Paraguai e do Brasil, também a Argentina e o Uruguai.

O confronto foi explicado pela História de diferentes maneiras e até hoje rende discussões sobre o tema. Entre o final do século XX e início do século XXI, muitos anos após o fim da guerra, os historiadores passaram a questionar a visão que se tinha – principalmente no Brasil – sobre o confronto. Os pesquisadores acharam novas fontes, que levaram a interpretações diferentes das que existiam até então.

> **Substituição de importações:** incentivo à produção industrial interna, por meio da substituição de produtos industrializados estrangeiros por nacionais.

Diferentes visões

Existem duas principais visões sobre a Guerra do Paraguai na historiografia brasileira. A primeira delas, mais tradicional, afirma que, desde a sua independência, em 1811, o Paraguai experimentou um desenvolvimento crescente, com base num projeto de substituição de importações e incentivo da economia interna.

Na primeira década do século XIX, instalaram-se no país estradas de ferro, telégrafo, várias fábricas (inclusive de pólvora e armas) e uma siderúrgica. O analfabetismo foi praticamente erradicado e o controle do governo sobre diversas fazendas (as chamadas "fazendas da pátria") permitia que toda a população tivesse melhores condições de alimentação.

Francisco Solano López assumiu o governo paraguaio em 1862, com 36 anos, sucedendo seu pai, Carlos Antônio López. Solano manteve a tradição autoritária paraguaia, combatendo oposições. No início de seu governo, com um país sem dívidas, promoveu alguns avanços tecnológicos e dominou a maior parte do comércio interno e externo. Sua atuação na bacia do Prata esbarrou nos interesses do Império brasileiro, um entre outros fatores que seriam decisivos para a Guerra do Paraguai. Imagem de Francisco Solano López de aproximadamente 1860.

Quando Solano López assumiu o governo, em 1862, o Estado era dono de 90% do território paraguaio e de 80% do comércio. Solano López buscava manter o desenvolvimento do Paraguai, ampliar o poder militar e seus exércitos e obter maior influência nas regiões vizinhas. Suas pretensões envolviam a navegação pelo rio da Prata e o acesso ao oceano Atlântico e esbarravam nos interesses do Império brasileiro na região. A Inglaterra, que exercia o domínio comercial com esses países, também não estaria satisfeita com essa situação.

Para outros historiadores, pouco antes da guerra ser declarada, o Paraguai não apresentava esse alto índice de desenvolvimento. Praticamente não havia indústrias significativas no país e o mercado interno era pequeno, sendo preciso ampliar o comércio externo.

A igualdade social também não era uma realidade: o que existia era a supremacia da família de Solano López – que comandava quase todo o território do país – misturando interesses públicos e privados. De acordo com essa interpretação, a Inglaterra, que já atuava no Paraguai como fornecedora de manufaturados e investidora em obras de infraestrutura, não teria intenção de apoiar nenhum conflito. Há registros de que um diplomata britânico que estava em Buenos Aires chegou a enviar uma carta ao Paraguai, oferecendo ajuda para evitar a guerra[1].

Os estudiosos concordam que a questão da disputa pelo domínio platino existia e interessava tanto à Tríplice Aliança quanto ao Paraguai. No entanto, para parte dos historiadores atuais esta seria uma guerra, acima de tudo, marcada pela construção dos Estados nacionais da região, principalmente no caso da Argentina e do Uruguai.

O início do conflito

Em novembro de 1864, o governo paraguaio determinou a apreensão do navio brasileiro Marquês de Olinda, que navegava pelo rio Paraguai. Tratava-se de uma retaliação à intervenção brasileira no Uruguai, onde o presidente Aguirre, aliado político de Solano López, acabara de ser derrubado. Diante da prisão dos passageiros e tripulantes, inclusive do presidente da província do Mato Grosso, Carneiro de Campos, o imperador brasileiro declarou guerra ao Paraguai.

▶ **Retaliação:** vingança, revanche.

Em seguida, os paraguaios invadiram o Mato Grosso e o norte da Argentina. Em resposta, Brasil, Argentina e Uruguai organizaram, em 1865, a **Tríplice Aliança**, que visava à deposição de Solano López e a definição de novas fronteiras na região.

De olho na tela

Guerra do Paraguay. Direção: Luiz Rosemberg Filho. Brasil, 2017. Neste filme, passado e presente se misturam quando um soldado, que volta da Guerra do Paraguai, encontra um grupo de teatro que vive nos dias atuais.

Netto perde sua alma. Direção: Tabajara Ruas/Beto Souza. Brasil, 2001. Conta a história de um general brasileiro ferido em combate na Guerra do Paraguai e que vai reencontrar antigos companheiros em um hospital argentino.

Mundo virtual

Dossiê Guerra do Paraguai. Conteúdo disponível no *site* da Biblioteca Nacional Digital, com fotos, artigos e os principais personagens do conflito. Disponível em: <http://bndigital.bn.gov.br/dossies/guerra-do-paraguai>. Acesso em: 13 maio 2018.

---

[1] Essa afirmação é feita no livro: DORATIOTO, Francisco Fernando Monteoliva. *Maldita guerra*: nova história da Guerra do Paraguai. São Paulo: Companhia das Letras, 2002. Várias das questões aqui levantadas sobre a nova visão do confronto são feitas baseadas na intepretação deste autor sobre o conflito.

Saiba mais

Os Voluntários da Pátria

Sem contar com um exército suficiente para enfrentar os paraguaios, dom Pedro II ordenou a criação de corpos militares de voluntários – os chamados Voluntários da Pátria –, oferecendo-lhes prêmios em dinheiro, terras e outras vantagens.

Com o prolongamento da guerra e a diminuição do alistamento espontâneo, o governo brasileiro reforçou o recrutamento obrigatório e passou a utilizar a população escravizada na formação do Exército.

Estima-se que 20 mil africanos escravizados foram alforriados, ou seja, libertados, para poderem se alistar como "voluntários" no lugar de seus senhores. Estes, além de se livrarem da obrigação de integrar o Exército, ainda recebiam indenizações do Estado.

▷ Voluntários da Pátria vindos do Ceará. Foto de 1867-1868, registrada durante a Guerra do Paraguai.

Após deter o avanço paraguaio, o objetivo da Tríplice Aliança passou a ser retomar posições perdidas. Sob o comando de Caxias, várias batalhas foram vencidas, com destaque para as de Itororó, Avaí, Angosturas e Lomas Valentinas, todas ocorridas em dezembro de 1868 – por isso são conhecidas como **dezembradas**.

Essas vitórias abriram caminho para a conquista de Assunção, a capital paraguaia, em janeiro de 1869. Mas Caxias, que desde o ano anterior era favorável ao término da guerra, acabou retornando ao Rio de Janeiro. Diante disso, o imperador nomeou seu genro, o Conde D'Eu (marido da Princesa Isabel), para substituí-lo.

◁ Foto de Luís Filipe Maria Fernando Gastão de Orléans [s.d.]. Conhecido como Conde D'Eu, casou-se com a princesa Isabel em 1864.

A última fase da guerra

Com o Conde D'Eu teve início a última fase da guerra, cujo objetivo era a derrota e captura do presidente paraguaio. Essa campanha culminou, em 1870, com a morte de Solano López e a completa devastação do território inimigo. Com a drástica redução de sobreviventes[2] (apenas um quarto da população, a maioria mulheres, crianças e idosos), o Paraguai saiu da guerra com a economia e o moral destruídos. Sendo a nação agressora, ainda teve de arcar com os custos e prejuízos causados pelo conflito. As consequências desastrosas do conflito se refletem até hoje no país. A principal beneficiária da Guerra do Paraguai foi a Inglaterra, que, além de fornecer armas e empréstimos à Tríplice Aliança, fortaleceu sua presença comercial na região.

Pesquisas recentes indicam que a Argentina, apesar da perda de 18 mil homens entre mortos e feridos, por ser local de passagem e abastecimento das tropas brasileiras, também teve sua economia local ampliada e fortalecida, principalmente na atividade da pecuária, no cultivo de cereais e no comércio em geral.

O Brasil, além de perder 50 mil homens mortos na guerra, a maioria devido a doenças e ao clima, ficou imensamente endividado. No entanto, a experiência obtida com a guerra possibilitou que o Exército brasileiro se estruturasse. Seus principais oficiais retornaram da guerra prestigiados e fortalecidos e passaram a ambicionar a modernização e o progresso do país. Para tanto, aderiram à campanha abolicionista e republicana, ajudando a derrubar a monarquia brasileira alguns anos mais tarde.

Nesta charge, a rainha inglesa presta apoio à Tríplice Aliança na guerra contra o Paraguai. Observe o aspecto irônico da rainha – sentada em uma cadeira de balanço e fumando um charuto –, que se beneficiava com a continuidade dos conflitos.

---

2 As estatísticas sobre as perdas paraguaias na guerra variam entre 8,7% e 69% da população. Também são divergentes os cálculos sobre o número de habitantes do Paraguai no pré-guerra, que, segundo estudos recentes, variaria entre 285 715 e 450 mil pessoas. Portanto, seria entre 28 286, no mínimo, e 278 649, no máximo, a redução da população paraguaia durante os cinco anos de guerra. In: DORATIOTO, Francisco Fernando Monteoliva. *Maldita guerra*: nova história da Guerra do Paraguai. São Paulo: Companhia das Letras, 2002. p. 483.

Mapeando saberes

ATENÇÃO A ESTES ITENS

POLÍTICA INTERNA: CONTROLE DAS ELITES MONÁRQUICAS
- Primeiros anos do Segundo Reinado: disputas entre liberais e conservadores.
- Os dois grupos apresentavam propostas muito semelhantes no que diz respeito à organização político-administrativa da nação, diferenciando-se em relação à centralização (ou não) do poder e ao futuro econômico do Império.
- O imperador conduziu as disputas políticas com habilidade.
- Por meio do Poder Moderador e do sistema conhecido como parlamentarismo às avessas, dom Pedro II assegurou a estabilidade política do Império garantindo a alternância dos dois partidos no cargo de presidente do Conselho de Ministros.

POLÍTICA EXTERNA: GUERRAS NA REGIÃO DO PRATA
- No plano das relações internacionais, o império de dom Pedro II afirmou sua supremacia na região do Prata ao intervir no Uruguai, depondo, por meio de um golpe, o *blanco* Aguirre a fim de empossar o *colorado* Venâncio Flores.
- O Brasil desempenhou papel central na vitória da Tríplice Aliança durante a Guerra do Paraguai.
- Vitorioso na Guerra do Paraguai, o Exército brasileiro passou a questionar a monarquia e a escravidão, vistas como sinais do atraso brasileiro.
- Um pouco mais tarde, a atuação dos militares seria fundamental para a queda da monarquia e a proclamação da República.

REBELIÕES POPULARES E DISPUTAS OLIGÁRQUICAS
- Após ter sua unidade ameaçada pelas diversas rebeliões do período regencial, o Império ainda assistiria a uma última onda de instabilidade no início do Segundo Reinado.
- As Revoltas Liberais em São Paulo e em Minas Gerais (1842) questionaram o processo sucessório que conduziu os conservadores à chefia do Gabinete Ministerial.
- Revolução Praieira em Pernambuco (1848 a 1850): iniciou com uma disputa entre as oligarquias locais e logo ganhou adeptos entre a população pobre da província, que reivindicava melhores condições de vida.

POR QUÊ?

- "Nada mais parecido com um conservador do que um liberal no poder": a frase, atribuída ao político pernambucano Holanda Cavalcanti (1797-1863), exprime uma interpretação do quadro político do Segundo Reinado que, com as devidas proporções, pode ser aplicada a outros momentos políticos da história brasileira.

- A recente história do Paraguai e suas enormes dificuldades econômicas, sociais e políticas possuem fortes laços com os efeitos da guerra contra a Tríplice Aliança.
- A atual organização das fronteiras do Paraguai e do Brasil podem ser entendidas historicamente ao se estudarem os desdobramentos da Guerra do Paraguai.

- A inexistência de cooperação regional entre as nações latino-americanas, observada ao longo do século XX, remonta aos conflitos políticos e territoriais manifestados no século XIX.
- Interesses de grupos sociais e políticos beneficiaram muito mais os objetivos imperialistas britânicos do que a prosperidade econômica dos povos latino-americanos.

A política no Segundo Reinado • CAPÍTULO 14   229

ATIVIDADES

Retome

1. Explique como foi obtida a relativa estabilidade política existente no Segundo Reinado.

2. Sobre os dois principais grupos políticos do Segundo Reinado, responda:
   a) Quais eram esses grupos?
   b) Aponte as semelhanças entre ambos.
   c) Explique por que esses grupos entravam em conflito.

3. Explique como funcionava o regime parlamentarista que vigorou no Brasil durante o Segundo Reinado.

4. Indique as causas da Revolução Praieira e as principais reivindicações de seus integrantes.

5. Escreva um texto sobre as diferentes versões da Guerra do Paraguai. Para isso, siga o roteiro abaixo:
   - Identifique o acontecimento.
   - Indique os países participantes.
   - Cite suas principais motivações.
   - Descreva quais são as diferentes visões dos historiadores sobre esse acontecimento.
   - Aponte as semelhanças e diferenças entre elas.
   - Sintetize as principais conclusões dessas versões.
   - Produza um pequeno texto que resuma as duas visões do conflito.

Interprete a charge

6. Observe com atenção a charge abaixo e leia a legenda. Depois responda às questões.

Charge de Ângelo Agostini, publicada em *O Cabrião* (São Paulo), em 1867. Representa o recrutamento de voluntários para a Guerra do Paraguai.

a) Qual é a crítica feita pelo autor da charge?
b) É possível dizer que o recrutado na charge pertence às elites políticas brasileiras? Por quê?

Analise um anúncio

7. Leia o anúncio a seguir, que trata do recrutamento para a Guerra do Paraguai. Depois observe a HQ abaixo e responda às questões.

Diário da Bahia, 14 de outubro de 1865: Atenção. Quem precisa de uma pessoa para marchar para o sul em seu lugar, e quiser libertar um escravo robusto, de vinte anos, que deseja incorporar-se ao exército, declare por este jornal seu nome e morada onde possa ser procurado, e por preço cômodo achará quem lhe substitua nos contingentes destinados à guerra.

SILVA, Eduardo. O príncipe Obá, um voluntário da pátria. In: MARQUES, Maria Eduarda Castro Magalhães. *A Guerra do Paraguai, 130 anos depois*. Rio de Janeiro: Relume Dumará, 1995. p. 71.

A HQ *A Carta*, de Carlos Felipe Figueiras e Rodrigo Soldado (2013), conta a história de Dimas, um soldado brasileiro que participa da Guerra do Paraguai.

a) Onde e quando foi publicado esse anúncio? O que está sendo anunciado?
b) Quem seria o ofertante?
c) Para quem o anúncio era dirigido?

d) Na história em quadrinhos, como o soldado Dimas reage ao fato de participar da Guerra do Paraguai?

e) Na sua opinião e de acordo com o que você aprendeu no capítulo, por que Dimas teria se alistado? Justifique sua resposta.

Compare e analise os mapas

8▸ Observe os mapas abaixo e faça as atividades.

Províncias que participaram das Revoltas Liberais (1842)

Organizado pelos autores.

a) Os mapas mostram onde eclodiram as Revoltas Liberais e as rebeliões regenciais. Aponte diferenças entre eles.

b) Agora, usando um atlas, compare o mapa *Províncias que participaram das Revoltas Liberais (1842)* com um mapa político do Brasil atual e aponte as mudanças ocorridas nas fronteiras do estado de São Paulo.

Autoavaliação

1. Quais atividades você considerou mais fáceis e mais difíceis? Por quê?
2. Em quais atividades você utilizou o texto do capítulo como base para sua resposta?
3. Algum ponto do capítulo não ficou muito claro para você? Qual?
4. Você compreendeu o esquema *Mapeando saberes*? Explique.
5. Você saberia apontar exemplos da atualidade considerando o que aprendeu no item *Por quê?* do *Mapeando saberes*?
6. Como você avalia sua compreensão dos assuntos tratados neste capítulo?
   » **Excelente**: não tive nenhuma dificuldade.
   » **Boa**: tive algumas dificuldades, mas consegui resolvê-las.
   » **Regular**: foi difícil compreender certos conceitos e resolver as atividades.
   » **Ruim**: tive muitas dificuldades, tanto no conteúdo quanto na realização das atividades.

As principais rebeliões regenciais

Fonte: elaborado com base em ATLAS histórico escolar. Rio de Janeiro: MEC/Fename, 1979. p. 30.

ATIVIDADES **231**

PROJETO 2º SEMESTRE — Conclusão

Produção de folhetos
As marcas da escravidão no Brasil de hoje

Agora você vai colocar em prática o projeto para conscientizar as pessoas sobre a necessidade de combater todas as formas de trabalho escravo.

Leia, abaixo, o artigo 149 do Código Penal brasileiro:

> Reduzir alguém a condição análoga à de escravo, quer submetendo-o a trabalhos forçados ou a jornada exaustiva, quer sujeitando-o a condições degradantes de trabalho, quer restringindo, por qualquer meio, sua locomoção em razão de dívida contraída com o empregador ou preposto:
>
> Pena – reclusão, de dois a oito anos, e multa, além da pena correspondente à violência.
>
> § 1º Nas mesmas penas incorre quem:
>
> I – cerceia o uso de qualquer meio de transporte por parte do trabalhador, com o fim de retê-lo no local de trabalho;
>
> II – mantém vigilância ostensiva no local de trabalho ou se apodera de documentos ou objetos pessoais do trabalhador, com o fim de retê-lo no local de trabalho.
>
> § 2º A pena é aumentada de metade, se o crime é cometido:
>
> I – contra a criança ou adolescente;
>
> II – por motivo de preconceito de raça, cor etnia, religião ou origem.
>
> Lei nº 2.848, de 7 de dezembro de 1940. Código Penal, para estabelecer penas ao crime nele tipificado e indicar as hipóteses em que se configura condição análoga à de escravo. Disponível em: <www.planalto.gov.br/ccivil_03/LEIS/2003/L10.803.htm>. Acesso em: 17 out. 2018.

Trabalhadores bolivianos em uma oficina de tecelagem de Americana (SP) durante fiscalização de denúncia de exploração de trabalho análogo à escravidão feita pelo Ministério Público do Trabalho. Foto de 2013.

A prática do trabalho escravo ainda existe no Brasil, não só nos meios rurais, mas também em áreas urbanas, onde a exploração do trabalho em condições análogas à escravidão se mantém como prática de algumas empresas ou de pessoas que se utilizam dessa exploração, por exemplo, em trabalhos domésticos. É essencial ressaltar que essas pessoas e/ou empresas estão cometendo um crime.

Segundo dados do Ministério do Trabalho, entre 1995 e 2015, foram libertados quase 50 mil trabalhadores brasileiros que estavam submetidos a situações de trabalho análogas à escravidão. Esses trabalhadores libertados são, em sua maioria, migrantes internos ou externos, que deixaram suas casas e foram para uma região de expansão agropecuária ou para grandes centros urbanos, em busca de novas oportunidades ou atraídos por promessas mentirosas de trabalho nesses locais.

Do total de trabalhadores submetidos a essa situação, 95% são homens; 83% têm entre 18 e 44 anos de idade e cerca de 33% são analfabetos. A maior parte dos trabalhadores libertados no Brasil estava na região Norte do país.

Apesar de a maioria dos casos ocorrer em zonas rurais, em 2013 foram detectadas muitas ocorrências em áreas urbanas, principalmente nos setores da construção civil e da produção têxtil.

Execução

Para concluir o trabalho, sigam as orientações abaixo:

1▸ Reúnam todo o material produzido pelas duplas e organizem em duas páginas de um *software* editor de textos, com o texto na horizontal e em três colunas.

2▸ Elaborem um título chamativo e criativo para o folheto, já que o objetivo é levar as pessoas a refletir sobre os aspectos da trajetória da escravidão no Brasil e seu combate nos dias atuais.

3▸ Imprimam os folhetos e definam, com o professor, o dia e local para distribuí-los e conversar com as pessoas sobre o assunto. Pode ser em uma área próxima da escola ou até mesmo em algum evento público que a escola promova, aproveitando então o momento para conversar com as pessoas sobre o tema da escravidão e de seu legado no Brasil.

4▸ Após a distribuição do folheto, conversem em sala sobre o significado da atividade realizada, o que foi aprendido com ela, como foi a recepção das pessoas à proposta apresentada e reflitam sobre como este trabalho poderia ser aprimorado para a produção de futuros projetos. Com o auxílio do professor, e a partir das questões propostas abaixo, promovam uma avaliação coletiva dessa ação.

5▸ Reflitam em conjunto sobre o significado da escravidão na história brasileira e de que forma ainda é possível lutar contra práticas de trabalho análogas à escravidão que persistem no Brasil.

Atividades

1▸ A produção do folheto foi útil para a sua compreensão da questão da escravidão no século XIX?

2▸ Há elementos que podem ser considerados semelhantes entre a escravidão no período do Império brasileiro e a escravidão existente hoje?

3▸ O que caracteriza as formas de exploração do trabalho atualmente?

4▸ Como podemos combater essas práticas de trabalho escravo que ainda persistem no Brasil?

CAPÍTULO

15

O fim da monarquia no Brasil

Foto da comissão de frente da escola de samba Paraíso do Tuiuti, no desfile do Carnaval do Rio de Janeiro em 2018. Esta ala foi nomeada como *O Grito da Liberdade*. O samba-enredo trazia versos que diziam: "Meu Deus! Meu Deus!, / Se eu chorar não leve a mal, / Pela luz do candeeiro, / Liberte o cativeiro social".

As últimas décadas do reinado de dom Pedro II se caracterizaram pela intensificação de movimentos contra a escravidão e também por movimentos a favor da instalação do regime republicano no Brasil.

Foram mais de 350 anos de trabalhos forçados no Brasil. Em 13 de maio de 1888 a Lei Áurea, assinada pela princesa Isabel, decretava a abolição da escravidão, determinando o direito à liberdade dos africanos e seus descendentes escravizados. Mas a abolição não foi resultado apenas de um gesto caridoso da princesa Isabel. Nessa época, a monarquia no Brasil já estava desgastada, com grupos republicanos espalhados pelo país. Tanto a abolição quanto a proclamação da República derivaram de longos processos, que duraram décadas até sua implantação.

Neste capítulo, vamos estudar o fim da escravatura e o avanço do republicanismo, que só foram possíveis devido a muitos movimentos internos que envolveram diversos interesses e segmentos distintos da sociedade brasileira.

▶ Para começar

A escravidão no Brasil foi abolida em 1888. Em 2018, a escola de samba Paraíso do Tuiuti trouxe para o desfile de Carnaval um enredo que questionava a condição do negro no país. Observe a imagem, leia a legenda e responda às questões.

1. Quem são os personagens que aparecem representados na foto? Como estão caracterizados?

2. Em sua opinião, a escola quis fazer uma denúncia contra a situação que os afrodescendentes vivem no Brasil hoje? Justifique sua resposta.

1 O fim da escravidão

Diversos fatores ocorridos ao longo da segunda metade do século XIX contribuíram para o fim da escravidão. Vejamos alguns deles:

- **Escassez de mão de obra**: depois das leis Bill Aberdeen e Eusébio de Queirós (que proibiam o tráfico de indivíduos escravizados), frente às pressões das lutas e à atuação de escravizados e abolicionistas, muitos decidiram aceitar a abolição, desde que acompanhada de indenizações.
- **Repercussão do ideário abolicionista**: quando terminou a Guerra de Secessão nos Estados Unidos, em 1865, a escravização oficializada nas Américas só continuava existindo no Brasil e nas então colônias espanholas de Porto Rico e Cuba. A abolição da escravidão nos países do continente americano também pressionou o abolicionismo no Brasil.
- **Fatores econômicos**: o altíssimo preço dos escravizados adquiridos no tráfico interprovincial e o risco de perder o capital investido, somados às lutas e resistências dos cativos, motivaram muitos cafeicultores a aderir ao abolicionismo e a pressionar o governo para financiar a vinda de imigrantes para as lavouras.
- **Guerra do Paraguai**: os conflitos na região do Prata possibilitaram o contato com países em que não existia mais regime escravista, além de colocar em combate, lado a lado, soldados livres e ex-escravizados.
- **Resistência dos africanos escravizados**: fugas, suicídios, assassinato de feitores e senhores, atraso proposital na realização das tarefas, quebra de instrumentos de trabalho, luta pela preservação cultural, entre outras formas de resistência, ajudaram a minar a escravidão.
- **O crescimento das associações abolicionistas nas cidades**: da independência, em 1822, até 1888, a população livre passou de cerca de 2 milhões para quase 14 milhões; já a população escravizada, que era de 1 milhão em 1822, cresceu para 1,5 milhão em 1872 e declinou para aproximadamente 700 mil em 1887. Nas cidades, como Rio de Janeiro e São Paulo, também ocorreu o crescimento da população livre e o declínio do número de escravizados, estes concentrados nas áreas rurais de exportação. Nas cidades, a menor dependência do trabalho escravizado favorecia a propagação das ideias e das associações abolicionistas.

LINHA DO TEMPO

1870
Manifesto Republicano
Fim da Guerra do Paraguai

1871
Lei do Ventre Livre

1873
Convenção de Itu

1884
Abolição da escravidão no Ceará

1885
Lei dos Sexagenários

1888
Lei Áurea

15 novembro 1889
Proclamação da República

Linha do tempo esquemática. O espaço entre as datas não é proporcional ao intervalo de tempo.

No final do século XIX, a cidade de Santos tornou-se um grande centro de escravizados fugidos. O Quilombo do Jabaquara, nos morros de Santos, chegou a reunir mais de 10 mil escravizados fugidos. Foto de 1900.

O fim da monarquia no Brasil • **CAPÍTULO 15** 235

VIVENDO NO TEMPO dos movimentos abolicionistas no Brasil

O cartunista Ângelo Agostini representa nesta ilustração, de 1886, o momento em que a cantora russa Nadina Bulicioff liberta negras escravizadas após temporada no Imperial Teatro Dom Pedro II, ocorrida no mesmo ano.

Foi no decorrer dos anos 1870 e 1880 que o movimento abolicionista ganhou força no Brasil, sobretudo nas grandes cidades, onde políticos, advogados, jornalistas, profissionais liberais e artistas se engajaram na militância contra a escravidão.

Na década de 1870, a ação abolicionista ficou bastante restrita aos debates parlamentares, aos artigos de jornais e às ações judiciais, para cobrar que as leis fossem cumpridas – como no caso da Lei do Ventre Livre. A partir dos anos 1880, porém, as ideias antiescravistas ganharam as ruas e, principalmente, os teatros, onde eram realizadas conferências, matinês e eventos abolicionistas que buscavam sensibilizar e mobilizar o público para a causa antiescravista.

As conferências abolicionistas eram geralmente apresentadas por um intelectual negro (como o jornalista José do Patrocínio ou o médico Vicente de Souza) e seguidas de espetáculos teatrais ou apresentações musicais. As matinês, que aconteciam sempre nas tardes de domingo, eram programas familiares frequentados por diversos grupos sociais, inclusive escravizados. Após uma programação variada, que incluía concertos musicais, conferências abolicionistas e pequenas peças teatrais, os organizadores faziam subir ao palco um escravizado, que recebia sua carta de alforria diante dos espectadores. Estes aplaudiam e atiravam flores, num final emocionante.

Um grande número de artistas se envolveu na luta contra a escravidão. Alguns ficaram muito famosos na época, mas hoje são pouco conhecidos, como o ator cômico Correia Vasques. Outros alcançaram fama mais duradoura, como o maestro mestiço Carlos Gomes e a compositora, também mestiça, Chiquinha Gonzaga. O primeiro tornou-se um dos ícones do movimento abolicionista, quando voltou ao Brasil após se consagrar como compositor na Itália. A segunda chegou a vender suas composições de porta em porta, a fim de arrecadar dinheiro para libertar cativos.

Outro tipo de manifestação cultural contra a escravidão foram as "procissões cívicas", que misturavam elementos das paradas militares (como as bandas de música) e das procissões católicas (como o estandarte, as bandeiras e os hinos entoados pelos participantes). Em geral, essas procissões costumavam se dirigir a um teatro, onde, a seguir, acontecia uma conferência. Contudo, em vez do caráter comemorativo das paradas e procissões tradicionais, essas manifestações tinham uma mensagem de protesto.

José do Patrocínio (1854-1905) era filho de um padre com uma escravizada. Foi registrado como "exposto" (criança abandonada) e criado na fazenda do pai, que nunca o reconheceu. Estudou Farmácia e posteriormente dedicou-se ao jornalismo, escrevendo para vários jornais abolicionistas. Retrato de 1880.

Esses eventos eram organizados pelas associações abolicionistas criadas em todo o Império. Só na capital, em 1883, havia vinte associações desse tipo que foram reunidas por José do Patrocínio e André Rebouças na Confederação Abolicionista (CA) criada naquele ano. Essas agremiações contavam com indivíduos de vários grupos sociais. Foram criadas no Rio de Janeiro, entre 1883 e 1884, associações abolicionistas compostas por artistas, advogados, imigrantes portugueses, tipógrafos, empregados do comércio, cozinheiros, mulheres, meninos e também por ex-escravizados.

◁ Retrato de André Pinto Rebouças, de Rodolfo Bernardelli, datado do final do século XIX. Óleo sobre tela, 34 cm × 26 cm.

1▸ De acordo com o texto, como atuava o movimento abolicionista durante o Segundo Reinado?

2▸ Que importância teve esse movimento para a abolição da escravidão no Brasil?

3▸ Imagine que você vivia no final do século XIX no Brasil. Escreva uma carta ou artigo defendendo a abolição. Para isso, utilize tudo o que você aprendeu até agora sobre a situação dos escravizados no país. Lembre-se de como era a retirada dessas pessoas da África, a viagem até à América, o trabalho, as condições de vida, moradia, alimentação, etc. Elabore justificativas que confirmem seus argumentos em prol da liberdade dos cativos.

O fim da monarquia no Brasil • **CAPÍTULO 15** ⟨ **237**

As leis de alforria

Como resultado dessas pressões internas, além das externas, a partir da década de 1870 foram votadas sucessivas leis que procuravam realizar a abolição de maneira gradual e controlada. Entretanto, tais leis não conseguiram frear as lutas abolicionistas nem evitar os intensos conflitos entre escravizados e seus senhores, tanto no ambiente de trabalho (fazendas, lojas e residências) como nos tribunais.

Anos antes da abolição, duas leis foram aprovadas:

Lei do Ventre Livre (1871): deu liberdade aos filhos de escravizados nascidos após 28 de setembro de 1871. Apesar de serem considerados livres, permaneciam sob a tutela do senhor até completar 21 anos ou aos cuidados do poder público a partir dos 8 anos, mediante indenização paga ao proprietário (um valor equivalente a 20 sacas de café). Para evitar que os senhores burlassem a lei, eles foram obrigados a registrar e a declarar a idade de todos os seus escravizados. Caso contrário, estes seriam considerados livres.

Lei dos Sexagenários (1885): dava liberdade aos escravizados de mais de 65 anos de idade. Apenas um pequeno número deles se beneficiou com essa lei, pois a maioria morria bem antes dessa idade, e os que a atingiam já não tinham condições de trabalhar. Libertá-los era vantajoso para o proprietário, que ficava livre de sustentar quem não produzia mais.

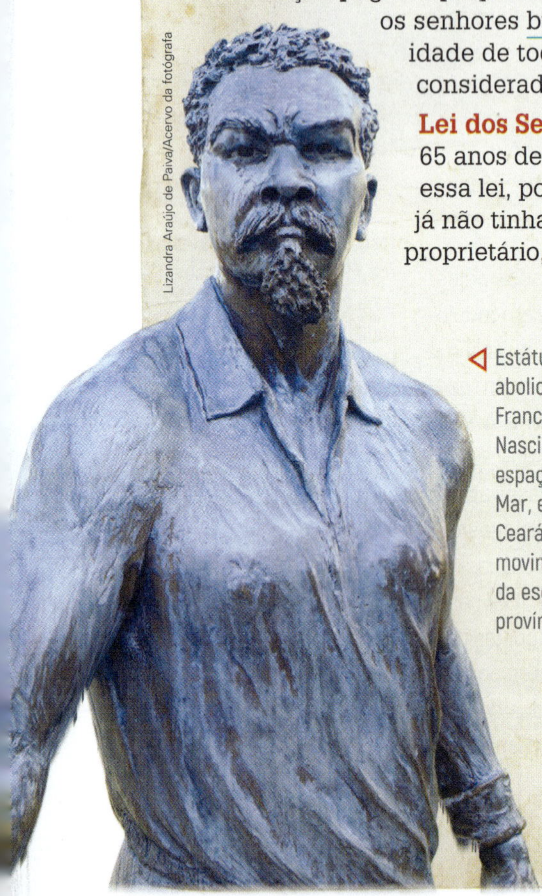

◁ Estátua do líder abolicionista cearense Francisco José do Nascimento, localizada no espaço cultural Dragão do Mar, em Fortaleza, no Ceará. Ele atuou no movimento pela abolição da escravatura na sua província. Foto de 2018.

Neste gráfico, pode-se observar o que aconteceu com a população escravizada em relação à população livre no Brasil de 1823 a 1887. ▷

Declínio da população escravizada (1823-1887)

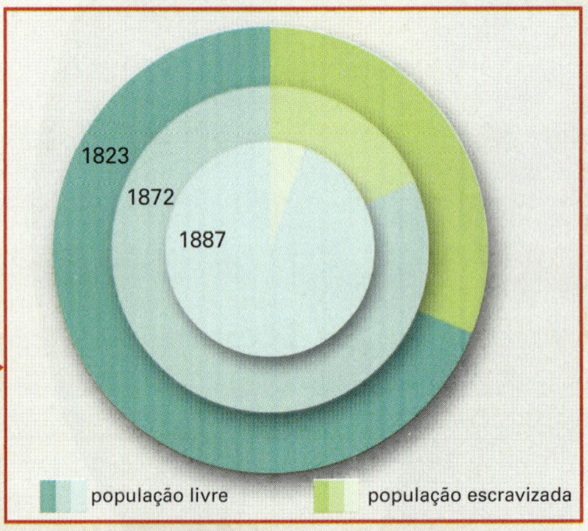

1823
1872
1887

população livre | população escravizada

Fonte: COSTA, Emília Viotti da. *Da senzala à Colônia.* São Paulo: Unesp, 1998. p. 267.

▶ **Burlar:** enganar, fraudar.

Em 1884, as províncias do Ceará e Amazonas tomaram a frente e aboliram a escravidão em seus territórios. No ano seguinte, algumas cidades gaúchas (Uruguaiana, São Borja e Pelotas) fizeram o mesmo.

No Ceará, teve destaque a atuação de Francisco José do Nascimento, também conhecido como Dragão do Mar. Nascido em Canoa Quebrada, Francisco José era jangadeiro e, na década de 1880, liderou outros jangadeiros para que se negassem a transportar para outras províncias escravizados vendidos pelos fazendeiros.

Em 13 de maio de 1888, finalmente, o Congresso brasileiro votou o fim definitivo da escravidão em todo o território nacional. A **Lei Áurea** foi assinada pela princesa Isabel, que substituía dom Pedro II (o imperador estava na Europa).

O destino dos libertos

Para os libertos, a abolição não significou igualdade, tampouco melhoria em suas condições de vida, pois a partir de 1888 inúmeras medidas os impediram de se integrar à sociedade e exercer sua cidadania.

Exceto no Maranhão, em que boa parte dos negros livres ocupou terras até então improdutivas, transformando-se em posseiros, na região Nordeste os libertos continuaram subordinados aos grandes proprietários, como trabalhadores dependentes. Nas províncias mais ricas do Sudeste, muitos fazendeiros e empresários urbanos preferiram a mão de obra dos imigrantes europeus à dos libertos. Após a abolição, aumentaram as práticas discriminatórias em relação aos negros, que perdurariam nas décadas seguintes.

Ao longo do século XX, foram obtidas algumas conquistas, como a criminalização do racismo (Lei Afonso Arinos, de 1951, Lei Caó, de 1989, além do artigo 5º da Constituição de 1988). Até hoje, porém, há uma enorme distância entre o texto das leis e a realidade cotidiana.

> **Posseiro:** indivíduo que ocupa a terra devoluta ou abandonada e passa a cultivá-la.

Fotografia da missa ao ar livre em comemoração da assinatura da Lei Áurea, em maio de 1888, no Campo de São Cristóvão, no Rio de Janeiro.

Ações afirmativas

Para tentar minimizar a herança de exclusão social que tanto a escravidão quanto o pós-abolição legaram aos negros e afrodescendentes no Brasil, o governo tem criado políticas baseadas no desenvolvimento de ações afirmativas. Mas você sabe o que são essas ações afirmativas?

Ações afirmativas são políticas públicas feitas pelo governo ou pela iniciativa privada com o objetivo de corrigir desigualdades raciais presentes na sociedade, acumuladas ao longo de anos.

Uma ação afirmativa busca oferecer igualdade de oportunidades a todos. As ações afirmativas podem ser de três tipos: com o objetivo de reverter a representação negativa dos negros; para promover igualdade de oportunidades; e para combater o preconceito e o racismo. [...]

Vale lembrar que as políticas de ações afirmativas não são exclusivas do governo. A iniciativa privada e as organizações sociais sem fins lucrativos também são atores importantes neste processo, [...].

Uma ação afirmativa não deve ser vista como um benefício, ou algo injusto. Pelo contrário, a ação afirmativa só se faz necessária quando percebemos um histórico de injustiças e direitos que não foram assegurados. [...]

Ao debater as cotas para negros nas universidades, por exemplo, é preciso retornar ao Brasil colonial e perceber como o processo de escravidão criou desigualdades sociais que são presentes até hoje [...]. A partir de dados estatísticos que demonstram a diferença entre negros nas universidades comparados com o percentual desta população no total de brasileiros, o governo comprova a necessidade de criar uma política para compensar séculos de desigualdades.

SECRETARIA NACIONAL DE POLÍTICAS DE PROMOÇÃO DA IGUALDADE RACIAL (SEPPIR). O que são ações afirmativas? Disponível em: <www.seppir.gov.br/assuntos/o-que-sao-acoes-afirmativas>. Acesso em: 29 jun. 2018.

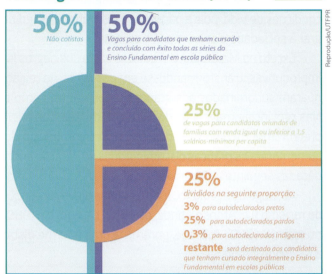

Fonte: UTFPR. Blog do aluno. Disponível em: <http://blogdoaluno.utfpr.edu.br/?p=315>. Acesso em: 25 out. 2018.

Este gráfico mostra a distribuição de vagas na Universidade Tecnológica Federal do Paraná em 2012.

Além da implementação da Lei nº 12.711 de 2012, conhecida como a Lei de Cotas, que garante cotas para negros nos processos seletivos de universidades e institutos federais, existem outras práticas que podem ser citadas como exemplos de ações afirmativas, como:

- Lei nº 12.288, de 2010, que instituiu o Estatuto da Igualdade Racial;
- criação de órgãos e conselhos de promoção da igualdade racial nos estados e/ou municípios;
- Lei nº 10.639, de 2003 (alterada pela Lei nº 11.645, de 2008), que tornou obrigatório o ensino da história e cultura afro-brasileira e africana nas escolas públicas e particulares, desde o Ensino Fundamental até o Ensino Médio;
- celebração do Dia Nacional da Consciência Negra (20 de novembro), em homenagem ao dia da morte do líder quilombola Zumbi dos Palmares, vista como uma data específica para a luta contra o preconceito racial.

De olho na tela

Além de trabalhador, negro. Direção: Daniel Brazil. Brasil, 1989. Documentário que apresenta a trajetória do negro no Brasil, da abolição até os dias atuais.

Mundo virtual

2 minutos para entender a desigualdade racial no Brasil. Reportagem em vídeo que analisa a desigualdade entre brancos e negros no Brasil atual. Disponível em: <www.ceert.org.br/noticias/politica-no-brasil/14616/2-minutos-para-entender-desigualdade-racial-no-brasil>. Acesso em: 15 fev. 2018.

Marcha da Consciência Negra na cidade de São Paulo (SP), em 2017.

TRABALHANDO COM DOCUMENTOS

Em 2008, o repórter Mário Magalhães e o repórter fotográfico Joel Silva elaboraram uma matéria que investigava as condições de vida e o trabalho dos cortadores de cana no interior do estado de São Paulo. Abaixo, leia um trecho da reportagem e depois responda às questões.

Vestígios arcaicos

Cor da pele, vocabulário e analfabetismo remetem cortadores de cana de São Paulo aos tempos do escravismo.

O cenário verdejante que pigmenta as fotografias e colore o horizonte não passa de ilusão – o tom do canavial é outro. A fuligem das queimadas ensombrece as varas de cana-de-açúcar e torna rubro-negra a terra roxa em que outrora se fincavam cafezais. Fragmentos da palha incinerada se amalgamam com o suor dos rostos e desenham máscaras escuras. A cor predominante dos canavieiros, de banho tomado, não muda.

São negros – a soma de "pretos" e "pardos" – 63,7% dos trabalhadores no cultivo da cana no país. A proporção supera os 43,4% de negros na PEA (População Economicamente Ativa) e os 55% na PEA rural. [...]

Traços raciais e instrumentos de ofício se mantêm, mas o anacronismo vai além da semelhança de personagens dos retratos atuais com os das pinceladas do século retrasado. É como se estatuto e cultura escravistas teimassem em permanecer, assim como um pé de cana se agarra ao solo e por vezes rende dez safras.

"Já conversei com o meu feitor", diz um canavieiro, sobre a autorização para que ele fosse fotografado para a reportagem (pedido negado). "O meu feitor é bom comigo", concede outro.

Inexiste conteúdo pejorativo, na boca dos cortadores, ao pronunciar a palavra. No Houaiss, uma acepção de feitor: "Diz-se de encarregado dos trabalhadores escravos". Os chefes de turma assim são chamados na roça. Em meio ao canavial, o cortador cuida do seu "eito". "Não paro até acabar o meu eito", conta um. O dicionário define eito como "plantação em que os escravos trabalhavam".

▶ **Amalgamar:** misturar-se.
▶ **Anacronismo:** confusão de data quanto a acontecimentos ou pessoas. Analisar eventos passados e outras culturas com base nos valores atuais de nossa sociedade.

MAGALHÃES, Mário; SILVA, Joel. Vestígios arcaicos. *Folha de S.Paulo*, São Paulo, 24 ago. 2008. Disponível em: <www1.folha.uol.com.br/fsp/mais/fs2408200817.htm>. Acesso em: 10 maio 2018.

1▶ Qual é o assunto dessa reportagem?

2▶ Quais palavras usadas pelos cortadores de cana são as mesmas usadas pelos africanos escravizados durante a escravidão?

3▶ Quais condições sociais e de trabalho dos cortadores de cana se assemelham ao trabalho escravizado do século XIX?

4▶ Em sua opinião, o que deveria ser feito para mudar as condições de vida e trabalho descritas nessa reportagem?

Cortadores de cana durante o trabalho em Cravinhos (SP). Foto de 2017.

Joel Silva/Folhapress

2 O avanço do republicanismo

O ideal de um Brasil republicano, com um governo eleito e mandatos delimitados periodicamente, não era ideia nova no país. Bem antes da construção do Estado brasileiro independente, vários movimentos contestatórios defenderam a formação de uma República, como a Conjuração Baiana de 1798 e a Revolução Pernambucana de 1817.

Durante o Império, esse ideal foi retomado na Confederação do Equador, na Sabinada, na Cabanagem e nas revoluções Farroupilha e Praieira. Cada um desses movimentos interpretava o regime republicano de maneiras diferentes: alguns propunham a construção de uma república popular democrática, que garantisse liberdade e condições de igualdade social; outros defendiam um regime de participação limitada, com a imposição da autoridade do Estado e a defesa da ordem.

Fonte: elaborado com base em CAMPOS, Flavio de; DOLHNIKOFF, Miriam. *Atlas história do Brasil*. São Paulo: Scipione, 2002. p. 19 e 29.

Este mapa representa as regiões dos principais movimentos inspirados no ideal republicano, antes de 1889.

Após a Guerra do Paraguai, o republicanismo ganhou fôlego novamente. Em 1870, um grupo de dissidentes do Partido Liberal lançou no Rio de Janeiro o **Manifesto Republicano**, no qual afirmava "somos da América e queremos ser americanos", numa clara referência à situação de exceção do Brasil, único país não republicano em todo o continente.

▶ **Dissidente:** aquele que se separa de uma corporação por discordar de seus princípios.

No início dessa década, foram fundados inúmeros clubes e jornais que defendiam a República. Em 1873, realizou-se, na província de São Paulo, a Convenção de Itu, oficializando a criação do **Partido Republicano Paulista**, o PRP.

Veja no esquema a seguir os desdobramentos dos partidos políticos desde o período regencial no Brasil até o fim do Segundo Reinado.

Evolução do sistema partidário no Império (1822-1870)

Fonte: elaborado com base em VAINFAS, Ronaldo (Org.). *Dicionário do Brasil imperial*. Rio de Janeiro: Objetiva, 2008. p. 563-566.

Aos poucos, outras províncias aderiram ao projeto republicano, que conquistou também as classes médias urbanas. Até mesmo alguns grupos sociais tradicionais deixaram de apoiar a monarquia, especialmente quando a Lei Áurea extinguiu a escravidão sem indenizar os proprietários. O imperador também enfrentava desgaste frente à Igreja e oposição do Exército, como veremos a seguir.

A Questão Religiosa

A Constituição de 1824 determinava a subordinação da Igreja católica ao Estado. O imperador, por meio da Lei do Padroado, nomeava bispos e construía igrejas e, pela Lei do Beneplácito, permitia ou proibia a aplicação das ordens papais no país.

Em 1864, por meio da *Bula Syllabus*, o papa Pio IX proibiu os clérigos de participarem da **maçonaria**, a fim de extinguir a influência dessa sociedade secreta dentro da Igreja. Por ser uma organização bastante forte no Brasil, ligada a alguns membros do governo, a aplicação dessa norma foi vetada pelo imperador, o que criou uma situação difícil para os membros do clero. Afinal, a quem obedecer?

A maior parte dos religiosos permaneceu fiel ao imperador, mas os bispos de Olinda e de Belém resolveram aplicar as determinações do Papa, expulsando os maçons das irmandades religiosas. O imperador ordenou aos bispos que voltassem atrás em sua decisão, mas não foi atendido. A desobediência dos religiosos custou-lhes a condenação a quatro anos de prisão com trabalhos forçados.

Embora anistiados pouco tempo depois, o conflito com os bispos deixou clara a impossibilidade de se manter a união Igreja-Estado, e vários religiosos passaram a apoiar a causa republicana.

▶ **Padroado:** direito de conceder benefícios eclesiásticos.
▶ **Beneplácito:** consentimento, aprovação.
▶ **Vetar:** proibir, impedir, suspender.

A Questão Militar

Uma das principais consequências da Guerra do Paraguai foi o fortalecimento do Exército brasileiro. Entretanto, o Império continuava a valorizar muito mais a Guarda Nacional, milícia de civis comandada pela elite agrária.

Os militares mostravam-se bastante descontentes com essa situação, por causa dos baixos pagamentos e lentas promoções. Durante a Guerra do Paraguai, os oficiais puderam conhecer a realidade das repúblicas platinas, cujos exércitos ocupavam posição de primeira linha em todos os assuntos, inclusive na política. Não demorou muito para os militares brasileiros reivindicarem maior participação nas decisões de governo.

Ao lado, vista da Praia Vermelha, com o prédio da Escola Militar da Praia Vermelha, em 1888.

A Escola Militar da Praia Vermelha, do Rio de Janeiro, desempenhou importante papel nesse processo, e o tenente-coronel e professor Benjamin Constant tornou-se o principal divulgador do republicanismo no meio militar.

Constant e muitos militares eram seguidores da corrente de pensamento chamada **positivismo**, que defendia o desenvolvimento técnico, científico e industrial do país, o qual só poderia ser alcançado com o fim do atraso representado pela monarquia. Em linguagem figurada, a farda (dos militares) passou a se opor à casaca (dos políticos). Embora o regimento interno do Exército proibisse os militares de se manifestarem sobre assuntos políticos, o tenente-coronel gaúcho Sena Madureira criticou publicamente, em 1883, o sistema de aposentadoria proposto pelo governo aos militares.

As diferenças entre Exército e Império atingiram o limite em 1886, quando Sena Madureira se manifestou novamente sobre a política imperial num jornal gaúcho. O governo determinou uma punição e o encarregado de executá-la foi o marechal Deodoro da Fonseca, comandante da região, que se negou a cumprir a ordem de dom Pedro II.

O dia 15 de novembro de 1889

O descontentamento dos militares e dos setores da elite contrários à Lei Áurea retirou a base de apoio do regime monárquico. Para manter-se no poder, o governo imperial encarregou o liberal Visconde de Ouro Preto de organizar um novo ministério que fizesse reformas para conter as oposições. Ouro Preto, no entanto, era malvisto pelo Exército por sua postura favorável à Guarda Nacional.

Em 14 de novembro de 1889, os republicanos espalharam boatos no Rio de Janeiro sobre a possível prisão dos principais nomes da oficialidade: o marechal Deodoro da Fonseca e Benjamin Constant.

Na manhã do dia seguinte, Deodoro assumiu o comando das tropas e, em seguida, proclamou a República, instalando um governo provisório. No dia 16, dom Pedro II recebeu um documento que ordenava sua saída do Brasil. O imperador deposto, sua família e seus amigos partiram de madrugada, longe da vista de todos.

▷ Foto da partida da família real em 18 de novembro de 1889, no navio que os levaria à Europa.

Mapeando saberes

MODELO DA ABOLIÇÃO GRADUAL

- Modelo de abolição gradual e controlada: Lei do Ventre Livre (1871) e a Lei dos Sexagenários (1885).
- A abolição gradual atendia aos interesses dos cafeicultores, que desejavam ser indenizados pelo Estado para libertar seus escravizados.
- Apoio jurídico: muitos advogados representavam os interesses dos escravizados na luta pela liberdade, com destaque para a atuação de Luiz Gama, em São Paulo.

FATORES DO FIM DA MONARQUIA

- O imperador dom Pedro II simbolizava o desgaste político-institucional da monarquia brasileira.
- A abolição da escravidão sem indenização aos proprietários, o desejo dos militares de maior participação na vida pública, a questão religiosa e o movimento republicano foram os principais fatores que estimularam o golpe de 15 de novembro de 1889.

ATENÇÃO A ESTES ITENS

RAZÕES DA ABOLIÇÃO DA ESCRAVATURA

- O Brasil foi a última nação da América a abolir a escravidão.
- Lei Áurea (13 de maio de 1888): resultado de diversos fatores, entre eles: a abolição do tráfico e, consequentemente, a questão da mão de obra escravizada e o aumento de seu preço; o movimento abolicionista, que ganhou força no Brasil e a pressão humanitária internacional; a resistência dos próprios escravizados.

PÓS-ABOLIÇÃO

- Período de lutas e de encontrar meios de sobrevivência para a maioria dos afrodescendentes, que não foram integrados à sociedade brasileira.
- Manifesto Republicano (1870): um grupo de dissidentes do Partido Liberal publicou o documento, fortalecendo o republicanismo e inspirando a criação de partidos republicanos em todo o Império.
- 1873 – Convenção de Itu, oficializando o PRP (Partido Republicano Paulista).

POR QUÊ?

- Conduzida por uma parcela da elite insatisfeita com os rumos políticos da monarquia brasileira, a proclamação da República não teve participação popular. Em parte, isso explica a fragilidade do regime republicano no Brasil, abalado por tantos golpes ao longo do século XX.
- Também ajuda a entender por que a participação popular na política demorou muito para ser conquistada, sendo hoje garantida na Constituição de 1988.

- Após a abolição da escravidão, o Estado brasileiro não garantiu aos libertos condições mínimas para sua inserção no mercado de trabalho.
- As atuais políticas afirmativas, como as cotas para negros nos cursos superiores, têm como objetivo sanar essa dívida histórica da sociedade brasileira com os afrodescendentes.

ATIVIDADES

Retome

1. Indique o momento da história brasileira em que o trabalho livre ganhou impulso e explique os fatores que colaboraram para essa transformação.

2. Podemos afirmar que as leis do Ventre Livre e dos Sexagenários foram formas de prolongar a escravidão? Justifique sua resposta.

3. Identifique os grupos que formavam o movimento republicano, apontando por que apoiavam a República.

4. Explique em que medida a abolição da escravidão colaborou para o fim do Império.

5. Observe a foto reproduzida na página 244: ela retrata a viagem do imperador deposto, dom Pedro II, e membros da família real no navio que os levou à Europa. Na sua opinião, que sentimento a imagem inspira?

Interprete um texto historiográfico

6. Com base na leitura do texto abaixo e no que você leu no capítulo, responda às perguntas propostas.

A 13 de maio, os escravos eram finalmente emancipados. Nas ruas, o povo celebrou a vitória. "Foi o único delírio popular que me lembro ter visto", disse Machado de Assis, descrevendo as manifestações populares. [...]

As celebrações de 13 de maio fizeram com que as cenas de violência que precederam a Abolição fossem esquecidas. Os vinte anos de campanha parlamentar em favor da emancipação [...], os conflitos, por vezes sangrentos, a perseguição aos abolicionistas, o terror e a ira dos proprietários, tudo isso ficou esquecido. A 13 de maio, a Abolição aparecia como uma vitória dos abolicionistas, uma dádiva da princesa Isabel, um ato generoso do Parlamento, uma conquista do povo, mas, acima de tudo, como um preito de homenagem prestado à civilização do século.

COSTA, Emília Viotti da. *A abolição*. São Paulo: Unesp, 2010. p. 127.

> **Delírio:** ilusão, interpretação errônea da realidade, falso entendimento, imenso entusiasmo.
>
> **Preito:** no sentido abordado no texto, tributo, manifestação. No entanto, a palavra também é sinônimo de homenagem.

a) O que se comemora no Brasil em 13 de maio e qual é a crítica da autora a essas celebrações?

b) A abolição foi resultado da generosidade das elites e da atitude desinteressada da princesa Isabel? Justifique sua resposta.

Realize uma discussão em grupos

7. De acordo com o que foi estudado até aqui, dividam-se em grupos e conversem sobre as questões a seguir. Depois de conversarem, redijam um pequeno texto com as conclusões do grupo, que deve ser apresentado para o restante da sala.

- Vocês consideram que o lugar ocupado hoje pelos afrodescendentes na sociedade brasileira tem relação com a forma como foi feita a abolição?
- De acordo com a avaliação de vocês, é importante que existam ações afirmativas, promovidas tanto pelo governo quanto pela sociedade civil?

Analise uma letra de música

8. Leia com atenção a letra de uma música do compositor, cantor e *rapper* Criolo, lançada em 2018. Depois responda às perguntas.

Povo guerreiro

Povo guerreiro... Bate tambor
Comemora a liberdade
Mas a igualdade não chegou

Nossos ancestrais

Lutaram pela liberdade
Contra tudo e contra todos
O negro nunca foi covarde
Fugiu das senzalas
Refugiou-se nos quilombos
Conquistou a liberdade
Mas em busca da igualdade
Ainda sofre alguns tombos

Povo guerreiro... Bate tambor
Comemora a liberdade
Mas a igualdade não chegou

No pós-liberdade
O negro foi marginalizado
Teve a alma aprisionada
Com as algemas da desigualdade
Hoje refugiado em favelas
Onde a vida tem suas mazelas
Combate a miséria, o preconceito e a adversidade

A igualdade e o respeito

Mais do que anseios

Também são necessidades

Povo guerreiro... Bate tambor

Comemora a liberdade

Mas a igualdade não chegou

CRIOLO. Povo guerreiro. Por: RABELO, Ricardo e BORGES, Willian, Oloko Records, 2018.

a) A qual povo se refere essa música?

b) Como este povo é representado na letra da composição?

c) Explique o sentido da frase: "Comemora a liberdade, mas a igualdade não chegou".

d) De acordo com o texto, o que ocorreu com os negros e seus descendentes após a abolição da escravidão no Brasil? Essas pessoas foram inseridas na sociedade? Justifique sua resposta com trechos da música.

	Grupo social a que pertenciam os líderes da revolta	Posição dos rebeldes quanto à escravidão
Confederação do Equador		
Revolução Pernambucana		
Revolução Praieira		
Conjuração Baiana		
Sabinada		
Conjuração Mineira		
Cabanagem		
Revolução Farroupilha		

- A República sonhada pelos inconfidentes mineiros era a mesma que a dos farroupilhas? Explique sua resposta.

Pesquise

9) Reveja abaixo o mapa *Brasil: projetos republicanos nos séculos XVIII-XIX*. Depois, com base no que estudamos neste volume, complete o quadro mostrando as semelhanças e as diferenças entre os ideais dos movimentos representados no mapa. Em seguida, responda à questão.

Brasil: projetos republicanos nos séculos XVIII-XIX

Fonte: elaborado com base em CAMPOS, Flavio de; DOLHNIKOFF, Miriam. *Atlas história do Brasil*. São Paulo: Scipione, 2002. p. 19 e 29.

Autoavaliação

1. Quais atividades você considerou mais fáceis e mais difíceis? Por quê?

2. Em quais atividades você utilizou o texto do capítulo como base para sua resposta?

3. Algum ponto do capítulo não ficou muito claro para você? Qual?

4. Você compreendeu o esquema *Mapeando saberes*? Explique.

5. Você saberia apontar exemplos da atualidade considerando o que aprendeu no item *Por quê?* do *Mapeando saberes*?

6. Como você avalia sua compreensão dos assuntos tratados neste capítulo?

» **Excelente**: não tive nenhuma dificuldade.

» **Boa**: tive algumas dificuldades, mas consegui resolvê-las.

» **Regular**: foi difícil compreender certos conceitos e resolver as atividades.

» **Ruim**: tive muitas dificuldades, tanto no conteúdo quanto na realização das atividades.

LENDO IMAGEM

Johann Moritz Rugendas foi um pintor e desenhista alemão que esteve pela primeira vez no Brasil entre 1821 e 1825 e outra vez nos anos 1845 e 1846. Com seu trabalho, documentou a natureza (plantas e animais) e os costumes (portugueses, africanos e indígenas) do Brasil no século XIX. Na imagem a seguir, Rugendas representou um grupo de negros praticando capoeira, ao som de tambor.

Atrás da cena da capoeira vemos um casarão e, no alto, uma igreja.

Uma mulher sentada cozinha e repassa um prato de angu a um homem, que faz um gesto de agradecimento com o chapéu.

Pessoas assistem ao jogo de capoeira.

Jogar capoeira, litografia colorida à mão, de Johann Moritz Rugendas, 1835.

Dois homens praticam capoeira na rua. Eles estão gingando, movimento básico da capoeira.

Um homem sentado sobre um tambor parece tocá-lo para determinar o ritmo do jogo.

Atualmente a capoeira é praticada em cerca de 160 países. Ela se consagrou como uma luta de resistência e hoje é um dos símbolos da cultura brasileira, assim como o samba e o candomblé. A prática da capoeira foi proibida do fim do século XIX até 1937, no governo de Getúlio Vargas. Em 26 novembro de 2014, a roda de capoeira passou a ser considerada Patrimônio Imaterial da Humanidade pela Unesco.

Sendo uma prática brasileira com fortes raízes africanas, a capoeira ganhou impulso em diversas outras regiões escravistas do Brasil na época colonial e imperial. Na foto, roda de capoeira de crianças quilombolas em comemoração ao Dia da Consciência Negra. Foto de 2015.

Identifique a imagem

1▸ Observe a fotografia e leia a legenda. O que a imagem retrata?

2▸ Quais são as principais partes que compõem a imagem?

Analise suas características

3▸ Quais são as diferenças entre a fotografia atual e a pintura de Rugendas, na página ao lado?

Crie hipóteses sobre os usos e as apropriações da capoeira na cultura brasileira

4▸ Qual é a importância de a roda de capoeira ter sido declarada Patrimônio Imaterial da Humanidade pela Unesco?

LENDO IMAGEM 249

COMO FAZER

Resumo

Resumir um texto é escrever, em poucas palavras, o que ele tem de fundamental, articulando suas ideias em uma redação nova, mais curta do que a original.

1. **Iniciar pelo fichamento:**
   a) Identifique o texto que será fichado, com nome do autor, título do texto, data e local de publicação.
   b) Anote os títulos dos **itens** e **subitens** do texto, deixando algumas linhas em branco entre eles (o número de linhas depende do tamanho dos itens e subitens).
   c) Caso o texto não esteja dividido em itens e subitens, conte o número de **parágrafos** e anote-os na folha (parágrafo 1, parágrafo 2, etc.), deixando três linhas entre eles.
   d) Leia atentamente o texto identificando as **ideias principais** de cada item, subitem ou parágrafo. Para cada ideia, crie uma frase, anotando-a nas linhas reservadas.

2. **Articular as frases elaboradas no fichamento:**
   a) Releia as frases elaboradas e identifique quais **introduzem** o tema, quais o **desenvolvem** e quais o **concluem**. Escolha uma **cor** para cada etapa e **grife** as frases identificadas.
   b) Agrupe as frases em parágrafos: um para introduzir o tema, um para cada ideia de seu **desenvolvimento** e um para a **conclusão**.
   c) Ligue as frases esclarecendo a relação entre as ideias que as compõem: causa-efeito (pois, porque, por causa de); comparação (do mesmo modo, ao contrário); consequência (logo, portanto, assim); oposição (embora, entretanto).

3. **Elaborar um texto final**

   Agora aponte a relação entre as frases fichadas (oposição, complementação, causa e consequência, etc.). Finalmente, elabore o texto final, reunindo as frases em parágrafos e articulando-as com conectivos.

   Leia o texto a seguir e faça um resumo de suas ideias no caderno.

   A razão ilustrada do século XVIII

   Uma das características principais da filosofia das Luzes é o duplo papel que atribui à razão. Em primeiro lugar, a razão é um instrumento natural do homem na descoberta da verdade. É ela que nos permite construir um corpo de conhecimentos verdadeiros a respeito das coisas que desejamos conhecer. Era essa a ambição de Descartes, e os filósofos iluministas são nesse aspecto herdeiros do cartesianismo. Estamos aqui diante do que se pode chamar de face positiva ou construtiva da razão.

   Mas, para os pensadores iluministas, cabe à razão, mesmo antes da construção do saber, denunciar os falsos saberes que se apresentam como verdadeiros, mas que de fato não passam de opiniões; ou, o que é mais grave, constituem sistemas articulados de ideias que, muito longe de se preocupar com a verdade, são estabelecidos para servir a interesses velados.

A astrologia, por exemplo, se apresenta como um saber sobre a natureza e os homens. Os astrólogos afirmam que a posição dos astros tem uma influência decisiva no que acontece a uma pessoa e também em seu temperamento, em sua personalidade. Neste sentido, as escolhas de cada um não são resultado de sua liberdade, mas de uma série de influências sobre as quais ele não tem domínio – pois ninguém escolheu nascer sob este ou aquele signo.

Para os filósofos iluministas, é necessário saber que movimento dos astros é regido por leis universais, absolutamente independentes do que acontece na vida dos homens. O fato de um homem nascer num ou noutro dia do ano não pode determinar o seu destino. É o próprio homem que, de acordo com sua liberdade, sua educação, as condições concretas em que vive, deverá orientar seu destino de tal forma que possa ser feliz. [...]

Na época, outro gênero de saber que se apresentava como verdadeiro dizia respeito ao Estado e ao governo. A tradição do Antigo Regime afirmava que o poder dos reis era sagrado, pois vinha diretamente de Deus. É claro que, entendido desse modo, o poder real não podia ser posto em dúvida, qualquer que fosse a atitude do monarca. Obedecer ao rei era obedecer a Deus. Isso tornava os súditos passivos e obedientes, incapazes até de sonhar com a possibilidade de resistência aos ditames de um tirano.

É certo que essa doutrina tinha sido contestada desde o Renascimento por alguns filósofos mais ousados, e no século XVII tanto Hobbes quanto Locke mostraram que o poder político é coisa absolutamente profana, e diz respeito apenas às decisões dos homens. Mas foi no século XVIII que os ataques ao absolutismo real se aprofundaram. [...]

NASCIMENTO, Milton M.; NASCIMENTO, Maria das Graças S. *Iluminismo*: a revolução das Luzes. São Paulo: Ática, 1998. p. 22-23.

Síntese

Para fazer uma síntese é necessário selecionar as principais ideias de um texto, articulando-as entre si. Para tanto, siga os procedimentos abaixo.

1. **Fichar os textos:** fiche os textos que você vai usar. Embora um texto possa ter muitas informações importantes, nem todas são úteis para o que você pretende fazer.

2. **Identificar ideias repetidas, complementares e contraditórias:** compare os fichamentos criados e elimine tópicos com ideias repetidas, grife com a mesma cor informações complementares e assinale os trechos onde há contradição.

3. **Selecionar e hierarquizar informações:** procure juntar e articular as informações complementares entre os fichamentos (as grifadas com a mesma cor). Caso encontre contradições entre os textos, decida se você vai apontá-las ou assumir um dos pontos de vista. Mantenha a coerência no conjunto de informações selecionadas.

4. **Organizar as informações:** escreva no caderno as frases selecionadas para cada parte do seu texto final (Introdução, Desenvolvimento e Conclusão).

5. **Elaborar a síntese:** elabore um texto final no caderno, articulando as ideias. Releia várias vezes seu texto, substituindo palavras, escolhendo conectivos, etc., para assegurar coesão e coerência.

Agora sintetize dois textos que tratam da ditadura jacobina na França. Leia-os abaixo.

Texto 1

A Montanha, setor radical dos jacobinos, lutava cada vez mais para se tornar a única força política verdadeiramente revolucionária, isto é, identificada com as aspirações populares. Em março de 1793, contra a forte oposição girondina, instalou-se o Tribunal Revolucionário, destinado a assegurar o avanço da revolução. [...] Quaisquer que fossem as justificativas apresentadas, o que se assistia era um avanço da ditadura jacobina, incentivada pela agitação popular. Marat – um dos mais populares e queridos líderes populares – bradava que "a liberdade se deve estabelecer pela violência, e é chegado o momento de organizar momentaneamente o despotismo da liberdade para esmagar o despotismo dos reis".

A Convenção, sob forte pressão popular e inspiração da Montanha, decretava medidas destinadas a aliviar a tensão social, tabelando o preço dos grãos e taxando compulsoriamente os ricos. Os líderes girondinos, por sua vez, eram declarados suspeitos de atuar contra a revolução, pois tentavam conter os avanços dos jacobinos, no sentido de monopolizar as decisões políticas. Sua sorte, contudo, estava momentaneamente selada: com forte apoio popular, nos primeiros dias de junho de 1793, a Gironda era excluída da Convenção.

MICELI, Paulo. *As revoluções burguesas*. São Paulo: Atual, 1987. p. 84-85.

Texto 2

O julgamento de Luís XVI, em dezembro de 1792, divide [...] as duas alas da Convenção, com os girondinos tentando salvar o rei, enquanto os demais radicais pediam sua condenação e execução, o que acaba acontecendo: em 21 de janeiro de 1793, Luis XVI é guilhotinado, num ato de radicalização calculado para fazer avançar o projeto social da Revolução. De fato, diante disso, a guerra com os outros países europeus recrudesce e impõe à Convenção medidas excepcionais. Em abril, é criado um "comitê de salvação pública", nome que dá a exata dimensão da gravidade do perigo ameaçando a França, não só pelo ataque de exércitos estrangeiros como por levantes de parte do campesinato contra a própria Revolução, que até ali não havia contemplado suas expectativas.

Neste momento, Robespierre assume poderes extraordinários, elimina seus inimigos da Gironda e inicia o período denominado de "terror". Nele são reprimidas com grande brutalidade as revoltas antirrepublicanas que explodiram nas cidades de Lion e Toulon, bem como a dos camponeses da região da Vendeia. Constroem-se guilhotinas em toda a parte, nas quais os opositores são decapitados aos milhares. Sucessivamente são também julgados e executados aqueles considerados traidores da Revolução: primeiro, Brissot e seus companheiros, entre os quais Condorcet [...], que se suicida antes de ser preso; em seguida, os "enraivecidos"; finalmente Danton e outros jacobinos e *cordeliers*, que contestavam a ditadura de Robespierre. Em maio de 1794, este conseguirá realizar seu programa político, concentrando poder no Comitê de Salvação Pública, em detrimento inclusive da Convenção e das organizações populares.

A guerra e a luta contra facções denunciadas como antirrevolucionárias lhe haviam permitido o exercício de tais poderes, e, principalmente, que seu discurso e seu programa particular aparecessem como os únicos possíveis. Daí a intolerância que já caracterizava a atuação dos girondinos e que pontua ainda mais a do grupo jacobino radical: qualquer outro projeto político, avaliado como insuficiente para as extremas necessidades do momento, devia ser violentamente combatido em nome da Revolução. [...]

GRESPAN, Jorge. *Revolução Francesa e Iluminismo*. São Paulo: Contexto, 2008. p. 94-95.

Pesquisa

Para fazer uma pesquisa é necessário formular perguntas, encontrar as fontes que ajudam a respondê-las e apresentar as respostas de forma clara e precisa. Para isso, siga os procedimentos a seguir.

1. **Definir o tema da pesquisa:**

    a) Em grupo com seus colegas, e seguindo a orientação do professor, escolham um dos itens abaixo como tema da pesquisa do grupo.
    - Iluminismo e a concepção dos Direitos do Homem e do Cidadão.
    - Transformações na indústria entre os séculos XVIII e XXI.
    - A resistência indígena à expansão das fronteiras dos Estados Unidos da América.
    - As rebeliões de africanos escravizados no Brasil.
    - A Guerra do Paraguai: os diferentes interesses em disputa.

2. **Elaborar uma pergunta:**

    a) Essa pergunta será o eixo da pesquisa. Recuperem as anotações de aula ou releiam o texto do livro relativo ao tema escolhido.
    b) Com base nessas informações, formulem uma pergunta.

3. **Procurar as fontes necessárias para responder à pergunta:**

    a) As fontes podem ser: livros, enciclopédias, *sites*, jornais e revistas, depoimentos e memórias de pessoas, etc.

4. **Ler, organizar e fichar as fontes:**

    a) Façam um levantamento das fontes nas quais vocês podem encontrar a resposta à pergunta formulada. Esse levantamento pode ser feito em bibliotecas ou na internet, por exemplo.
    b) Com base nas informações encontradas, e com o auxílio do professor, escolham, entre as fontes, as mais adequadas para responder à pergunta formulada. Distribuam-nas entre os membros do grupo para que cada fonte seja fichada.

5. **Formular uma resposta à pergunta:**

    a) Depois de fichar a(s) fonte(s) escolhida(s), cada membro da equipe deverá elaborar uma resposta à pergunta formulada no início da pesquisa, com base nas informações recolhidas.
    b) Cada membro apresenta sua pergunta aos demais integrantes do grupo.

6. **Elaborar o texto final:**

    Redijam o texto final da pesquisa. Esse texto deve conter:
    - Uma introdução: parágrafo em que se apresentam o **tema** escolhido (um breve apanhado do contexto) e a **questão** formulada pelo grupo.
    - Um desenvolvimento: de três a cinco parágrafos que contenham a **resposta** do grupo à questão formulada e os **argumentos** que a sustentam. Esses argumentos são as informações encontradas nas fontes consultadas.
    - Uma conclusão: um parágrafo que sintetize os argumentos e reforce a resposta à questão formulada pelo grupo.

> **Atenção**: ao redigir o texto, procurem reescrever, com suas palavras, as informações contidas nas fontes, como orientado na seção *Síntese*. Caso precisem copiar algum trecho, este deve estar "entre aspas", seguido da indicação da fonte entre parênteses (nome do autor e título da obra; endereço do *site*/verbete de enciclopédia, etc.).

7. **Montar e apresentar o trabalho final:**
   a) Criem uma capa com o título do trabalho, o nome dos integrantes do grupo e a data (mês e ano) em que o trabalho foi feito.
   b) Elaborem as referências (listagem das fontes consultadas).
   c) Apresentem a pesquisa de forma clara e de acordo as normas requeridas.

Debate

O debate de ideias é um dos principais exercícios da democracia. Nele podemos nos expressar e ouvir opiniões diferentes.

Para que o debate se realize de forma equilibrada e amigável, sugerimos:

1. **Definir o tema:**
   a) Se possível, defina o tema na forma de uma pergunta. Deve haver mais de duas opiniões diferentes sobre o assunto. Para haver debate, é preciso haver divergência de ideias.
   b) O debate proposto a seguir diz respeito à punição para fazendeiros que mantêm trabalhadores em condições análogas às da escravidão.

2. **Preparar-se para o debate:**

   Em *sites*, jornais e revistas, pesquise notícias sobre a situação do trabalho escravo no Brasil hoje. Procure saber:
   a) onde se concentra o maior número de propriedades em que o trabalho escravo é usado;
   b) o tipo de trabalho que mais utiliza mão de obra de escravizados;
   c) as condições em que vivem os escravizados;
   d) os meios pelos quais as pessoas são submetidas à escravidão;
   e) as punições dadas pelos juízes aos empregadores que reduzem trabalhadores à escravidão e os casos que permanecem sem punição;
   f) propostas para erradicação do trabalho escravo.

3. **Estabelecer a organização e as regras:**

   Todos os participantes devem ter o direito de falar. Fixar a duração do debate e o tempo que cada um terá para expor sua opinião e escolher um mediador. Para ajudar nesse processo, siga os passos abaixo.
   a) Com os colegas e o professor, defina as regras do debate: quem será o mediador, quanto tempo cada grupo terá para fazer sua apresentação, para formular as perguntas e para responder às perguntas dos colegas.
   b) Cada grupo apresenta sua resposta à questão proposta e expõe seus argumentos.
   c) Após todas as apresentações, cada grupo se reúne para preparar suas perguntas aos colegas.
   d) Em seguida, inicia-se o debate propriamente dito. Cada grupo terá de responder às questões formuladas pelos colegas, argumentando, da melhor maneira possível, por que se posiciona daquela maneira e refutando, se for o caso, os argumentos do(s) grupo(s) oposto(s).

A seguir, sugerimos um debate sobre o trabalho análogo à escravidão no Brasil. Utilize o texto abaixo como base para a discussão.

Brasil do século XXI: trabalho escravo sem punição

O governo federal brasileiro assumiu a existência do trabalho escravo contemporâneo perante o país e a Organização Internacional do Trabalho (OIT) em 1995. Assim, o Brasil se tornou uma das primeiras nações do mundo a reconhecer oficialmente a ocorrência do problema em seu território. De 1995 até 2016, mais de 52 mil trabalhadores foram libertados de situações análogas a de escravidão.

Tradicionalmente, esse tipo de mão de obra é empregado em atividades econômicas, desenvolvidas na zona rural, como a pecuária, a produção de carvão e os cultivos de cana-de-açúcar, soja e algodão. Nos últimos anos, essa situação também tem sido verificada em centros urbanos, especialmente na indústria têxtil, construção civil e mercado do sexo. Infelizmente, há registros de trabalho escravo em todos os estados brasileiros.

No Brasil, 95% das pessoas submetidas ao trabalho escravo rural com fins de exploração econômica são homens. As atividades para as quais esse tipo de mão de obra é utilizado exigem força física, por isso os aliciadores têm procurado basicamente homens e jovens. Os trabalhadores rurais libertados são, em sua maioria, migrantes que deixaram suas casas com destino à região de expansão agrícola. Saem de suas cidades atraídos por falsas promessas de aliciadores ou migram forçadamente pela situação de penúria em que vivem.

▶ **Aliciador:** pessoa que recruta alguém para um determinado fim. Nesse caso, é a pessoa que recruta os trabalhadores.

[...]

Atualmente, o governo brasileiro tem centrado seus esforços para erradicar o ciclo do trabalho escravo, especialmente na fiscalização de propriedades e na repressão por meio da punição administrativa e econômica de empregadores flagrados utilizando mão de obra escrava. [...]

Entretanto, a erradicação do problema só pode ser efetivada por meio da garantia de outros dois aspectos: a prevenção e a assistência ao trabalhador libertado, que devem ser feitas por meio de ações da sociedade civil e pela adoção de políticas públicas por órgãos governamentais, para que se reverta a situação de pobreza e de vulnerabilidade. A atuação nessas duas frentes de combate visa atacar a origem do trabalho escravo, interrompendo a reincidência desse tipo de exploração.

Diante disso, a educação tem papel fundamental para [...] a divulgação de informações, agindo diretamente na prevenção ao problema. Os dados oficiais do Programa Seguro-Desemprego registrados entre 2003 e 2016 indicam que, entre os trabalhadores libertados, 32% são analfabetos e 39% não concluíram a 4ª série do Ensino Fundamental.

▶ **Reincidência:** repetição, algo que pode voltar a acontecer.

BRASIL do século XXI: trabalho escravo sem punição. Disponível em: <http://escravonempensar.org.br/sobre-o-projeto/o-trabalho-escravo-no-brasil>. Acesso em: 20 mar. 2018.

A questão a ser debatida é: "Pessoas que mantêm trabalhadores em condições análogas às da escravidão devem perder suas propriedades?".

Resultados das operações de fiscalização do trabalho escravo – Brasil (2008-2016)

Fonte: elaborado com base em ARBEX, Alexandre; GALIZA, Marcelo; OLIVEIRA, Tiago. A política de combate ao trabalho escravo no período recente. *Política em foco*. n. 64, p. 124, abr. 2018. Disponível em: <http://repositorio.ipea.gov.br/bitstream/11058/8385/1/bmt_64_pol%C3%ADtica.pdf>. Acesso em: 17 set. 2018.

Bibliografia

ALENCASTRO, Luís Felipe de. *O trato dos viventes*: formação do Brasil no Atlântico Sul. São Paulo: Companhia das Letras, 2000.

ALONSO, Ângela. *Flores, votos e balas*: o movimento abolicionista brasileiro. São Paulo: Cia. das Letras, 2015.

BERBEL, Márcia. *Escravidão e política*: Brasil e Cuba. São Paulo: Hucitec, 2010.

BURKE, P. A. *Fabricação do rei*: a construção da imagem pública de Luís XIV. Rio de Janeiro: Jorge Zahar, 1994.

CARDOSO, C. F. S. *A afro-América*: a escravidão no Novo Mundo. São Paulo: Brasiliense, 1982.

_____ (Org.). *Escravidão e abolição no Brasil*. Rio de Janeiro: Jorge Zahar, 1988.

CARNEIRO, E. *O Quilombo de Palmares*. São Paulo: Companhia Editora Nacional, 1988.

CARVALHO, J. M. de. *A formação das almas*: o imaginário da República no Brasil. São Paulo: Companhia das Letras, 1990.

_____ (Coord.). *A construção nacional*: 1830-1889. Rio de Janeiro: Objetiva, 2012. v. 2.

CHALHOUB, S. *Cidade febril*: cortiços e epidemias na Corte imperial. São Paulo: Companhia das Letras, 1996.

CHASTEEN, J. C. *América Latina*: uma história de sangue e fogo. Rio de Janeiro: Campus, 2001.

CHEVALLIER, J. J. *As grandes obras políticas*: de Maquiavel a nossos dias. Rio de Janeiro: Agir, 1980.

CHIAVENATO, J. J. *Inconfidência Mineira*: as várias faces. São Paulo: Contexto, 1997. (Repensando a História).

COOK, M. A. *Uma breve história do homem*. Rio de Janeiro: Jorge Zahar, 2005.

COSTA, Emília Viotti da. *A abolição*. São Paulo: Ed. da Unesp, 2010.

_____. *Da Monarquia à República*: momentos decisivos. São Paulo: Ed. da Unesp, 1999.

CROUZET, M. (Dir.). *História geral das civilizações*. Rio de Janeiro: Bertrand Brasil, 1996. 17 v.

DORATIOTO, Francisco Fernando Monteoliva. *Maldita guerra*: nova história da Guerra do Paraguai. São Paulo: Companhia das Letras, 2002.

FAORO, R. *Os donos do poder*. Porto Alegre: Globo, 2001.

FARIA, Sheila de Castro. *A colônia brasileira*: economia e diversidade. São Paulo: Moderna, 2004.

FERRO, M. *História das colonizações*: das conquistas às independências, séculos XIII a XX. São Paulo: Companhia das Letras, 1996.

FONTANA, J. *A história dos homens*. Bauru: Edusc, 2004.

FURET, F. *Dicionário crítico da Revolução Francesa*. Rio de Janeiro: Nova Fronteira, 1989.

FURTADO, C. *Formação econômica do Brasil*. Brasília: Ed. da UnB, 1963.

GOODY, Jack. *O roubo da história*. São Paulo: Contexto, 2008.

GRINBERG, Keila; SALLES, Ricardo (Org.). *O Brasil Imperial III*: 1870-1889. Rio de Janeiro: Civilização Brasileira, 2009.

GUARRACINO, Scipione; ORTOLEVA, Peppino; REVELLI, Marco. *L'Età delle Rivoluzioni e L'ottocento*: Dall'Antico Regime Alla Società Industriale. Milão: Edizioni Scolastiche Bruno Mondadori, 1998.

HERNANDEZ, Leila Maria Gonçalves Leite. *A África na sala de aula*: uma visita à História contemporânea. São Paulo: Selo Negro, 2005.

HEYWOOD, L. M. *Diáspora negra no Brasil*. São Paulo: Contexto, 2010.

HOBSBAWM, E. J. *A Era das Revoluções*: 1789-1848. Rio de Janeiro: Paz e Terra, 1977.

HOLANDA, S. B. de (Org.). *História geral da civilização brasileira*. São Paulo: Difel, 1985-1997. 11 v.

JANCSÓ, I. *Na Bahia contra o Império*: história do ensaio de sedição de 1798. São Paulo: Hucitec, 1996.

KARNAL, Leandro et al. *História dos Estados Unidos*: das origens ao século XXI. São Paulo: Contexto, 2008.

LINHARES, M. Y. L. (Org.). *História geral do Brasil*. Rio de Janeiro: Campus, 1990.

MACEDO, José Rivair (Org.). *Desvendando a história da África*. Porto Alegre: Ed. da UFRGS, 2008.

MATTOSO, K. de Q. *Ser escravo no Brasil*. São Paulo: Brasiliense, 1990.

MAXWELL, K. *A devassa da devassa*: a Inconfidência Mineira. Brasil/Portugal, 1750-1808. São Paulo: Paz e Terra, 1995.

MESTLE, J. S.; RUVIRA, G. Z. *Introducción al método histórico*: el antiguo régimen. Madrid: SM, 1996.

MICELI, P. *O mito do herói nacional*. São Paulo: Contexto, 1997. (Repensando a História).

NOVAIS, F. A. (Coord.); ALENCASTRO, L. F. (Org.). *História da vida privada no Brasil*: Império. São Paulo: Companhia das Letras, 1997. 2 v.

OZOUF, Mona. *Varennes*: a morte da realeza, 21 de junho de 1791. São Paulo: Companhia das Letras, 2009.

PALLARES-BURKE, M. L. G. *As muitas faces da História*: nove entrevistas. São Paulo: Ed. da Unesp, 2000.

PARRON, Tâmis. *A política da escravidão no Império do Brasil*: 1826-1865. Rio de Janeiro: Civilização Brasileira, 2011.

PEREIRA, Amilcar Araujo; MONTEIRO, Ana Maria (Org.). *Ensino de história e culturas afro-brasileiras e indígenas*. Rio de Janeiro: Pallas, 2013.

PRADO, Maria Ligia; PELLEGRINO, Gabriela. *História da América Latina*. São Paulo: Contexto, 2014.

SCHWARCZ, Lilia M.; GOMES, Flávio. *Dicionário da escravidão e liberdade*. São Paulo: Cia. das Letras. 2018.

_____; REIS, L. V. de S. (Org.). *Negras imagens*: ensaios sobre cultura e escravidão no Brasil. São Paulo: Edusp, 1996.

_____; STARLING, Heloisa M. *Brasil*: uma biografia. São Paulo: Cia. das Letras, 2015.

SELLERS, C.; MAY, H.; McMILLEN, N. R. *Uma reavaliação da história dos Estados Unidos*: de colônia a potência imperial. Rio de Janeiro: Jorge Zahar, 1990.

SILVA, Alberto Costa e. *A enxada e a lança*: a África antes dos portugueses. Rio de Janeiro: Nova Fronteira, 1996.

SILVA, A. L. da; GRUPIONI, L. D. B. (Org.). *A temática indígena na escola*: novos subsídios para professores de 1º e 2º graus. São Paulo/Brasília: Global/MEC/Mari/Unesco, 1998.

SILVA, K. V. *Dicionário de conceitos históricos*. São Paulo: Contexto, 2006.

SOARES, G. P. *Reforma liberal e lutas camponesas na América Latina*. São Paulo: Humanitas/Edusp, 1999.

SOUZA, L. de M. e. *Desclassificados do ouro*: a pobreza mineira no século XVIII. Rio de Janeiro: Graal, 1986.

SOUZA, Marina de Mello e. *África e Brasil africano*. São Paulo: Ática, 2006.

VOVELLE, Michel. *A Revolução Francesa*. São Paulo: Ed. da Unesp, 2012.

_____. *Jacobinos e jacobinismo*. Bauru: Edusc, 2000.

WASSERMAN, C. (Coord.). *História da América Latina*: cinco séculos. Porto Alegre: Ed. da UFRGS, 1996.